Public Administration and
Public Management Classics

Public

GOVERNING AND REFORMING SERIES

Public Management Classics

GOVERNING AND REFORMING SERIES

政府治理与改革系列

公共行政与公共管理经典译丛

Public Administration and Public Management Classics

"十二五"国家重点图书出版规划项目

政府未来的治理模式

（中文修订版）

［美］B.盖伊·彼得斯（B. Guy Peters） 著

吴爱明 夏宏图 译

张成福 校

The Future of Governing
Four Emerging Models

中国人民大学出版社

·北京·

《公共行政与公共管理经典译丛》
编辑委员会

《公共行政与公共管理经典译丛》
总　　序

在当今社会，政府行政体系与市场体系成为控制社会、影响社会的最大的两股力量。理论研究和实践经验表明，政府公共行政与公共管理体系在创造和提升国家竞争优势方面具有不可替代的作用。一个民主的、负责任的、有能力的、高效率的、透明的政府行政管理体系，无论是对经济的发展还是对整个社会的可持续发展都是不可缺少的。

公共行政与公共管理作为一门学科，诞生于20世纪初发达的资本主义国家，现已有上百年的历史。在中国，公共行政与公共管理仍是一个正在发展中的新兴学科。公共行政和公共管理的教育也处在探索和发展阶段。因此，广大教师、学生、公务员急需贴近实践、具有实际操作性、能系统培养学生思考和解决实际问题能力的教材。我国公共行政与公共管理科学研究和教育的发展与繁荣，固然取决于多方面的努力，但一个重要的方面在于我们要以开放的态度，了解、研究、学习和借鉴国外发达国家研究和实践的成果；另一方面，我国正在进行大规模的政府行政改革，致力于建立与社会主义市场经济相适应的公共行政与公共管理体制，这同样需要了解、学习和借鉴发达国家在公共行政与公共管理方面的经验和教训。因此无论从我国公共行政与公共管理的教育发展和学科建设的需要，还是从我国政府改革的实践层面，全面系统地引进公共行政与公共管理经典著作都是时代赋予我们的职责。

出于上述几方面的考虑，我们组织翻译出版了这套《公共行政与公共管理经典译丛》。为了较为全面、系统地反映当代公共行政与公共管理理论与实践的发展，本套丛书分为六个系列：（1）经典教材系列。引进这一系列图书的主要目的是适应国内公共行政与公共管理教育对教学参考及资料的需求。这个系列所选教材，内容全面系统、简明通俗，涵盖了公共行政与公共管理的主要知识领域，涉及公共行政与公共管理的一般理论、公共组织理论与管理、公共政策、公共财政与预算、公共部门人力资源管理、公共行政的伦理学等。这些教材都是国外大学通用的公共行政与公共管理教科书，多次再版，其作者皆为该领域最著名的教授，他们在自己的研究领域多次获奖，享有极高的声誉。（2）公共管理实务系列。这一系列图书主要是针对实践中的公共管理者，目的是使公共管理者了解国外公共管理的知识、技术、方法，提高管理的能力和水平，内容涉及如何成为一个有效的公共管理者、如何开发管理技能、政府全面质量管理、政府标杆管理、绩效管理等。（3）政府治理与改革系列。自20世纪80年代以来，世界各国均开展了大规模的政府再造运动，政府再造或改革成为公共行政与公共管理的热点和核心问题。这一系列选择了在这一领域极具影响的专家的著作，这些著作分析了政府再造的战略，向人们展示了政府治理的前景。（4）学术前沿系列。这一系列选择了当代公共行政与公共管理领域有影响的学术流派，如新公共行政、批判主义的行政学、后现代行政学、公共行政的民主理论学派等的著作，以期国内公共行政与公共管理专业领域的学者和学生了解公共行政理论研究的最新发展。(5) 案例系列。这一系列精心选择了公共管理各领域，如公共部门人力资源管理、组织发展、非营利组织管理等领域的案例教材，旨在为国内公共管理学科的案例教学提供参考。(6) 学术经典系列。这一系列所选图书包括伍德罗·威尔逊、弗兰克·约翰逊·古德诺、伦纳德·怀特、赫伯特·A. 西蒙、查尔斯·E. 林德布洛姆等人的代表作，这些著作在公共行政学的发展历程中有着极其重要的影响，可以称得上是公共行政学发展的风向标。

总的来看，这套译丛体现了以下特点：(1) 系统性。基本上涵盖了公共行政与公共管理的主要领域。(2) 权威性。所选著作均是国外公共行政与公共管理的大师，或极具影响力的作者的著作。(3) 前沿性。反映了公共行政与公共管理研究领域最新的理论和学术主张。

在半个多世纪以前，公共行政大师罗伯特·达尔（Robert Dahl）在《行政学的三个问题》中曾这样讲道："从某一个国家的行政环境归纳出来的概论，不能够立刻予以普遍化，或被应用到另一个不同环境的行政管理上去。一个理论是否适用于另一个不同的场合，必须先把那个特殊场合加以研究之后才可以判定"。的确，在公共行政与公共管理领域，事实上并不存在放之四海而皆准的行政准则。按照中国特色社会主义的要求，立足于对中国特殊行政生态的了解，以开放的思想对待国际的经验，通过比较、鉴别、有选择地吸收，发展中国自己的公共行政与公共管理理论，并积极致力于实践，探索中国特色公共行政体制及公共管理模式，是中国公共行政与公共管理发展的现实选择。

本套译丛于1999年底由中国人民大学出版社开始策划和组织出版工作，并成立了由该领域很多专家、学者组成的编辑委员会。中国人民大学政府管理与改革研究中心、国务院发展研究中心东方公共管理综合研究所给予了大力的支持和帮助。我国的一些留美学者和国内外有关方面的专家教授参与了原著的推荐工作。中国人民大学、北京大学、清华大学、厦门大学等许多该领域的中青年专家学者参与了本套译丛的翻译工作。在此，谨向他们表示敬意和衷心的感谢。

《公共行政与公共管理经典译丛》编辑委员会

译者前言

　　《政府未来的治理模式》一书是美国著名政治学家、行政学家 B. 盖伊·彼得斯博士关于行政改革的一部理论力作，1996 年由堪萨斯大学出版社出版。彼得斯是研究美国政治的教授、公共管理学大师，曾任美国匹兹堡大学政治学系主任、加拿大管理发展中心高级研究员、香港城市大学名誉教授。他的主要著作有《公共政策的病态》、《西欧政治》、《官僚政治》、《比较政治学：理论与方法》、《政策动力学》、《政府会消亡吗》、《政治科学中的制度化理论：新制度主义》、《欧共体的政策协调》、《行政改革中的官僚与政客》。

　　《政府未来的治理模式》第一次系统评价了席卷全球的行政改革运动，被誉为对眼花缭乱的全球治理变革进行综合分析的杰出著作。该书在对传统治理和全球行政改革进行多年潜心研究的基础上，提出了政府治理的四种模式，并对每种模式进行了深刻的比较分析。作者总结传统的政府治理有六项主要特征：政治中立的公务员制度；层级制和规则；永久性和稳定性；制度化的公务员制度；内部管制；平等。针对传统的政府治理模式，为了提高政府的效益、效率和效能，无论是发达国家、发展中国家还是欠发达国家，都进行了不同形式和不同程度的改革，彼得斯教授对这些改革进行综合归纳后，将其分为市场式政府、参与式国家、弹性化政府和解制型政府四种改革模式，而且认为这四种模式是改善当代政府治理的主要方法。

这四种政府治理模式各有不同的理论基础，适用于不同的政府体制。对每一种政府治理模式，作者从问题、结构、管理、政策制定和公共利益五个方面进行了深入分析。市场式政府强调政府管理市场化，参与式国家主张对政府管理有更多的参与，弹性化政府认为政府需要更多的灵活性，解制型政府则提出减少政府内部规则。这四种模式不完全兼容，也不完全矛盾；可单独进行，也可结合进行。同时，新模式也并不完全否定传统行政模式。

　　该书把各国政府的改革尝试和各种治理的观点有机结合在一起，结构完善，文字流畅，是所有试图弄懂改革问题的人都应该精读的书。

　　台湾智胜文化事业有限公司在 2000 年 7 月出版了由许道然、刘坤亿、熊忠勇和黄建铭翻译、孙本初审订的《政府未来的治理模式》一书的繁体中文版。在简体中文版的翻译工作进行之前，中国人民大学出版社除了购买该书的原著版权外，还专门从台湾购买了该书的繁变简版权。因此，本书在翻译过程中借鉴了台湾繁体中文版的许多可取之处。由于原书逻辑谨严，结构宏大，内容精湛，理论高深，虽竭海峡两岸译者之智力，加上时间匆忙，书中难免存在不够准确和尚待斟酌的地方。除了感谢张成福教授、中国人民大学出版社刘晶编审和台湾的译校者外，还请读者不吝赐教。

吴爱明　夏宏图

中文版序言

　　政府改革是一个持续不断的过程，而且几乎可以肯定的是，只要政府存在，这一过程就永远不会停止。就某种程度而言，实际工作者和学者们不断寻求促使政府更好运作的新方法本身就证明了人们期望改善政府行为的愿望。这种不断寻求更好实现政府职能的方法的努力也反映了在什么是好政府这个问题上很难达成共识。一些人希望有一个效率高、成本低的政府，而另一些人可能会接受一个成本高的政府，因为这样的政府能为人民提供更多、更好的服务。还有一些人可能会更多地根据政府行为的过程而不是行为的本质来评价政府。

　　过去数十年改革的历史实际上是有关改革的几种理念发展的历史，也是一轮改革很快引起另一轮改革需要的历史。我认为，有四种基本的理念支撑了过去数十年中所推行的行政改革运动。市场理念作为管理和政策理念的根源，一直是政府改革中占主导地位的方法，但它绝不是唯一的理念。在许多国家，推行组织民主化和参与决策运动是与市场理念相对而言的改革政府的方法。其他一些改革则是基于解制型政府的概念，以使公共部门的管理者能更自由地做出决策并将政策付诸行动。此外，也有一些人一直关注着在公共部门内建立更多的弹性原则，以便使政府能够对不断变化的政策观念和公众不断变化的需要做出反应。

　　随着这四种理念的贯彻执行，政府不仅获得了一些预期的改革成果，而且也出现了一些预料之外的结果。例如，竞争是以市

2

场为基础的改革的中心思想，但是建立许多相互竞争的组织也会带来难以协调和政府缺乏凝聚性等问题。也许，更重要的是，许多已推行的改革使得政府更难以对其行为承担起责任。由于最初一轮的改革所引发的问题会导致新一轮的改革，一些国家实际上在这种循环中重又采用了某些早已被摒弃的行政结构和程序。显然，政府改革是一个可以长期进行的过程，但如果想要取得任何成功，则需要连续不断地学习和适应。

《政府未来的治理模式》一书特别关注那些试图提高政府效率而又同时还要保持某些自身政策价值的国家。它总结了那些已经进行了一轮改革而又必须再次进行改革以试图恢复在追求提高效率过程中丧失的一些价值观念的政府的经验。本书也描述了那些正在推行行政改革和经济体制改革的国家的经验，以及这些经验对政府产生的影响。

我非常高兴《政府未来的治理模式》一书被翻译成中文出版。感谢出版社和译者为翻译本书所付出的努力和辛劳。

B. 盖伊·彼得斯（B. Guy Peters）

匹兹堡，宾夕法尼亚

2001 年 8 月

序　言

　　对于政府部门来讲，变革与其说是一种特例，不如说是一种惯例。只要有一个不完美的政府，人们就会持续不断地寻求理想的治理形态。在某种程度上，变革不能单纯地界定为寻求一个完美的行政实体；更确切地说，每一种改革方案都会带来一些新的问题，而这些问题又会引发一套新的改革方案。尽管这种改革的循环有助于我们这些对变革过程感兴趣的学者进行研究，但对那些参与这一过程的人们而言却不见得是好事。过于频繁的变革容易遭到人们对在政府部门内部和外部进行改革尝试的讥讽。然而，这些改革的尝试有时是唯一可能解决棘手政策问题的办法，因而又是政治家们最好的朋友。

　　尽管变革在政府部门中是一种司空见惯的经历，但 20 世纪80 年代和 90 年代的行政改革运动却极为特殊，不仅改革幅度扩大，而且变革的基本性质也被重新考虑。例如，新西兰政府近年来的改革即被称为一种"革命"，这种说法并不夸张，因为新西兰传统的威斯敏斯特政府模式，已经被公共选择经济学和私人管理的改革理念所取代。一些根据其他标准进行改革的国家，尽管其改革进展顺利，但它们也意识到有必要在政府部门的改革过程中投入更多的时间和努力。

　　或许是由于变革无处不在及其基本性质使然，最近 20 年来所推行的行政改革在理论上难以达成共识。尽管在倡导"政府再造"的口号下出现了许多不同的改革思潮，并被其提倡者用于同一改革方案的组成部分加以推行，但是这些改革思潮之间固有的矛盾往往难以协调。因此，基于理论和实践两方面的原因，了解支撑行政改革的相关理念就变得尤为重要。如果现在所进行的各项改革确实不能协调一致，那么这样的改革是难以取得成功的，其后果必然是听任"政府没有能力做好任何事情"这种说法继续蔓延。

这些在改革尝试中出现的理念也许相互矛盾，但值得注意的是，当代的政府改革几乎都受这些理念所驱动。本书所讨论的四种变革模式中每一种模式所采用的改革方案都建立在一套理念的基础之上。这四种模式各有其理论基础，其中以市场式政府治理模式的理论基础最为清晰。这一特点使当前有关改革的讨论有别于那些倾向于描述行政改革的徒劳无益的空论。再者，本书有关改革问题的讨论基于个别国家或几个国家的背景，但重点在于探讨引导和激发政府治理模式转换的共同理念。

本书把重点放在这些支撑改革的理念上，但同时也将分析这些理念在不同国家背景下的表现形式。背景对于理解政治和行政而言是非常重要的。发达的民主国家不同的政治和行政传统就如同一组透视镜，可以帮助我们理解当代各种促使政府更有效运转的改革理念。然而，这些透视镜有时也会模糊失焦，以至于同一概念在不同的国家有着相当不同的解释。这些不同正好说明不同的行政体制之间存在着差异，因而可以用作比较分析的基础。

本书比较分析的对象几乎包括所有的国家，无疑也包括发达国家。我在书中会提供许多国家的改革实例，其中也包括发展中国家的改革实例，但重点是英美语系民主国家的改革实例。原因之一是有关的资料容易查找，但更主要的理由在于这些国家是许多行政改革模式的创造者，同时它们的改革幅度也远大于其他国家。还有，相对于其他发达的民主国家而言，英美语系国家需要更为彻底的改革。

本书的写作和出版要感谢许多人的帮助。特别要感谢唐纳德·萨瓦（Donald Savoie），经他的帮助我得以和加拿大政府建立联系，并认识许多优秀而且热忱奉献的公职人员。我们同在加拿大管理发展中心（CCMD）做高级研究员的那些年，彼此之间的合作对我个人思考政府和公共行政的有关问题极有助益。加拿大管理发展中心的其他同仁，也对我研究公共行政给予了极大的支持，尤其是拉尔夫·海因兹曼（Ralph Heintzman）与莫里斯·德默斯（Maurice Demers），他们不仅给予我鼓励并帮助解决研究经费，而且在公共行政实践方面提出了许多极具价值的观点。

许多其他的同行协助我构想本书的内容，当时他们并没有意识到他们的贡献有多大。文森特·赖特（Vincent Wright）为我提供了到牛津纳菲尔德学院欧洲研究中心进行访问研究的机会，这使我有几个月的时间能够不间断地进行思考及写作，这是本书得以完成的关键。与文森特的多次谈话也经常激发我思考当代的行政改革。位于 Forvaltningshogskolan 的高登堡大学（University of Gothenberg）的乔恩·皮埃尔（Jon Pierre）和他的同事们也为我提供了同样的机会，可惜时间短了些。帕特里夏·英格拉哈姆（Patricia Ingraham）曾敦促我写过一篇论文，这篇论文后来成为本书的基础。她和她所任职的雪城大学马克斯威尔学院的同事们，在美国华盛顿的学术研讨会上以及在中国北京的演讲会上，也提出了许多关于改革过程的有趣见解。几位在挪威的同行，包括汤姆·克里斯坦生（Tom Christensen）和莫藤·埃格伯格（Morten Egeberg）对本书的一些观点提出了有趣而重要的意见。在匹兹堡的许多同仁也曾帮助我思考过一些问题；最后还要感谢其他曾以自己的方式帮助过我的同事朋友们，没有他们的帮助，我这本书是不可能完成的。

目　录

第1章　变迁中的国家、治理和
公务员制度 …………………… 1
1.1　传统的公共行政：
旧时代的信条………………… 3
1.2　背景 ……………………… 10
1.3　国家和政府治理的展望 ………… 13

第2章　市场式政府 ………………… 18
2.1　市场模式的理念 ………… 19
2.2　结构 ……………………… 26
2.3　管理 ……………………… 28
2.4　政策制定 ………………… 34
2.5　公共利益 ………………… 36

第3章　参与式国家 ………………… 41
3.1　参与式国家的理念 ………… 42
3.2　结构 ……………………… 51
3.3　管理 ……………………… 53
3.4　政策制定 ………………… 53
3.5　公共利益 ………………… 55

第 4 章　弹性化政府 ··· 61
　4.1　关于稳定性 ·· 63
　4.2　组织永久性——挫折和无效 ································· 63
　4.3　弹性治理模式的影响 ······································ 66
　4.4　结构 ··· 66
　4.5　管理 ··· 68
　4.6　政策制定 ··· 69
　4.7　公共利益 ··· 71

第 5 章　解制型政府 ··· 76
　5.1　政府层级 ··· 79
　5.2　解制与错误 ··· 80
　5.3　结构 ··· 81
　5.4　管理 ··· 83
　5.5　政策制定 ··· 84
　5.6　公共利益 ··· 86

第 6 章　结论 ·· 92
　6.1　背景的重要性 ··· 94
　6.2　普遍性的问题和不寻常的解决方案 ························· 96
　6.3　问题与解答的匹配 ·· 102
　6.4　探讨矛盾 ·· 104
　6.5　我们如何介入 ·· 105

参考文献 ··· 110
索引 ··· 145

第 1 章

变迁中的国家、治理和公务员制度

1   治理是一件需要付出代价的事情。政府建立一个庞大的机构体系，以共同承担起管理和影响社会及经济的责任。制度建设的成就可以为比较政治的研究提供许多有趣的素材，但却很少被进一步用来解决规范人和组织的行为等问题。如果有所区别的话，那就是今天的政府在治理上的作为不如过去的政府。部分政府的政策自主权已经逐渐被政府以外的机制所取代，这些机制包括国际组织和无组织的国际市场；与此同时，反对政府治理的呼声也正在迅速高涨。当今全球的政治领导人都必须问自己，是否将国家资本有效地用于人民的生活之中。

幸运的是，许多政府、政府领导者和公务人员都在不断地努力寻找更好的治理方法。我之所以说幸运，不只是因为这些努力有助于学者们从事研究，而且也是因为有效的政府行为能够给公民个人和集体带来更多的好处。现在到处都能听到对政府和公务人员的诽谤，以及对其失误的指责。怀疑论者和吹毛求疵者比比皆是。然而，在这些批评与指责声中，公职人员仍须怀有无私的奉献精神和勇气，不断地努力解决那些非个人或私人行为所能解决的问题。实际上，那些易于处理的或有利的事务可能多由私人部门自己负责处理，政府从来不会插手其间。普遍的看法认为，帝国主义式的政府已经很少，且政府一般不会自寻新问题而加以解决；政府更像是接手了一只盛满了剧毒酒——无法解决的难题的酒杯。[1]

2

2   对于政府及其成员而言，至关重要的是不断探索提升政府效能和服务品质的创新机制。这一努力必须百折不挠，即使面对众多批评，诸如"恶劣的制度"（H. A. Simon，1973）、"背离民意"（Schon and Rein，1994）、"邪恶"（Dunn，1988）等等；甚至在政府努力为社会公众服务而仍得不到人民的认同或赏识时。现代的公职人员并非圣贤，亦非殉道者，但是他们每个人仍须致力于集体决策，并确保这些决策能够反映人民的利益。

政府中的领导阶层也要担负起改革和提高政府机构内部工作效率的责任。在本书中，我将讨论许多由政府内部所发动的行政改革。这正如评论家们所设想的，政府部门不仅不会反对变革，相反在许多情况下主动推行变革（Tellier，1990；B. Peters and Savoie，1994；Derlien，1995）。当然，也有许多行政改革是由政府外部的压力所引发的，其中的一些改革确实遭到了地位牢固的公务员的强烈反对。所以，很难绝对地说行政改革是一件好事还是一件坏事。

本书的目的在于探讨各种旨在促使政府更为有效地运转的改革尝试。自80年代以来，全世界所有的国家都在进行不同程度的改革。多数工业化民主国家的行政改革是由政府内部自行启动的，而许多欠发达国家的政府改革却是以接受外部援助为条件被迫推动的（United Nations Development Programme，1988）。即使在外人看来似乎相当成功的国家，例如日本，也在进行大规模的行政改革运动（Muramatsu and Krauss，1995），其部分原因是为了与其他国家齐头并进。

本书的讨论集中在英美语系的民主国家，因为这些国家总的来说在推行改革方面最为积极。不过，如果其他国家的实例有分析价值，我也会加以引用。我的目的不在于大量描述行政改革案例——关于这一点已有学者做了很好的工作（Savoie，1994a；Zifcak，1994；International Political Science Review，1993）。相反，我把重点放在探讨一些驱动行政改革的理念上，并研究问题的症结所在，以提出解决问题的方案。基于这一目的并考虑到改革无处不在的这一特点，我把探讨的重点放在少数几个国家。

在了解行政改革之前，有必要先了解传统的治理模式，也即了解行政改革的有关背景。传统的治理模式并不是从一组理论原则中推论出来的，而是从实践中逐渐发展起来的，很难说它是一个独特的治理模式。然而，尽管传统模式缺乏理论基础，但过去的政府部门正是在这种模式下组建起来的，且在过去数十年中使政府能

3   够得以有效运行。在从20世纪50年代到70年代初这一段时期内，人们对政府解决社会问题的能力普遍持乐观态度，因而有关政府治理基本模式的争论并不多见。那时的任务是通过诸如计划预算（Novick，1965）、成本效益分析（Mishan，1988）等方法，使治理模式变得更为"理性"，从而使政府能够不断地制定出有效的政策，以保持社会经济的持续进步。

当然，也有一些保守的政治家和学者，对当时那些提倡扩大政府部门职能的传统想法提出质疑（Friedman，1962；Hayek，1968；Sawer，1982）。然而，当时政府部门内外的大多数人，对于政府的政策和措施持相当宽容与接纳的态度。人们普遍相信政府通过税收和财政支出可以有效地规范经济活动，并能充分地运用经济资

源来改善诸如贫穷、疾病和不良的教育体系等社会问题。20 世纪 50 年代和 60 年代是所谓"混合经济福利国家"和"三倍增长"的时期（Rose and Peters，1978），也是政府承诺凭借政府行为能缔造出一个永远光明灿烂的未来的时代。

　　20 世纪 50 年代和 60 年代在大多数西欧和北美国家也是舆论型政治的时期（Kavanagh and Morris，1994）。学者和政治家们都呼吁"结束意识形态的对抗"、"步入后工业社会"（Gustafsson，1979）。[2] 甚至像理查德·尼克松这样的保守人士也宣称："我们现在都是凯恩斯的信徒"，并试图制定出新的社会发展计划（Spulbar，1989），而不是去推行由后来继任的共和党总统和国会所提出的过时的计划。[3] 同样，德国基督教民主党也宣扬"社会市场经济"的优越性，并认为可以用它代替不受控制的资本主义（Peacock and Willgerodt，1989）。显然，从那时候开始，经济思潮和大众的观念开始发生变化；与此相适应，对于什么是好的政府，什么又是理想的公共行政，也逐渐有了一些不同的界定。在讨论究竟发生了什么样的变化之前，我在这里先就传统的治理模式及其优缺点作一较为全面的阐述。

1.1　传统的公共行政：旧时代的信条

　　沃尔多（Dwight Waldo，1968）曾将公共行政比喻为田园牧歌式的青少年生活，有着许多认同上的危机。沃尔多是借此论述公共行政作为一门学科，就目前的情况而言，还存在着许多不够明确尚待探讨的问题，诸如政府结构及其管理以及公共行政在治理过程中的特定作用等基本问题（Harmon，1995）。许多传统模式下的政府及其公务员制度，目前或者被全面改观或者接受严格审查。

　　传统的公共行政模式并非单一的概念，相反，它包含了许多不同的概念（Richards，1992），至少有六个方面熟悉的概念曾引导我们去思考公务员制度及其在治理过程中所起的作用（B. Peters and Wright，1996）。这六个概念显然已不再像过去那样具有权威性了。[4] 我们在探讨选择公共管理的方法时有时会忽视这一点，即这些原理是在过去较长一段时期内逐渐形成的，且它们反映了对早期公共行政中存在的许多问题的解决。可以说，现在正面临着一个大好时机，因为旧的原理一旦被后来出现的关于政府如何运作得更为现代化的原理所代替时，旧的原理所能解决的问题可能又会重新出现。

　　改革能解决某一段时期内存在的问题，但在改革的过程中又会出现一些新的问题，进而又引发后续的改革（Kaufman，1978；Aucoin，1990；B. Peters，1995a）。当然，对行政改革提出警告并不意味着过去的政府运作方法就一定更好。呼吁谨慎从事恰恰说明了公共管理的改革尽管会引发另外一些问题，但它确实也解决了某些问题。推翻以前的管理方法，虽然能解决一些问题，但在此过程中不仅老问题可能会重新出现，而且还可能带来一些新问题。如果我们认识不到舍弃现行的公共行政体制将要付出的代价，那么就要充分注意所有变革。

1.1.1　政治中立的公务员制度

六个原理中列于首位的是设想一个政治中立的公务员制度，这个概念与"政治—行政两分法"和"权限中立"（Kaufman，1956）等概念是相关联的。其基本思想是指公务员不应该有明显的政治倾向，他们应该能够为任何一个具有合法地位的统治者亦即任何一个政党组成的政府服务。对于某一特定的政策，公务员允许有自己的看法，身为负责制定和执行政策的政府机构的成员，他们也应该提出自己的意见（Aberbach，Putnam and Rockman，1981）。但是他们不应该有党派色彩的意见，否则会导致他们无法忠实地服务于不同党派的政府。

与其他工业化民主国家相比较，英语系国家更偏好政治中立的公务员制度（Silberman，1993）。然而，即使在如德国和法国等公务员制度明显政治化的国家（Derlien，1991；Bodiguel and Rouban，1991），在录用和选拔公务员时，除了重视考查其政治忠诚外，也同样重视考查其能力素质。北欧国家的公务员制度虽不及德国的公务员制度那样具有明显的政治化色彩，但他们仍会强调和重视政治忠诚这一条件（Stahlberg，1987）。这些国家公务员制度的共同特征是，客观资格条件仍是录用和选拔公务员时的首要考虑，政治忠诚位于其次。

公务员制度的非政治化一直受到英美语系国家有关人士的关注，最近更被赋予行政价值。以美国为例，19世纪80年代中期以前，政府部门的公职人员仍主要是由在竞选中获胜的政党的官员们担任。尽管1883年通过的《彭德尔顿法案》（Pendleton Act，1883）确立了择优录用的制度，但实际所起的作用并不大（Skowronek，1982；Ingraham，1995a）。到1904年时，联邦政府中也只有一半的公职人员是根据择优录用的制度来任用的，且大多是担任职位比较低级的办事人员（Johnson and Liebcap，1994，30-33）。英国实行择优录用的制度较美国稍早，而且这一制度很快在整个行政管理系统中得以推行（Parris，1969）。从历史的记录来看，其他英美语系民主国家的情况并没有太大的差异，英国管辖下的国家从19世纪末期开始相继以择优录用制度取代任命制度，而那些早先的殖民地一旦获得独立地位之后也很快开始推行择优录用制度（Braibanti，1966；Koehn，1990）。[5]

与推行政治中立的人事制度相关的议题，是关于政治与行政应该分立的争论。在美国，首先提出这一观点的是伍德罗·威尔逊（Woodrow Wilson，1887），其后又由古德诺（Goodnow，1900）进一步作了更具说服力的阐发。英国也提出了同样的观点，在有关公务员制度的诺斯科特·屈维廉报告（Northcote-Trevelyan Report，1853）中首次间接地提出这一观点，其后在关于政府组织机构的《霍尔丹报告》（Machinery of Government Committee，1918）中这一观点得到进一步阐明。这两个国家都主张公务员的主要工作是执行政治领导者的决策，并且应该相信这些决策的正确性。[6]其他英美语系的国家也建立了类似的强调政治中立的公务员制度，但也同样遇到了公务员制度日趋政治化的问题。

尽管在人们的观念中都提倡建立政治中立的公务员制度，但有一点越来越清楚，即在当代的大多数政府中，公务员确实参与了政策的制定（B. Peters，1992；Kato，1994；Plowden，1994）。许多分析人士也看到，在通常情况下，实施有公务员参与制定的政策，可能会带来更好的治理效果（Terry，1995）。在政策执行阶段，可以更加明显地看到公务员在政策制定过程中所起的作用。其实，公务员凭借政策执行者的角色进一步涉足政策制定的情况早在 20 世纪 30 年代就已出现（Gulick，1933；Almond and Lasswell，1934）。除了低级官员在处理个案时会制定一些政策外（Lipsky，1980；Adler and Asquith，1981），政府官员也越来越多地凭借着政策的执行来参与公共政策的制定。然而，承认政府官员在治理中起到了应有的作用这一事实并未妨碍人们在观念上继续提倡政治与行政分立这一观点。

政府官员参与政策制定，显然起因于"第二法律"，也就是美国政府所说的"行政法规"的制定。当今世界，很少有立法机关能够通过巨细无遗的法律条文来规范复杂的政策范畴，因此只能靠行政机关制定法规细则以弥补原法律条文的不足。以美国为例，国会每年通过的法案约有数百个，但各部门的行政法规每年就有近 5 000 个之多。[7] 单就农业政策而言，这几年来所制定的行政法规在《联邦行政法典》一书中就超过了 1 万页（Kerwin，1994，18-19）。在其他工业化民主国家中，行政立法的数量也不少，如欧盟所制定的行政法规，数量是其通过的法案的 10 倍（Blumann and Soligne，1989）。

在政策制定阶段，公务员所扮演的政策顾问的角色十分重要。尽管政务官被赋予了决策权，但他们却缺乏做好决策工作的能力（Blondel，1988）。在许多国家，公务员被教育培训成为通才，凭借丰富的实践经验，他们比那些任期并不长的政务官更了解政策制定的细节（B. Peters，1992）。在发展中国家及体制转换中的国家，公务员在政策制定和咨询中所起的作用甚至更为关键，因为这些国家更需要专家意见，也更需要一个"忠诚的官僚体制"（B. Peters，1995a；Hesse，1993）。

这样，问题的关键就在于，在既承认公务员参与政策制定的现实和优点，同时又须维护民主责任的要求这样的情况下，应该如何构建政府。对于政府制度的设计者来讲，他们很难在下列两者间取得平衡：传统观念所强调的公务员中立和现实社会中公众对加强责任的要求（Day and Klein，1987；Cooper，1995）。政治家也越来越意识到公务员在政策制定过程中所起的作用，并力图弱化这一作用（Aberbach and Rockman，1988；C. Campbell，1993）。削弱公务员的作用，部分是基于意识形态上的理由（无论是被指称为极右或极左），或者基于政治与行政在制度上应有所区别这一简单的缘由。

对于政府内部的成员和公民而言，目前在制定公共政策过程中专业能力与政治权威之间的冲突比以前更为明显。随着公务员职能的政治化，若非公务员的自我约束，决策过程中的专业精神将更难以维持。

1.1.2　层级制和规则

对传统政府模式进行的第二个方面的重要变革，表现在放弃对政府部门内部实行层级管理和规章制度式管理的设想，以及对赋予公务员在非政府部门执行和实施行政法规的权力的设想。纯粹韦伯式的管理模式（Wright and Peters，1996）不再像过去那样适用于政府组织，但同时也出现了可供选择的多种组织权力和权威模式。市场即是其中的一个例证，市场机能越来越明显地被认为可以和政府组织的结构与运行相抗衡（Lan and Rosenbloom，1992；Hood，1990；Boston，1991）。尽管人们对承认公共部门与私人组织之间存在着本质差别有助于了解政府治理这一点还存在着争论（Savoie，1995b；Self，1993；Perry and Rainey，1988），但是今天，即使在政治上持左派意识形态的政府也开始推行以市场为基础的改革。[8]

对于体制转换中国家和发展中国家而言，在追求政府部门最大经济效益的同时，必须重视建立一个可被预测的、属于全民的、正直的韦伯式官僚政府。工业化民主国家的改革是基于这样的基础之上，即推行以市场为基础的改革的工作人员必须懂得政府部门基本的价值观念。缺乏这些基本的价值观念，以市场为导向的改革将面临贪污行为合理化和资本主义越权行为受到公然支持的危机。苏联在某种程度上已发生了这种资本主义的越权行为，其他体制转换中的国家也可能出现这种行为。遗憾的是，这些犯规的现象，在工业化民主国家推行以市场为导向的改革过程中，也一样没能完全幸免。[9]

层级管理的治理模式还面临着其他方面的挑战。除了市场模式企图取代传统的官僚模式外，尚有"辩证式的"或参与式的组织模式可供选择。学者和改革人士在过去的许多年中曾讨论过这个模式，但就政府组织而言，只有在感受到低层员工和顾客的真正压力时才会允许他们参与决策过程（Barzelay，1992）。管理上的这一变革有助于提高效率并显示国家机构真诚接纳参与（Thomas，1993）。无论这种参与是真是假，今天的政府组织已经很难拒绝其员工或顾客的投入和参与。

当代的政府组织已经不可能直接通过法律或其他命令式的方式来施行其公共计划方案；相反，政府在实施其政策和提供公共服务时必须事先与社会进行磋商。社会科学研究中所提出的网络概念与政府治理的网络实践，都在同时普及（Scharpf，1991；Kenis and Schneider，1991）。政府已经不可能再凭借法定方式和必要时的强制手段来将其意志强加于民；它们现在必须与许多对政策具有影响力的自利性团体达成共识，之后才能够进一步制定并执行政策。在大部分工业化民主国家，治理已经变成了一种讨价还价和仲裁调解的过程，而不再只是施行统治的过程（Kooiman，1993）。

目前公务员越来越被期望着对什么是公共利益做出自己的决定，有时他们不得不做出与既定政策或名义上的政治家的期望完全相反的决定。[10]如果公务员和其他被委派的官员真正成为企业型官僚，那么他们必然越来越不受这些政治家们的指挥和支配。假如这一情况成为事实，那么政府部门中责任制的概念和管理的概念都将被彻底改变，特别是在威斯敏斯特式的民主国家中（G. Wilson，1994c）。

这些变化使公务员管理者的角色比过去更难以界定，政府公务员的作用也更加含糊不清。而且，如果政府普遍缺乏正式的规范结构，那么坚守职责就会变得更加困难（Public Money and Management，1995）。

面对这些变化，发展中国家和体制转换中国家比工业化国家遇到了更多的问题。欧洲和北美国家的政府官员正寻找方法以转变成为更为企业型的官僚，并减少繁文缛节的羁绊。但许多体制转换中国家和发展中国家却面临着不同的挑战。这些国家的政府所面临的问题是建立韦伯式的和规则式的官僚体制，而这些体制在工业化国家正在被废弃。体制转换中的国家，其官僚体制早期的特征被弗雷德·里格斯（Fred Riggs，1964）描述为一种"棱柱"现象；对这些国家来说，在政府管理方面面临的挑战是：在规则的通用性不高的情况下如何确保这些规则的公平性和一致性。

1.1.3 永久性和稳定性

传统治理模式和政府官僚体制上的第三项变革，是关于政府内部组织的永久性和稳定性（Kaufman，1976）。公务员通常被看作是一种终身职业，凭借着一种"社会契约"，公务员可以获得一定的收入以保障其职业的安全稳定（Hood and Peters，1994）。进入政府组织工作，有时看起来就像是加入了一家日本公司，一旦成为其中一员，就会被终身雇用。政府组织的这种永久性特征尽管往往被人们高估（B. Peters and Hogwood，1988），但这恐怕已经是一般人对政府的刻板印象。目前，这种永久稳定的组织模式正受到越来越多的攻击。人们逐渐认识到这种永久性会造成政府组织功能失调，并看到政府组织内部的不协调已经带来了许多社会与经济问题，这就引发了选择其他政府组织模式的讨论。

目前已经开始出现了一些其他类型的组织模式，如特别工作组、权威领导人、跨部门委员会，以及其他类似的追求变通治理的组织。[11]另外一种可能的类型是"虚拟组织"，这种组织的特征是能够跨越政府组织的范畴，把对公共机构感兴趣的个人联系起来。由于信息科技的进步，组织过去对人们特有的凝聚力已经减弱。所以，以新的组织模式来取代传统的组织模式，已经变成了现实。

对于每一个公务人员来讲，今后将面对政府机关实行多样化的雇佣制度，诸如以签约方式受聘，担任顾问性工作，公务繁忙时期临时聘请人手（如临时税收人员和娱乐工作人员）等等，这样将有越来越多的终身职位被取消。在较早建立公务员制度的国家，认为公务员不同于其他职业的观点正在受到挑战并被逐渐摒弃。即使是像英国这样向来认为公务员有别于其他职业的国家，现在也面临着同样的冲击。财政部（云集了众多官员）已经着手裁员，并且正在考虑如何最好地聘用政府部门以外的人才来参与其工作（HMSO，1993；HMSO，1994a）。

政府组织永久性的传统观念正面临几方面的诘难。从某种角度来看，目前的变革仅仅是取消公务员特权的一种方法。一段时间以来，几乎所有的政府组织及其工作人员都面临着机构精简和其他威胁其既得利益的压力。从另一方面来看，永久性和稳定性也导致了决策过程的僵化，并使政策协调变得更难以进行。假如非永久性的组织模式能够得到普及，那么这样的变革能够带来两个方面的好处：其一，有助于让更多的组织参与问题的解决（D. Campbell，1982），而不必担心将来会出现庞大的官僚组织（Kaufman，1976）；其二，有助于建立一些以协调为主要任务的组织，以处理其他组织在制定计划中出现的特殊问题，在问题得到解决之后，这样的组织即可被撤销。普遍的看法认为，政府组织不可能消失，但不曾有人真正尝试着去建立这样的组织。[12]

发展中国家的政府似乎更多地受到了公共组织及其人员雇佣制度永久性这一特征的影响。在这些国家，政府往往是主要的雇主，尤其是对在社会中所占比例较小的专业人员和受过教育的人员，政府更可能是唯一的雇主。对任何一个政府而言，解雇现职人员都是一件相当为难的事，但同时政府也可能感到有必要雇佣其他在政治上忠诚可靠的人。不过，如果现职人员参与了有严重违反人权记录的组织，那么解雇他们或许可以被接受（B. Peters，1995a）。无论如何，对于所有国家的政府而言，当前真正的问题在于人们倾向于将公务员界定为一种永久性的职业。

1.1.4　制度化的公务员制度

支撑传统公共行政的第四个基本假定，是指应该建立一个制度化的公务员制度，并把它当作一个法人团体来进行管理。这一概念是工业化民主国家在近代才提出来的，在此之前，这些国家大多是采取恩宠制或君主家臣制或两者皆而有之的模式来管理国家。现代官僚体制之父马克斯·韦伯（Max Weber，1958；另可参见Mommsen，1989）认为，权威和官僚体制的发展代表了现代国家的发展（尤其是在德国），过去个人崇拜和传统权威仅适用于世袭制的组织，而理性——合法的权威则适用于官僚式的组织。虽然有些分析人士把韦伯的观点当作现代政治的中心思想，但是在许多企图建立更负责任和更积极主动的公务员制度的国家，与众不同的、职业性的公务员制度的观念已经受到了挑战。

除了非永久性的政府组织正被设置外，政府的人事任用也逐渐失去了永久性的色彩。政府组织可以根据随时变化的工作需要来决定增加和裁减员工，这种情况在税务机关或娱乐部门越来越多地出现。尽管这种人事管理的方法可以节约经费，但对公共管理者和决策者来说却面临着如何凭经验和按规范办事的问题。如果政府员工中有相当一部分是临时雇员，那么对公民而言，这恐怕会比平庸的永久性雇员带来更多的麻烦。因为公民将不得不面对缺乏奉献精神和其他公共价值观的政府雇员，而在许多情况下这些公共价值观体现了职业公务员的特征。从一个更为实际的方面来看，这些临时雇员可能缺乏做好其本职工作所需要的训练和信息。

即使公务员制度本身并没有受到挑战，但传统的公务员管理方式却受到质疑。例如，政府部门在人事管理方面所遵循的一条共同的原则是，根据各自的资格条件、所承担工作的难易程度等对整个公务员系统内的所有人员统一定级，每个级别的人员获得相对平等的报酬。公务员的晋升则是根据其功绩来决定的，也就是说晋升是根据其在工作中的表现或通过一系列的考核来决定的。但就目前的情况而言，随着市场机制被越来越多地用于测试个人和政策的价值，在政府部门和公务员系统内部，实际的绩效越来越难以被清楚地测量出来。

1.1.5　内部管制　11

关于传统治理模式的第五个概念是，公务员应该毫不迟疑地接受和响应其名义上的政治家发布的政策命令。这种要求超越了纯粹的政治中立。许多与政府相关联的问题，尤其是与政府官僚体制相关联的问题，实际上就是政治家进行控制和施行责任制的功能问题（Kaufman，1977；Walters，1992a）。在任何社会中，政府部门一向是被管制得最为严格的组织（J. Wilson，1989），尤其是在英美国家。因此，如果能够给予政府员工更多的发挥其专长和创新精神的自由，那么政府应该能够更为有效地运转（Osborne and Gaebler，1992）。

解除管制是否符合发展中国家和体制转换中国家的需要目前尚不清楚。但可以肯定的是，在这些国家的政府中内部管制的色彩极为强烈（Beyme，1993）。这不仅抑制了创造力的发挥，而且在与人民打交道的过程中带来了很多问题。目前，许多国际组织和私人企业正向这些国家施压，要求他们放松对政府行为的限制。不过，解除管制可能还不适合体制转换中国家的政府。因为这些国家的政府所普遍需要的是一种更可以被预测的和更负责任的公务员制度，而不是发达国家所要求的企业创新精神。

1.1.6　平等

传统治理模式和公共行政模式的第六项特征，是尽可能做到结果的平等。人事管理强调给资格相同的公务员提供平等的报酬和工作条件。并且，政府部门所做的有关其顾客的决定必须严格地做到尽可能的相同，也就是说，目标相同的顾客所得到的利益也应该是相同的。韦伯式官僚政治的概念，主张公务员处理公务时应秉公运用法规，平等对待所有顾客（Thompson，1975）。

几个相关的改革实例证明，服务平等和结果平等的概念也正受到质疑。首先，以市场为导向的改革，强调分散政府部门的行政权，并提高管理者的自主权。前提是这些管理者仍有义务遵守与他们管理的方案有关的法律。然而，这确实给他们带来了更多的自行处理问题的自由空间，这一点如果被看成是能为政府节省经费的方法，那它就显得尤为重要。在这种准市场的观点下，政府能够提供不同层次和不同 12 类别的服务，以便使公民能够选择他们将想要从政府那里得到的服务（或者他们打算为政府做什么样的事情）。[13]

也有来自另一方面的对服务平等的批评，这种批评的基础是让其他人参与政府部门和从事公共职业是否合乎参与规则。这个概念在这里是指授权给组织中的低层人员，使他们能够拥有更多的自主权来决定如何提供服务。争论的焦点在于原先为确保能为顾客提供平等服务而设计的官僚结构日渐僵化，限制了官僚成员在工作中"自我决定"的自由和做出更具创造力和人道决定的自由。如果解除了这个僵化的束缚，那么公务人员将会更愉快，也更能够为其顾客提供更好的服务。尤其是在社会服务方面，将会提出许多更为人道、更有帮助的方案，且有助于避免服务机构的官僚主义化（这里是用该词的贬义含义）和危害性方案的落实（Smart，1991）。一些行政改革模式的支持者甚至主张授权给顾客，以便使他们能够为自己作决定。这项改革可能正好与主张授权给管理着福利事业的工作人员的改革相对立（参见本书第52～54页①）。

平等的问题也引发了其他重要的有关责任和法律的问题。诸如顾客期望得到的服务能否实现是否取决于碰到"正直的"公务人员？纳税人期望公务人员能够提供更多方面的服务，但是纳税人的钱用对地方了吗？情况相同、权利相等的公民受到政府的不同对待，这是否合法（或道德）？或者，是否有其他一些与授权价值同等重要或更为重要的公共价值？不幸的是，这些问题在当前探讨政府部门的变革时很少被提出加以讨论。

在回顾了过去关于治理的讨论轨迹后，我将进一步探讨几个可供选择的发展公共服务的途径。通过对这几个在实践中出现的政府治理模式的研究，读者们可以看到这些治理模式对公务员制度的影响。除市场模式外，其他治理模式并没有一个明确而完整的理论表述；政府文件中有关这些模式的记载比学术文献中的记载更为清楚。因此，我将不得不从有关治理的理论和实践讨论中把它们作为理想的模式提取出来加以分析。

尽管每一个模式所提出的解决问题的方案各有不同的目的，但是这些模式对问题的分析和所提出的解决方法却有相似之处。大多数的改革都会带来这样的结果："架空"政府，并降低政府尤其是职业公务员在社会中的作用（R. Rhodes，1994；Milward，待出版）。有趣的是，这些用来改革政府的任何一种方法，都可能（很可能不是故意的）造成政府和公务员权力的扩大。尽管我们的重点在于探讨这些新的治理模式，但是我们必须看到，每一种模式都会以新的形式强有力地重新陈述以前的状态。对许多公务员和一些政治家来说，上面所讲的"旧时代的信条"或许仍然是政府运作的最佳方法，即使这些"信条"已受到了公众的普遍怀疑。

1.2　背景

传统的行政体制存在了几十年，总的看来是相当成功的。它经历了两次世界大战，提出并施行了大量的社会方案，为政府建立了大规模的经济管理制度，制定了

---

① 本书页码系指原文页码，即边码。

许多非凡的政策。然而，这个体制目前却从自大走向无助（G. Downs and Larkey，1986）。20 世纪 80 年代和 90 年代究竟发生了什么事，促使许多国家重新反思治理问题？这个问题不是一个答案就可以回答的，但是一些相互关联的因素汇集成一股力量，迫使我们彻底重新思考这个问题，并试图对传统的行政模式进行根本性的变革。这些变革不仅发生在英美国家，而且也扩散到所有的工业化民主国家，包括日本及其他被认为是相当成功的国家（Muramatsu and Krauss，1995）。

　　经济形势的剧变迫使政府不得不做出反应，这是一个容易用来解释变革的原因。这类论证指出，当经济增长放慢或经济发展变得不稳定或两种情况都存在时，政府已不可能再像过去那样通过扩大财政支出的方式来满足日益增加的开支；任何重要的新方案也都不可能被实行。如果行政效率的提高能够降低政府提供服务的成本，那么政府应该尽其所能采取一切办法以提高行政效率。在全球经济体系逐渐形成的情况下，任何国家都渴望成为具有经济竞争力的国家（Savoie，1995c）；当这一点列入政府议事日程中的最重要位置时，任何有关降低税收成本、解除管制、提高政府效率的改革措施都会大受欢迎。

　　仅从经济的角度分析推行政府改革和行政改革的理由显然过于简单化。当然，经济方面的问题确实存在，但就最近的情况来看，扩大政府部门的职能可能比减弱政府部门的职能更有助于解决经济方面的问题；理查德·尼克松承认自己是凯恩斯主义的信徒就可以说明这一点。进一步来说，目前所面临的经济方面的问题并不如战后重建时期那样严峻，但战后时期的改革人士尤其是政府部门内部的改革人士并没有对当时严峻的经济问题做出公开的反应。那么究竟是什么理由可以用来说明为什么现在人们会认为经济方面的问题迫使政府做出反应？

　　其中一个可以用来解释这种现象的理由是人口的变化。几乎所有工业化民主国 *14* 家的人口都在迅速地老龄化。这样，政府津贴计划如老人退休金和老人医疗保健等的开支额都可能快速增加，而这些开支都将不得不由数量日益减少的工作人口来负担。根据"美国克里-丹福思委员会"（Bipartisan Commission，1994）的调查，未来几十年内，在现行法律体系下，政府津贴计划的开支额将迅速增长。对政府部门的管理方法进行改革不可能解决这些问题本身，但却可能减少政府的总体开支，且有助于增强政府应付未来庞大支出的能力。进一步来说，管理良好的政府在向人民征收额外赋税时或许会更有说服力。

　　政府津贴计划的开销主要是政治精英们所关心的问题，一般人大多认为这与他们自己未来的利益相去甚远，因而很少有人能意识到这是他们应尽的义务。然而，并不是只有政治精英们才关注政府的治理问题，事实上，在一些国家平民主义者也很关心这一问题。[14]平民主义者的态度包括许多方面。就政治权利而言，他们反对提高税收、增加公共开支，以及强加给企业的管制。许多工人和中下层公民本是政府施政的实际受益者，但现在他们也反对政府增加公共开支和提高税收（Petersen，1992；Sears and Citrin，1985），其结果必然是人们普遍要求精简政府机构。因为他们认为，政府既然不能把每件事做好，那么就应该尽可能做得越少越好。

　　左派的平民主义者尽管不太引人注意且影响力有限，但它也对提供社会和经济服务的庞大的官僚机构提出了猛烈的批评。在他们看来，这些官僚机构反应迟钝、效率低下；常常对自己的服务对象充满敌意（Smart，1991；Spicer，1990）。不仅如此，左派的平民主义者还认为政府受到富人、受过教育者以及有权势的人所支配，已经越来越脱离了它的人民。这种观点认为，政府所执行的社会方案不是为了为穷人服务，相反是为了"管制穷人"（Piven and Cloward，1993；Squires，1990）。这类平民主义者的观点之所以影响有限，部分原因是他们试图加强穷人和其他政治弱势群体的地位。

整个西方世界对平民主义所倡导的人文变革并未做出统一的反应。在瑞典、丹麦这些成功的福利国家，目前已开始推行以市场模式为特征的行政改革（Andersen，1994；Lundell，1994）。但是，挪威等国家却仍然试图维持传统的价值观念，甚至增加政策和行政中的民主成分和集体主义成分。虽然挪威的富庶有助于说明为什么这些传统的价值观念能够得以继续存在，但集体主义的价值观念之所以能被认同，也反映出它们的重要性及其中所蕴含的大众政治参与的文化。

另一个可以用来解释政府何以重新反思治理问题的理由，是政府原本控制和管理的经济与社会变得越来越难以控制与管理了（Mayntz，1993；Kooiman，1993）。政府有效管制社会能力的下降，显然起因于几个相互关联的原因（Cohen and Rogers，1994）。首先是因为在总体人口中，社会和政治的异质性逐渐加大。福利国家在矫正市场造成的不平等方面所起的作用弱化，大多数工业化社会中人民收入的差距拉大。不仅如此，而且移民问题也给这些社会带来了族群和种族异质性的扩大，并造成了社会关系的紧张。

其次，当代政府所遇到的似乎已经不再是那些可以讨价还价的问题，而是一些更难以谈判的问题。当然，经济问题仍然是所有社会中政治家们争论的核心，在许多国家经济问题重又成为政府的中心议题。对各国政府来说，持续的经济增长、分配、就业等问题在20世纪90年代比第二次世界大战以后的任何一个时期都显得更为重要。这就是说，经济问题与诸如种族、性别、参与、平等等问题同等重要，而后者是更难以通过战后政治中提出的冲突解决机制来加以解决的。加剧这些冲突的"后唯物主义价值观"（Inglehart，1990），往往是绝对的而不是微不足道的，以至于在处理像钱这样的可分商品时常常会感到不够分配。

第三个关系密切的原因，是作为政府干预经济的焦点和政府治理投资的来源的稳定组织数量减少。在战后数年的时期内，处理经济政策问题的最有效的方法之一是"社团主义"，它以各种不同的面貌存在于整个欧洲及一些北美国家（Schmitter，1989；Pross，1992）。当政府试图应付许多经济需求和处理经济政策时，就会出现一群稳定的、通情达理的、结构完善的利益集团，政府可以就某些问题与这些集团谈判并达成协议。然而，即使在"社团主义"最成功的国家，工会所代表的工人人数有所下降，工会会员的奉献精神已大不如前。如今，政府的谈判伙伴已变得越来越不可信赖。[15]

一旦政府部门不得不开始制定政策以处理后唯物主义的问题时，这些利益集团的结盟关系也开始变得不稳定，并越来越不能表达其成员对任何政策的意见。本质上，这些"加盟团体"的成员，与工会或雇主联盟的成员一样，彼此间并没有实际的结盟协定。因此，如果他们对其领导人所批准的政策有不同意见，他们随时可以离开而建立其他组织。这样，达成具有约束力的协定比在传统经济政策的协商情况下显得更不可能，并且政府可能会面临着一个更为艰难的时刻，既难以充分地估计到将会存在的问题，又不能执行有效的政策。

1.3　国家和政府治理的展望

在过去几十年中，很少国家的政府没有受到席卷政府部门的改革浪潮的冲击。对大多数的政治体制而言，改革所涉及的范围之广恐怕是前所未有的，至少在和平时期未曾有过类似的经历，但改革本身却是零散而无系统地进行的（B. Peters and Savoie，1994a）。缺乏明确的看法和完整的策略可以部分地说明为什么改革的结果令许多提倡改革的人士感到失望（Caiden，1990；Ingraham，1995b）。显然，政府常常选择从一套假设（不言明的和言明的）中推论出的"非专门设计的"改革方案，同时也选择建立在完全不同甚至相互对立的假设基础上的其他改革方案。政治家和行政主管们在选择这些方案时，总是期望这些改革方案能够一起发挥作用。但实际上，在许多情况下这些方案不仅没能一起发挥作用，相反，这些方案相互作用的结果有时却产生了负面的影响。

因此，在这本书中，我将阐释几种更为完整的关于政府及其官僚体制前途的观点。假如这些观点中所提到的行政体制能够得以确立的话，那么每一种观点都将对治理的方式产生影响。我们不能脱离一个社会中发生的其他政治和文化运动而孤立地考察这些行政改革。例如，强调以市场模式来改革政府仅仅代表了一种思想，即有必要把市场方式引入所有像大学这样的社会公共机构之中（Tully，1995）。同样，促使更多的人参与行政这一运动也仅仅是强调在同一社会公共机构内有更多的参与机会这样一个普遍理想的一部分（这一点与市场模式有很大的矛盾）。

如果能对这些新的观点的内涵进行更为全面的探讨、理解，并与传统的治理概念相互比较，那么将有助于政府更有效地按计划推行变革。当然，即使政府采取了更连贯一致的改革方案，也不能保证其改革必然会获得成功；此外，完全按计划进行的行政改革也不可避免地存在着偏向或被推翻的可能性（March and Olsen，1983）。

本书的实践意义是次要的，因为我的主要目的是加深人们对这些年中政府的治理究竟出了什么问题的了解，以及对未来新的治理概念含义的了解。想要对当代的政府改革有一个清晰的认识并非易事。正如休·理查兹在谈到英国政府改革时所说："这是一幅由变化中的行为方式、非正式的和突然出现的规则，以及转变中的权力游戏等交织而成的混乱的图画。我们需要更多的透明度，以协助公共管理者及其他公共服务机构的人员了解政府改革，也让更多的公众更好地理解这些改革。"（1992，15）

几乎可以肯定的是，以前的状态已不再是英国或其他国家的政府部门在进行改革时的优先选择，因此有必要了解这些正在出现的新治理模式。学术界和实际工作者及有关的分析人士都必须探索有关这些模式的假设，以及从这些假设中推论出来的特定的改革方案。如果我们对这些模式不进行任何的分析或解释，那么我们将难以了解工业化社会和体制转换中社会正在出现的国家形式，也将难以对 21 世纪有关政府治理的基本问题进行思考。

对这些新模式进行探讨，并不意味着任何一个新模式都优越于传统的治理模式。我个人倾向于认为，尽管传统模式确实有失完善，但我们可以对其进行改造以便使其能够更好地发挥作用，那种认为新模式就一定优越于传统模式的看法显然不是事实。我也认为继续进行政府改革在当前的政治气氛下是不可避免的，如果改革能够有组织、有计划地进行，那么这样的改革更可能产生有效的结果。人们也应该认识到这些治理方法所固有的内在矛盾。否则，就像 H. 西蒙所论述的"行政谚语"那样（1947），会出现一些相互矛盾的"改革谚语"（Kaufman，1978；B. Peters，1996）。当前我们在思考政府部门的复杂性时趋向于采取情景治疗法而不是系统化的治疗法，即使在受到一套相当有说服力的理论假设的引导时也是如此。这可以从改革的循环中最清楚地看到这一点：人们在权力下放之后又追求集权化，而集权化之后又追求新一轮的权力下放。

然而，采取任何一个特定的治理模式都必须考虑到与之相适应的背景。对中欧和东欧那些体制转换中的国家而言，也许韦伯式的非常有约束力的行政体制最有助于恢复其政府的合法性（Hesse，1993；Derlien and Szablowski，1993）。这些国家在采取更市场化的行政体制之前，需要先将其固有的价值观念制度化。在一个权力更为分散的行政体制能够得到法律认可之前，不得不先清除人们头脑中残存的政治化的和极端专制的旧体制。

18   和工业化国家一样，一些官僚体制（此处是用该词的贬义含义）长期占主导地位的第三世界国家可能也会发现这些新的治理模式是可施行的和可取的（Grindle and Thomas，1991）。在改革的过程中可能会遇到的困难之一是改革的倡导者往往设想"一种适合所有政府的模式"，并且认为任何政府只要将其所选择的新模式制度化，便可以有效地改善政府工作成效。这种基于有关政府的设想而进行的改革确实带来了一些问题，例如在美国的"政府再造"（Osborne and Gaebler，1992），因为这些设想是从规模较小的地方政府的经验中得出的，可能并不适用于中央政府。

随着这四个有别于传统治理模式的新模式的提出和发展，每一种关于政府治理的看法的含义和所提出的解决治理问题的方法都能够得到验证。其中最基本的是对问题的诊断。任何改革的尝试都意味着人们对变革的期望，每一个新的模式本身就说明了人们对政府部门存在的问题的根源有一个清晰的认识。因此，这些新的模式都试图将公民对其政府感到焦虑和不满的模糊感觉，转化成一组具体的因果关系。当然，任何将复杂的社会和政治制度结构化的尝试都不免过于简单。然而，在进行错综复杂的政府改革时有必要了解问题存在的原因，以帮助我们对有关的问题有一个清晰的认识。

其他四个方面的分析是针对有关问题尤其是针对解决过去状况的方法提出更为明确的概念。其第二个方面是结构，亦即应该如何组织政府部门。各国政府一般趋向于采取分级分层的方式来组织，其主要的形式是重要的政府部门由内阁成员领导。今天，尽管大多数的政府仍然选择这种组织方式，但差不多所有的国家都或多或少成功地开始采用其他一些不同的结构方式来组织政府。这样，政府的结构不再是一成不变的。面对这种情况，学者和实际工作者都应该考虑如何选择合适的政府结构以及政府结构与几个新的治理模式之间的关系问题。虽然组织论者趋向于认为结构与一个组织的有效运转并没有太大的关系，但我认为，政府部门的有效运转有赖于结构和治理的其他方面协调配套。

第三个方面是管理，亦即应该怎样聘用、激励和管理政府部门的工作人员，以及应该如何有效地控制政府的财政资源？政府部门长期以来形成了一套清晰明确的人事管理制度，这套人事管理制度是建立在陈旧的认识基础上的。虽然这些陈旧的认识仍然大量存在，但在人事管理上却出现了很大的变革。这些变革摒弃传统的人事管理方法，转而仿效私人部门的人事管理制度，并逐渐减少政府对其工作人员所承担的长期义务。就目前来看，在政府部门工作与在私人部门工作并没有太大的区别，而我们应该思考这些变革所代表的含义。

同样地，占主导地位的管理特征趋向于强调由强有力的中心机构通过制定预算 *19* 和购买规则的办法来实施对资源的预先控制。根据这一观点，管理主要是中心机构的职能，其他机构和人员须遵循中心领导的指令行事。一个组织中的领导可能有一些自主权，但是他们在执行重要的管理任务时必须遵守有关的规定而不能自作主张。新的治理模式倾向于改变这种管理思维，赋予低级官员更多的自主权和决定权。

第四个方面的重点集中在政策和政策过程的概念上，亦即职业公务员在政策过程中应该起什么样的作用？以及政府应该如何对私人部门施加更广泛的影响？这些问题涉及许多有关政府决策程序及其内容等方面难以处理的问题。而决策程序和政策内容的问题又常常和这样的假设联系在一起，即有什么样的人员（公务员）就会制定出什么样的政策（干涉主义者）。因此，采取更多的以市场为基础的手段（如担保人制度）以排除决策过程中官僚们的影响显然是更可取的。不仅如此，而且在政策过程中有必要检查国内法规条例如公务员法的影响和作用，因为这些法规条例是立法机关和司法机关用以确保决策正确的工具。

这四个方面的有关治理问题的看法都各自包含有公共利益的概念以及一个全面的关于如何缔造一个好政府的想法（见表 1—1）。这些概念往往是蕴含在治理模式之中的，但凭借下表可以让它们更显而易见。每一个模式都回答了这样的问题："政府应该如何来治理，以及政府应该做什么？"对公共利益的关注也许是整个改革运动最重要的组成部分，政府工作人员在改革过程中应该思考的基本问题是，所采 *20* 取的改革方案以及政策过程的结果能否使公众受益，而不是能否革除那些旧有的体制。所有改革人士都相信他们所推行的变革可以获得最佳效果，尽管他们对公共利益的看法完全不同。

表 1—1　　　　　　　　　　　四个新治理模式的主要特征

	市场式政府	参与式政府	弹性化政府	解制式政府
主要的诊断	垄断	层级节制	永久性	内部管制
结构	分权	扁平组织	虚拟组织	没有特别的建议
管理	按劳取酬；运用其他私人部门的管理技术	全面质量管理；团队	管理临时雇员	更多的管理自由
决策	内部市场；市场刺激	协商，谈判	试验	企业型政府
公共利益	低成本	参与；协商	低成本；协调	创造力；能动性

　　通过表1—1，我们可以清楚地看到这四个治理模式的主要特征以及对这四个模式的评价。仔细审视这些改革模式的特点，可以使读者更加了解这四个模式以及由其引导出的改革的优势、劣势、内涵和彼此间的相互影响。同时也可以揭示出为什么当代所进行的许多改革令改革的倡导者感到失望，为什么这些改革能证实对改革持批评态度的人士的怀疑。政府部门的改革或其他规模庞大的组织的改革，都不是一件容易的工作。也许只有通过更全面、更客观的调查，我们才能更清楚地看到改革中存在的困难和改革的前景。

注　释

　　［1］我们应该将政府内部的帝国主义和公开的帝国主义加以区别，前者是指政府内部那些争取问题与预算控制权的组织，后者是指那些寻求解决问题的政府。一般而言，前者比后者更为普遍。

　　［2］也许目前市场已经取而代之成为大家的共识（Grice，1995）。

　　［3］当然，尼克松确实试图抑制现行官僚机构的某些权力，因此在美国的政治舞台上他几乎不被认为是一个温和人物，但这种看法未免忽略了他在国内政策方面所取得的成就。

　　［4］有关这一问题的讨论，可参见 K. Walsh 和 Stewart（1992）对英国的研究，Stillman（1991）对美国的分析。

　　［5］在许多推行了择优录用制度的国家，其实际执行的情况并不十分理想，但是择优录用制度的原则却列入了法律条文的规定之中。

　　［6］然而，我们应该记得，至少对于威尔逊（Wilson）和其他进步人士来说，公共行政优越于政治，因为行政是一门可以被研究和改进的科学，而政治只是一种艺术（参见 Doig，1983）。

　　［7］《共和党与美国合约》保证减少法规的数量并减少法规制定活动对人民权益的侵扰。但对现代政府而言，这也许很难做到。

　　［8］新西兰的劳工党政府就非常激进地运用各种以市场为基础的改革方案来进行政府改革（Scott，Bushnell and Sallee，1990）。最近，瑞典的社会民主党政府也采取了许多以市场为导向的改革措施来改变政府的治理结构。在英国，工党领袖托尼·布莱尔（Tony Blair）现在接受了撒切尔夫人时代所推行的许多行政改革。

　　［9］甚至英国的一些保守党人士现在也承认，在公用事业私有化过程中也曾发生过同样的越权行为，例如在缺乏行政监督管制的情况下，一些领导人自行增加其工资收入（Riddell，1995）。这种在企业私有化过程中所出现的丑闻，在意大利可谓不胜枚举。

　　［10］在美国，公务员的这种独立自主的角色并不陌生；但在威斯敏斯特民主体制下，这种角色不仅极不普遍而且极具威胁性。英国的"庞廷事件"和加拿大的"阿尔—马歇特案例"（Al-Mashat case）都

是关于变革威斯敏斯特治理标准的重要例子（Chapman，1993；Sutherland，1991）。

［11］这类组织形式在几个欧洲国家相当普遍（例如可参见 Fournier［1987］及其对法国政府内部协调机制的论述）。在其他国家，特别工作组以及其他各种类似的组织，都被用来协调和管理所谓的横向问题（Timsit，1988）。

［12］曾经有过这种尝试，但有关的记录显示这样的组织已被关闭。假使它们没有被关闭，那么真正的被告应该是那些继续主张为其提供经费的立法机关。

［13］这类似于提布特（Tiebout）提出的公共财政中地方税收与支出的模式（见 Tiebout，1956）。

［14］即使在英国和加拿大这样的具有历史悠久的恭顺政治文化的国家，这种反应也确曾发生过（参见 Taggart，1995）。

［15］在很大的程度上，这是因为西方国家的就业机会已从制造业转移到服务业，而这种转移又与推动政府变革的全球化因素有关。

第 2 章

市场式政府

21　　如果让现在的政治家、学术界人士和公众选择一个可以取代传统公共行政模式的治理结构，其结果一定是选中市场模式。有太多实施了市场模式的例子或宣告实施了市场模式的声明，以至于在这里难以一一列举。[1]市场模式的基本观点是，当前有关政府改革的时代思潮是利用市场并接受这样的假定，即私人部门的管理方法（无论是什么样的管理方法）几乎可以说是与生俱来地优越于传统的公共部门的管理方法。不管最富裕的西欧各国或最贫穷的非洲国家是否考虑进行行政变革[2]，人们普遍假设提高政府组织效率的最佳甚至唯一的方法是用某种建立在市场基础上的机制代替传统的官僚体制。

　　从市场的观点来看，传统官僚体制存在的主要问题在于它们无法提供充分的激励机制以鼓励其组织成员有效率地做好分内工作。由于缺乏积极性，组织成员通常会充分利用工作上的各种特性。其中的一种特性可能是寻找"工作中的空闲时间"（Peacock，1983），而这很容易给人留下懒散、怠惰的官僚形象。第二种观点认为，官僚常常通过将其机关预算增加到最大限度的方法来扩大自己的权力并提高个人的收入（Niskanen，1971；McGuire，1981）。而这一点又会给人留下激进的、妄自尊大的官僚形象——这一形象正好与怠惰的官僚形象相对立。此外，这一观点也进一步臆断行政官员可以从增加的预算中谋求私利。

　　第三，官僚和他们的组织有时也会表现得过分热情，其所热衷的倒不是个人的报酬，而是公共政策的执行，尤其是执行那些被认为会危害产业和强迫社会接受官僚片面裁定的公共政策（Wolff，1988；Booker and North, 1994）。一个组织一旦被创建并受命管理一定的政策领域，那么这个组织就可能变得难以控制。当一个组织越来越远离其最初由法律所规定的目的、转而由自己来界定所谓完善的政策时，就可能出现官僚放任自流的现象（Shepsle，1992）。虽然管制活动常常出于良好的愿望，但对于被管制的产业而言，这种积极的作为通常不受欢迎。 ₂₂

市场模式被假定为能够解决传统公共行政中存在的问题。然而，问题的关键在于这些诊断是建立在对传统行政模式不足之处的相当不同、甚至完全相反的认识的基础上的。不过，人们还是期望着能够用这一改革模式来解决传统模式存在的问题。从某种程度上讲，市场模式本身具有明显的差异性，并且是由几个组成部分所构成的，因此对其内在矛盾的特性进行描述也许并非易事。有关的观察确实暴露出在几乎所有致力于改善政府行为的尝试中都蕴含着强烈的意识形态成分，因此任何改革主张都必须尽可能全面地加以评估。热衷于各种改革模式的人士并不总是依据其经验主义的改革理念行事，这一点不仅适用于市场模式，也适用于其他改革政府的模式（R. Moe，1993；1994），甚至包括传统模式的倡导者所提出的意识形态方面的主张（Goodsell，1995）。

2.1　市场模式的理念

事实上并不存在一个单一的市场模式，它只是一种对自由竞争优越性以及对一个理想化的交换与激励模式的基本看法（King，1987；LeGrand，1989）。将市场模式应用于公共行政有着几个方面的理论依据。就如人们对政府的思考本身有所变化一样，从这些思潮中推论出来的变革方案也是多种多样的。因此，与以市场为基础的变革有关的明显或含蓄的观点，必须从学术文献和实践经验中获得。这些观点与现实世界中的行政变革息息相关。一些相关的例证可以清楚地说明这些观点和行动之间的联系（或至少有加以联系的打算）。玛格丽特·撒切尔夫人（Margaret Thatcher）曾经建议她的内阁部长们研读尼斯卡宁（William Niskanen）关于官僚体制的研究成果，并要求他们依照尼斯卡宁的建议来改善政府部门的管理（Hennessy，1989）。对美国的里根政府和加拿大的穆罗尼政府而言，观点与行动之间的联系可能是出于偶然（Savoie，1994a）。[3] 不过，正如彼得·塞尔夫（Peter Self）所言，里根及其主要顾问们的思想看起来"过于肤浅，以至于不值得任何正派的理论家探讨"（Self，1993，71）。

2.1.1　市场效率

应用市场的方式来改革政府的基本理论依据是，相信市场作为分配社会资源的

23　机制的效率。市场模式的倡导者将其理念建立在新古典主义经济学的基础之上，他们认为，其他的分配形式，如通过官僚体制的分配形式或更常见的法律的分配形式，是对自由市场体系运作结果的歪曲。因此，如果能够应用市场或类似的竞争机制，那么社会的普遍情况将会变得更好（至少在经济方面是这样）。这一假设倾向于回避有关在个人之间进行资源分配的问题（LeGrand，1991a），而这个问题通常是政府干预所要解决的问题之一。市场模式的倡导者也设想生产过程中所有的重要成本（污染即是典型的例子）都被计算在产品的价格之中——这本是一个常见的外部性问题（Coase，1960）——这可能导致社会成本与生产成本的分离。

　　新古典主义经济学模式所提出的假设引起了广泛的评论。[4]然而，在这里我们应该考虑的是，既然大多数工业化民主国家都采用了市场模式，那么将市场模式作为有效的社会分配标准究竟会对公共官僚体制起到什么样的作用。直接的答案是，接受市场模式就意味着要求那些提倡背离根据竞争进行分配这一观点的人士证明自己看法的正确性。事实上，这些人士的看法已经得到了证实，因为我们承认整个社会存在着外部性的问题，我们也承认社会期望着对收入进行重新分配（Commission on Social Justice，1994），以及公共财物本身由于具有不可排除在外的特点因而不可能通过市场来进行有效的分配（Atkinson and Stiglitz，1980）。尽管如此，其他分析人士仍期望利用市场机制来解决诸如污染等外部性问题。

　　即使当我们看到市场作为社会分配机制的缺陷时，市场模式的倡导者仍认为官僚体制和正式的法律手段都不一定是最好的、甚至是较好的政府干预的工具。他们倾向于认为，政府干预的手段越接近于市场模式，那么就越有可能得到更好的结果。正因为如此，政府部门所使用的传统的命令式干预机制便常常被描述为一种无效率的"工具"（Hood，1986；Linder and Peters，1989）。相反，在前面的设想下，更多的以市场为基础的机制如合同、激励、税收支出等就成了更可取的手段（Hula，1990；K. Walsh，1995）。例如，在减少环境污染的问题上，许多政策分析人士就认为以市场为基础的激励机制比过去经常使用的命令——控制式机制更可取（Schultze，1977；Oates，1995）。[5]

2.1.2　官僚垄断

　　以市场为基础进行改革的第二个方面的理论依据，来源于尼斯卡宁（Niskanen，1971）、塔洛克（Tullock，1965）、T. 莫（T. Moe，1984；1989）、奥斯特
24　罗姆（Ostrom，1986）等学者对常见的官僚体制缺点的分析，以及许多提倡公共选择理论的人士的观点（Bendor，1990；McLean，1987）。这些学者认为，由于组织成员，尤其是机关最高长官们对自身利益的关心，导致了政府官僚体制倾向于以令人无法接受的速度膨胀，而且以为公众服务为由向其经费提供者（即议会）索要更多的经费。官僚职业的永久性，尤其是他们对信息的垄断（Banks and Weingast，1992），使他们在与议会等立法机关打交道时处于有利地位。若从这个角度来看，政府部门失败的基本原因，就是官僚的利己行为。[6]

有趣的是，另一派经济学者认为正是由于机关长官们对自身利益的关心，导致了政府机构不会过多地提供某种财产和服务（Breton，1974）。这一观点认为官僚机构可以通过预算的方式来选择公共财产或私人财产。由于公共财产具有不可分割和不可排除在外的特点，人们通常不会认为公共财产能够给社会中的个别成员带来特别的好处。但另一方面，私人财产却能够给特定的个人带来利益，对官僚机构及其政治长官来说，私人财产可以换得更高的政治报偿。因此，官僚机构（假如他们拥有可利用的自由）不会对其顾客提供足够的公共财产而是过多地提供私人财产。依据类似的逻辑，安东尼·唐斯（Anthony Downs）曾经认为民主国家的政府预算将倾向于缩减（1960）；如果这一结论不是异端邪说，那么在今天看来着实是令人惊讶的。

其他学者（Dunleavy，1985；1991）主张采用一种"塑造机关"的方法来理解政府官员们最大限度地扩大个人利益的行为。[7] 对于有个人私欲的官员来说，并不是所有的支出都同等重要，例如，通过机关将钱转移给机关外部的收受者可能也是一项支出或一种工作，但这一工作却不能为机关长官们带来多少利益。因此，理智的官僚成员总是试图最大限度地增加机关的"核心预算"，也即维持机关全体员工和机关运转所需要的那部分预算，而不是增加总体预算。他们常通过巧立其他的支出项目甚至以总体支出额为由来扩大核心预算。从这种行为来考察，由于官僚成员们的工资和津贴受固定数量的限制，因此他们总是试图寻找各种方法以最大限度地增加其非金钱形式的报酬。然而，随着公职人员的薪给制度逐渐改为按劳取酬制和工资级差制（参见本书第 34～36 页；Eisenberg and Ingraham，1993），目前公务员更关心他们个人的工资收入。

这些从经济学的角度来探讨公共官僚体制的观点清楚地揭示出，作为个体的官僚成员可能心怀私欲，或者至少是自我放纵的，他们总是利用其对机关事务的垄断权力来最大限度地增加个人利益（Egeberg，1995）。这些政府官员之所以能够在编制预算的过程中行使他们的这种垄断性权力，部分原因是他们拥有更多接近信息的机会，尤其是他们比其经费提供者更了解服务性生产的实际成本。如果允许其他的竞争者提供同类服务，那么就会刺激官僚机关控制其生产成本以战胜竞争对手。可以想见，这一竞争机制在私人部门中能起到同样的作用，它可能有助于私人部门将其服务成本减少到最低限度。[8] 在有许多机关同时参与的情况下，即使公开的竞争不起作用，经费的提供者也能够在各机关之间挑拨离间，使这些机关透露出各自的真实的生产成本（A. Downs，1967），并利用这些信息来控制公共开支。

与这一分析有关的问题是，公共部门管理的原则之一（甚至私人部门内部也是如此）是应尽可能避免设置职能重复的机关（可参见 Bendor，1985；Landau，1969），以防止这些机关之间出现任何实际的竞争。[9] 在受管制的地方，最大限度地减少职能重复确有其必要，因为公民和企业组织常常抱怨政府机关之间各种各样的、相互抵触的规定要求（Duncan and Hobson，1995；Mastracco and Comparato，1994）。然而，从经费提供者的观点来看，受规章限制的重复，也许有助于他们获得有关这些机关以及被管制组织的工作表现和工作绩效。[10]

　　然而，甚至在服务条款中也有许多关于"一站购买"社会利益的要求（Jennings and Krane，1994）。综合各种服务被认定对顾客和政府都会带来更好的效益。然而，这种做法可能和强调顾客满意的政府服务观念有所冲突。尽管人们并不喜欢往返奔波于几个地方才能得到服务，但他们却希望能有一个知识渊博、能做决定的公务员考虑他们的情况。过分强调"一站购买"和对员工进行一种以上的职业培训，与过分强调（组织上或地理上）分割服务一样，都会造成人民不满意政府的服务。

　　再者，对于官僚体制所提供的公共财产供应不足的问题，竞争似乎不是有效的解决办法。经费提供者拥有许多与官僚机关相同的激励机制，促使他们取悦于自己特定的顾客，并尽量减少在公共财产上的支出以增加私人财产的供给。从官僚机关可以同时提供公共财产和私人财产的情况来看，编制不同类别的预算方案可以允许管理者和经费提供者将原本供公共财产所用的资源转移给私人财产。的确，如果需要举行重新选举的话，经费提供者提供私人财产的动机也许会更高（Fiorina，1989；G. Miller and Moe，1983）。

　　上述针对经费提供者的激励机制的效力依立法机关的结构不同而略有差异。以美国的立法机关结构为例，立法机关设有许多委员会负责监督行政机关，这些委员会的成员对官僚机关的活动常常表现出明显的政治兴趣，因此这样的立法结构特别容易发生过多供应私人财产而公共财产供应不足的情况。而比例代表制的立法机关结构限制了单个立法机关成员与特定选区的选民（指地理上的选区，并不总是指工作上的选区）之间发生直接的关系，因此，比例代表制显然能减少立法机关成员"塑造机关"的动机。

　　有关官僚机关垄断权力造成效率低下的假设还存在一些争论。首先，某些服务由政府采取垄断的方式来提供可能会比通过竞争的方式来提供更有效率。威廉森（Williamson，1985）曾详细描述了几种垄断的情况（无论是在公共部门还是在私人部门），其中包括关于自然垄断的普遍特点。如欧洲的煤气和供电等服务由公用事业公司提供显然效率更高。即使对这些公司进行私有化改造，但他们仍维持其垄断地位，并且必须由政府加以管制（Wiltshire，1988；Richardson，1984）。[11] 许多公共服务行业实际上早有来自私人部门的竞争，例如在政府控制的教育与健康保险体系中出现了民办教育和民办健康保险机构，以及许多与邮局竞争的民间快递公司。目前已经很少有公用事业能够继续维持其垄断性经营，这样的结果势必出现许多有效的竞争，以致政府机关很难逃避由此而来的种种压力（B. Peters，1995c，35）。此外，当社会风险太大，以致难以与私人部门协商签订合理的合同时，由政府机关来提供服务或加以管制或两者兼而有之，仍被视为是正当可行的（Perrow，1984）。

　　通过常规性的预算过程，政府已经有一个良好的竞争机制来分配其资源。即使在提供同类服务时某一机关不会与另一机关直接竞争，但在预算期间所有的机关都会彼此为争取资源而展开竞争。这种竞争对于一个机关的生存起着关键性的作用，因此其间的竞争确实相当激烈。此外，对"经费提供者"而言，也可以利用预算过程从各机关获得许多信息（Savoie，1990；Wildavsky，1992），尤其是当经费提供者有意凭借预算来实行监督时（Schick，1990）。实际上，经费提供者非常热衷和善于通过预算过程获得有关信息，并利用这些信息来测定公共管理的成就和惩罚那些效率低下的机关。

有关政府及其官僚体制的以市场为导向的观点假定，公共部门内部各机关拥有更多的自主权。根据这一观点，这些机关能够采取各种各样的策略以掩饰它们的活动，从而逃避经费提供者的有效监督。这一分析观点所存在的问题是只有极少数的政府拥有某种程度的机关自主权，甚至在这些极少数的政府中还存在着许多限制机关自主权的机制。本质上，尼斯卡宁的政府模式是将美国政府结构加以模型化，即建立一个高度分割的政府，不过随之而来的后果必然是越来越难以施行有效的控制（B. Peters，1992；Goodin，1982）。瑞典和挪威等其他国家（Christensen，1994；Petersson and Soderlind，1992）也允许它们的机关拥有较多的自主权，但这种自主权受到了健全的法律和预算结构的约束，以便在没有直接控制的情况下机关之间仍能相互协调合作。

然而，世界上大多数的政府都不允许它们的机关或机关内部的公务员拥有太大 *27* 的自主权。或者通过能起作用的组织进行更强有力的内部控制，或者凭借中心机关的约束力施加控制，或者两者兼而有之（C. Campbell，1983；Savoie，1995b），迫使这些机关不得不更多地遵循其政治首长和行政主管的意志行事。然而，有趣的是，目前正在推行的一些以市场为基础的改革（参见本书第 31～33 页），其目的就是要创设这种机关自主权，而这也正是尼斯卡宁所设想的改革难以进行的原因之一。目前改革虽然代表了"企业精神"和"效率"，但其结果可能类似于当授予机关自主权以加强其决策权——这在美国曾是为了加强机关自主权所做出的有意识的选择——时所产生的结果，或者其结果类似于为国会提供更多的控制政策的权力所产生的结果。

根据公共选择的观点，官僚机关也可以通过其对政府议事日程的影响而获得某些权力（Altfeld and Miller，1984）。这些权力的获得，部分原因取决于官僚体制所拥有的相对的信息程度。对一个机关来说，通过对议事日程的影响而获得的最强有力的权力也许会产生负面的影响，因为这使它们能够阻止讨论和考虑某些问题。这种"权力的第二面孔"（Bachrach and Baratz，1962）是从大多数机关与其所施行的政策之间的密切关系以及这些机关对一个现存方案中出现的问题的认识中引申出来的。如果隐藏这一信息，那么无论是主管官员还是立法机关插手纠正问题的能力都会受到限制。

公共官僚机关可以通过颁布第二法律也即美国政治术语中所说的"行政法规"来对政策议程的某一方面实施实质性的控制。当立法机关通过主要的法律法案之后，总是将大量的细节留待官僚机关去制定和颁行。由于立法机关不可能将所有可能出现的细节都列入法律法案之中，因此只能赋予官僚机关制定和颁布行政法规的实质性权力（Schoenbrod，1993）。这样，行政机关便拥有了在各种方案中进行选择并制定政策的权力。

从发达国家所制定的有效法律的数量来看，各机关实际上能够决定自己的议事日程并开展制定行政法规的行动。这一行动可能会刺激其经费提供者做出反应，因为官僚机关有时会颁行一些并非立法机关所期望的行政法规。一些立法机关曾试图通过诸如立法否决（Foreman，1988）或通过建立审查第二法律的委员会（Byrne，1976）等方法来控制第二法律的颁行。另外，行政当局也试图凭借"行政法规备案复查"的机制（McGarrity，1991），或者通过调查颁行行政法规所需要的成本和所获得的效益并驳回成本较高的行政法规等方式，来控制已经察觉到的官僚机关在制定行政法规方面的过分积极的行为。不过，官僚机关常常能够利用公共机构之间的冲突，进而影响政府的部分议事日程。

28　　从其他不太明显的方面来看，官僚机关也是政府议事日程的制定者。公共选择理论在探讨官僚体制及其在政策中所起的作用时，是把重点放在机关制定政策方案的能力上，这一点引起了其他公共机构的思考（Tsebelis，1994；Altfield and Miller，1984）。有关的分析人士也探讨了一系列关于提供公共服务所需要的单位成本的设想（Bendor，Taylor and Van Gaalen，1985），并将之看成是制定议事日程过程的一部分。尽管探究理性选择的分析人士根据机关操纵其经费提供者的能力来讨论机关制定议事日程的行为，但机关制定议事日程的权力只不过是机关控制相关政策问题细节的一种功能。机关的专门知识以及与此相关的组织观念使它们能够将详细解释有关政策问题的任务交由其他的政府部门去执行。

2.1.3　一般管理

市场式治理模式的第三个理论基础可在一般管理与"新公共管理"的有关理论中找到（Pollitt，1990；Hood，1991；Massey，1993）。这一分析观点的主体是基于这样的设想，即不管管理在哪里发生，管理就是管理。根据这一观点，将公共行政作为一门具有独特风格的独立学科会被认为是错误的。[12]市场模式的支持者认为，组织和激励人员的机制不仅可运用于私人部门，同样也适用于公共部门（Linden，1994）。因此，市场模式的倡导者拒绝接受传统行政模式在许多方面具有实用性的观点。

新公共管理的理论认为，围绕公共管理的开展而设立的行政机构实际上是为行政系统所固有的低效率和特权进行辩护的工具。管理主义论者进行改革的部分目标，就是要取消行政部门的特权（Hood，1995），并开放传统的内部劳动力市场以吸引更多的来自外部的竞争对象。新公共管理的倡导者认为，优秀的管理者通过利用私人部门的管理技术和激励手段，能够（用美国戈尔报告的乐观口吻来说）"以较少的施政成本缔造一个运作良好的政府"。只要管理者被充分授权管理，并不再受到代表公务员制度特征的规章、条例和其他管理措施的限制，那么他们就能够更为有效地管好政府。

面对责任制和公共部门的特殊责任等问题，新公共管理的观点就变得更加突出明显。正如兰森（S. Ranson）和斯图尔特（J. Stewart）所说："消费主义者过分强调个人，排斥公众作为整体的需求，他们忽略了公共领域必然存在的两重性，这种两重性决定了其独特的管理任务，即实现公共目的的要求。"（Ranson and Stewart，1994，5）

适用于公共部门的一般管理的方法宁可设想公共部门与私人部门之间并不存在重要的差别，也不去谴责缺乏将公共利益作为政策行动的指导原则的意识——而有关公共选择的文献常常谴责缺乏这种意识。根据这一观点，如果能够建立适当的鼓励机制，那么就能够将私人利益和公共利益统一起来。根据新公共管理理论中有关政府的概念，私人部门所强调的一些价值观念——其中最值得注意的价值观念是效率——在公共部门中应该更受重视；不仅如此，而且向私人部门管理者的思维方式转变对于促使公共部门真正为公共利益服务来说是绝对必要的。也许正是由于这一观点，使公共利益的概念已完全不同于传统的概念，人们原先所习惯的概念似乎不复存在了。

在较高的理论研究层面上，建议改变管理主义论者的思想可能基于公共政策中委托人——代理人关系的普遍存在（T. Moe，1984；Shepsle，1989），以及公共组织和私人组织中交易成本分析理论的应用（Williamson，1975；Calista，1989；Alexander，1992）。在较低水平的学术研究中，一般管理的理论常常是局外人公认的学说原理，这些局外人总是想把他们自己所喜爱的管理方法，如战略规划、目标管理、全面质量管理等介绍到公共部门。[13]这两种层次的概念中所述及的一般管理方法都受到了局内人士（学者和实际工作者）的批评，因为局内人士把公共部门的管理看作是一种特殊的事业，而不仅仅是指挥另一个组织。

新管理主义的另一个含蓄的，有时又是明显的推论是，公务员的角色是根据其承担的管理任务来确定的。这些转变确有其重要性，因为在过去，公务员的角色有时被忽略了，或被认为是次要的。高级公务员的角色大多被界定为部长们的政策顾问（Plowden，1994）。但是现在，管理者的工作就是管理，政务官正试图接管制定政策的重要责任。然而，对政务官而言，取得政策控制权有时比他们所想象的要难得多。在许多情况下，听取公务员的意见仍有助于制定好的政策（Rose，1974；Kato，1994）。无论如何，这种转向管理主义的思想观念重申了熟悉的政治——行政二分法（C. Campbell and Peters，1988），并且也使公务员涉入决策过程的合法性较过去为低。

这些关于在政府治理中引入市场机制的理论观点怎样在实践中发挥作用？以及从这些理念中获得什么样的切实可行的解决方案？尽管理念与实践之间的联系并不紧密，但改革者们相信他们所采取的改革行动源于一组相互关联的概念和原理。尤其是采取市场模式的改革者们相信，他们所采取的方法实际上是在公共部门内部尽可能地仿效私人部门的工作方式。根据他们的观点，以市场作为改革模式不仅可以为改革提供道义上的支持，而且可以为政府更有效地运转提供更切实可行的证据。因此，重要的是记住这些改革者们常常相信他们是为公共利益而工作，尽管他们的批评者通常把他们看成是亵渎公共神殿的平庸之辈。

2.2 结构

市场模式的倡导者们设想，传统的公共部门结构存在的主要问题在于它依赖庞大、垄断的部门，而这些部门对外界环境不能做出有效反应。的确，大多数批评并不是针对这些部门对外界环境难以做出反应，而是针对它们不想做出反应。这些部门往往被看成是自行其是的机关，只关心其成员尤其是其领导者个人的提升，并不考虑为整个公众或政治首长服务。公共官僚机关的自我权力扩张早已尽人皆知，但公共选择论者仍能将其分析的论点建立在对这些尽人皆知事实的思想认知基础之上。

从事公共选择方法研究的学者认为，政府组织规模庞大和复杂性以及所提供的商品与服务成本过高，是政府缺乏效率和效能的根源。在缺乏市场机制引导和驱动的情况下，可以采取分级管理的方式来控制机关组织。强调以正式的规章条例和权威作为公共组织内部行动的准则，导致了结构方面存在的困境变得更加严重（参见第5章）。批评人士认为，正式的规章条例使决策者们不能有所选择，其结果必然是出现太多照章行事的决策方案，并限制了管理者创新能力的发挥。这些规章条例也使大的组织对环境变迁反应迟缓、谨慎的状况更加恶化，也使机关更难以防范错误的发生。

虽然改革中出现的规模较小的公共组织也很难经受住直接竞争的考验，但有关人士仍认为，只有那些规模小且只提供单一产品或服务的组织才拥有一些竞争优势。尼斯卡宁在他关于设想公共部门效率低下的分析中指出，提供多元化服务的机关比数个目标单一、仅提供单项服务的组织效率低而成本高（Niskanen，1994，106-112）。因此，将大的组织分解成若干规模较小的单位，即使在没有市场机制来调节其产品价格的情况下，这些规模较小的组织的生产成本都会下降。再者，倘若一个组织只提供一种产品，也将有助于加强法定的经费提供者监督这一组织行为的能力。

31　　上述这些有关政府部门结构的理念在当代许多关于私人部门组织的研究中也有所反映（Weir，1995）。20世纪60年代和70年代的企业组织，倾向建立庞大的企业集团，以从事任何或所有的经济活动，但是，这种趋势在20世纪80年代和90年代随即改观，一些大型的企业集团纷纷解体。这些有关企业结构的想法是围绕着更好地为顾客服务的需要而出现的，而大的企业集团组织内部却难以做到这一点。因此，尽管企业仍保持其庞大的规模并从事多种经营，但它们的结构已倾向于向M型发展（Lamont，Williams and Hoffman，1994），也就是说，大的企业集团内部分设了许多独立经营的分公司，也即公司中的公司。

这样，解决公共组织在结构方面所存在的问题的方法应该是清楚而明确的。改革的一项主要原则是分散决策和政策执行的权力。打破大政府垄断的最基本方法是利用私人组织或半私人组织来提供公共服务。西欧国家以及澳大利亚和新西兰曾广泛地进行了私有化改造，而在此之前，这些国家都实行相当程度的公有制（Wright，1994）。然而，这种面向私有化的结构转变常常引发了这样的要求，即必须制定相应的规则以控制自然垄断所固有的问题。对于许多欧洲国家而言，强行利用规则来解决经济垄断问题是它们所不熟悉的政策，因此，这样做的结果，至少在短时间内，必然在产品的运送和定价方面出现效率低下等情况（Foster，1992）。

权力分散也可以通过将大的部门分解成若干小的机构或通过将职权下放给较低层的政府机关等方法来实现。这一方法特别适用于当有争议的商品或服务拟采取市场原则进行买卖时。对这一方法最极端的看法是，政府会设立多元化的相互竞争的组织来提供商品和服务，并期望在私人部门起作用的竞争机制能在公共部门起到同样的作用。在可能的情况下，政府会设立许多规模较小的组织，每个组织只提供一种特定的服务，因此这些组织可以取代传统的、有多种目标的部委机关。

将大的部门分解成若干小的机构这一做法已为英国、新西兰、荷兰等发达国家所接受（Davies and Willman，1992；Boston，1991；Kickert，1994），并已在一些北欧国家实行了数十年。以新西兰为例，从 20 世纪 80 年代后期开始，新西兰对以前的部委进行了公司化改造，即将这些部委分解成许多拥有自主权或半自主权的组织以从事提供公共服务的工作。一些规模更小的部委尽管保留了政策职能，但整个决策系统仍由财政部和发动改革的人士控制（Boston，1991，255；State Services Commission，1994）。

英国在印有红字标题的"续阶计划"方案的引导下，也进行了类似的结构变革 *32*（Hogwood，1993）。这项改革象征着英国政府已经从墨守成规的旧观念中走出来，不再像过去那样设立庞大的部委机关来总揽政策和施政。自从《伊伯斯报告》（Ibbs Report）发表以来（HMSO，1988），英国大约设立了 100 个行政机关。这些机关规模大小不一，有的组织规模很小，如"威尔顿公园会议中心"只有 30 名职员；有的组织规模较大，如"社会救济局"雇用了大约 7 万名员工，但其职责仅是负责英国大部分社会服务救济金的发放（Greer，1994，32-44）。这些机关目标单一，因而比以前的部委机关更能够对市场压力以及其他直接评估工作成绩的方法做出反应。他们的领导成员可以从公务员内部选拔产生，也可以从私人部门中延揽，并且对他们可以采取私人部门的方式或至少是半私人化部门的方式来进行管理，而不必严格按照公共组织的方式来管理他们。例如，对这些机关行政主管的任用，可以采取成绩表现合同制，如果成绩表现不佳，就有可能被免职。

除了北欧国家以外，新西兰和英国是推行分散政府服务权力的改革运动的最为典型的例子，它们的改革经验和方法后来被大量效仿（Petersson and Soderlind，1994）。[14]当然，在推行这种结构变革方面，有的国家的政府也正在进行其他方法的尝试。例如，荷兰已致力于设置许多机关（Kickert，1994；1995）。加拿大也开始试行建立"特别执行机构"（Special Operating Agencies）来提供某种服务（Canada，1991；Wex，1990；I. Clark，1991），尽管长期存在的加拿大政府官方公司具备一些类似于行政机关的特征（Laux and Malot，1988）。这些为改革政府结构所进行的不同尝试，说明了这些国家都同样存在政府缺乏效率和效能的问题。

有关人士认为，设立以市场为导向的组织体系，有助于对所设置的权力分散机关的成绩表现进行有效监督和充分估量。这种组织模式可能与政府的"机器"功能相一致（Mintzburg，1979），但可能不太适用于完成政府必须承担的复杂的社会与发展任务（可另行参见 Romzek and Dubnick，1994）。行政改革必须符合社会的需求，并且应该与政府机关的工作任务相称，而不应该习惯性地追求过分简单化和机械化。在某些情况下，轻率地进行以市场为基础的改革反而使改革蒙上了阴影。

分解大的组织并使因此而出现的小机构企业化的观点与反对盲目地实行市场模式的立场是完全一致的。英国的"续阶计划"方案和类似的结构变革，比以前和自此以后所进行的任何其他行政变革都更主张建立一个尼斯卡宁所反对的世界。首先，组织结构的分解使每个组织更加固守自己的政策领域。其次，企业化和公务员法规的丧失意味着机关预算的增长（一般认为，目前从预算过程中常常可以获得更多的岁入和收益）比以前更直接地与机关的额外收入有关。

市场模式所提出的结构上的改革建议，不仅针对整个行政机关的宏观层面，而且也可用在组织内部的微观层面上。强调企业式的创新活动和个人的责任，可以促使组织减少在内部分层设级。不过，传统的公共组织却倾向于认为在组织内部分层设级对于控制和保持决策的连贯一致来说是绝对必要的。市场模式的倡导者认为，在一个组织内部只设领导层和处理外部环境事务的基层部门的做法将会比在组织内部分层设级的做法能够更为有效地制定出适当的决策（另可参见 Jaques，1990），这一论点说明了综合性的连贯一致的改革比零零碎碎逐渐进行的改革更为重要。结构方面的变革如果不能与管理行为的变革相互配合，那么理论上所设想的改革效果也难以实现。

最后，权力分散有时候也意味着向地方分散权力，即赋予地方政府更多的决策权力。尤其是在中央集权制国家，中央政府倾向于强行向地方政府下达命令政策。甚至在联邦制国家，联邦政府有时会利用"优先倒转"的方法，借故将地方的财政资源归中央所有（Levine and Posner，1981）。向地方分散权力的逻辑与前述创设机关的逻辑是相似的。首先，它减少了分层设级，并能直接控制和管理那些更接近于公众的组织。其次，它减少了个别组织对某些服务的垄断，能对组织实施不同形式的控制和管理。[15]

2.3　管理

市场模式中的管理含义现在应该相当清楚了。如果公共部门的职员被认为与私人部门的职员一样，那么在其他地方所使用的管理方法也应该可以运用于政府机关。这一设想也意味着将不得不对一些被人们所珍视的、传统的政府人事管理和财政管理方法进行修改。对一般管理的倡导者来说，早就该进行这样的变革了；他们认为，公共部门能够长期维持这套神秘的公务员管理制度简直令人不可思议。与公共选择理论的拥护者一样，从事一般管理研究的专家们倾向于认为，不同种类的公共部门管理制度，都是主要用来庇护官僚成员的，并使他们能够从中谋取大量的个人利益。[16]

美国的"格雷斯委员会"和加拿大的"尼尔森委员会"曾对将私人部门的管理方法引入公共部门这一思想作了最为明确的阐述。根据这两个委员会所制定的方案，许多私人部门的管理者被派到这两个国家的首都，并负责探究政府管理不善的原因（B. Peters and Savoie, 1994a）。其结果是，这些私人部门的管理者在报告中提出了数千条改革政府管理方式的建议。格雷斯委员会提出的许多建议完全没有触及公共部门的实际问题（Kelman, 1985；B. Peters, 1985），部分原因是这些前往华盛顿的管理者显然并没有严肃地看待职业公务员中存在的问题。加拿大的报告稍微好些（S. Wilson, 1988），至少反映了公务员制度中存在的某些问题。上述这两个委员会之所以开展这一活动，原因就在于它们简单化（或过分简单化）地设想公共部门和私人部门的管理完全相同。

除了探讨一些因实施以市场为基础的改革理念所引发的总的管理动向外，我也将讨论公共管理领域中几项具体的改革——尤其是人事管理和财政管理方面的改革——并将进一步指出它们对政府可能产生的影响。这些改革本身并非特别相互关联，其中有些改革似乎与已经进行的、作为市场式改革过程一部分的其他改革相互矛盾。

2.3.1　人事管理

许多公共人事管理领域已经开始了以市场为导向的改革，其中又以政府公职人员报酬制度的改革最为明显（Hood and Peters, 1994）。传统的公共人事制度，主要以资历决定报酬等级，同一级别的公务员获得相同的工资报酬；个人能否被任命或晋升取决于其工作成绩和能力。这一传统人事制度是基于这样的设想：在同一系统内，同一级别的人员因其工作成绩相同，所以其所获得的报酬也应该相同。

虽然有人试图将公共部门的报酬调整为与更广泛的经济领域内的工资变动相联系，但就政府的工资而言，工资的市场级别只能算是一项间接的指标。[17]以德国为例，公务人员担任着重要的社会职务，因此他们应该得到较好的报酬，以维持其生活水准（Derlien, 1994）。在英美语系国家，担任公职是为了获得其他有形、无形的利益——包括一些实际的利益，如提早退休——因此，与经济市场上同样的职位相比，政府部门的工资收入可能更少些。如果改革危及因担任政府公职而获得的如职业保障这类利益，那么工资报酬就将成为政府公职中一项更为重要的因素。

这一刻板的工资报酬制度正逐渐被以工作成绩来确定工资级别的制度所取代。以工作成绩来确定工资级别的制度是基于这样的论点，即公务人员的工资收入应该符合经济市场的工资水平，并且不论公务人员之间可能存在何种差异，他们工资报酬的多少应该取决于其工作成绩的好坏，工作成绩越好，所得到的报酬就应该越多。这一论点意味着传统的、强调统一的公务员制度应该被取代。尽管公务员无疑地也会受到经济利益的诱惑，但在以前，公务员作为一个整体有着强烈的服务意

34

35

识，并将为公众服务作为他们努力的目标（B. Peters，1995b；Schorr，1987）。然而，金钱奖赏正逐渐取代这些无形的、但却是真实的价值观和激励因素而成为招聘人员和提高其积极性的主要手段。

对政府的高层管理人员而言，强调不同的工作成绩决定不同的报酬是特别重要的。美国高级行政官员服务处的成员奖金制度，可以说是最早推行的差别报酬制度（Ban and Ingraham，1984）。根据法律规定，高级行政官员服务处的成员每年可领取其年收入 20％以上的奖金。高级行政官员服务处赖以成立的法律（即 1978 年通过的《公务员改革条例》）也要求将奖金和差别报酬等根据工作成绩决定报酬的制度的适用范围扩大到联邦政府的中层管理人员。然而，国会不能提供足够的资金以支付这些奖金，且难以制定出判断实际工作成绩的具体措施，使得这种根据工作成绩决定报酬的制度最终原意尽失，成为空谈。

根据工作成绩决定报酬的制度现在已经超越了政治制度的范畴（Eisenberg and Ingraham，1993）。这种报酬制度在一些规模较小、拥有相对自主权且是作为市场式治理模式的一部分而建立起来的机关中最为普遍。根据一些已经实施的报酬方案，聘用管理者必须签订合同，而在合同中应规定具体的工作成绩标准。如果管理者及其组织达到这些标准，那么管理者就有资格得到全部薪酬，也许还有奖金。反之，如果组织没有实现这些目标，那么管理者不仅可能得不到报酬，而且还有可能被解雇。[18]这一模式下的管理者是个体企业家，他们必须对机关工作负责，并根据机关的工作成绩领取报酬。这些机关组织内部较低阶层的工作人员也可以根据类似的、以工作成绩标准为基础的合同来领取报酬。

上述有关差别报酬的方案能否得以实施，取决于政府是否能够测量出工作人员及其组织的工作成绩。现有的研究证明，面对巨大而复杂的组织与政策传送系统，要想从中测量个人的贡献和工作成绩，看起来简单，实际上却相当困难（Boston，1992；Sjölund，1994a）。尤其是，如果根据工作的结果或所产生的影响而不是根据所做的事情来测量工作成绩，那么测量工作就变得更难以进行（Carter，Day and Klein，1992）。这一困境或者意味着工作成绩合同和效率管理主义将只限于少数其服务可在市场上进行买卖或者其服务可直接进行测量的机关；或者这一困境意味着差别报酬方案的实行取决于能否采取不充分甚至似是而非的工作成绩测量办法。无论在何种情况下，能否对公共部门工作成绩测量这一方面进行市场化改造多少有些令人怀疑。而当对工作人员的成绩评估介入了某种政治因素时，这种市场化改造能否进行就更令人怀疑了。

管理主义论者对公务员角色的看法不可能做到不偏不倚。对公务员管理和提供服务功能的发挥进行评估比较容易，尽管这种评估并非没有困难；而对公务员的政策咨询功能则比较难以进行评估。其结果是，管理主义论者提出的报酬支付方案可能隐含着一些偏见，即认为公务员的管理作用比其政策作用更为重要。这种情况很有可能发生，因为来自评估者的信息会发生变化，而被评估者可以通过一些管理策略从而最大限度地提高自己的报酬。

以工作成绩为基础的管理方法和报酬制度与许多促使公共部门进行改革的其他理念是相互冲突的。目前，一种越来越受欢迎的激发工作人员积极性的方法是允许他们对自己的工作拥有更多的自我决定权。这种通过授权方法为工作人员提供参与机会的理念对改革来说甚至更为重要（参见本书第 63～64 页）。然而，如果利用测量工作成绩来判断个人对实现组织目标所作的贡献，那么强调参与和组建团队的想法就更难以实现（Behn，1993b）。管理中的团队概念和以个人为中心的观点无论在经验上还是在标准上都还难以达到协调一致。因此，进行改革时务必小心谨慎，不可能把所有好的（以及并非太好的）改革理念都同时付诸实行。

2.3.2　财政管理

财政管理作为一般管理的一部分，目前正被重新加以检视并正经历着巨大变革。有关财政管理的改革运动在英国（Pliatzky，1989）和澳大利亚（Department of Finance，1987；C. Campbell and Halligan，1992）等国家已经进行了一段时间。尽管目前改革的进程略为放缓，但这些新的改革理念已扩散到其他国家。财政管理改革的范围十分广泛，从改善现金管理、加强公共贷款控制等简单改革，到彻底重新思考公共部门编制预算的方法以及提供公共服务所需要的成本。部分财政管理改革是与人事管理改革同时进行的，其改革方案经过仔细构思因而能够得到良好的贯彻执行，但也有一部分财政管理改革并不符合政府的目标和改革方法。

公共部门财政管理改革所依据的市场原则之一是，将购买者与提供者分开，并建立内部市场（OECD，1993）。对传统公共行政而言，这种改革是毫无意义的，甚至被看成是不可思议的，因为传统模式强调分层设级和统一服务。然而，就当代体制来看，这种改革是一种保证公共部门普遍采用市场原则的重要机制。例如，在英国国家医疗卫生服务系统，过去购买者和提供者都曾被当作一个共同实体的组成部分而加以管理。这种一元化的结构现在已经被半市场化的结构所取代，根据这种半市场化的结构，地区医疗卫生当局从提供者（如医院等单位）那里为其顾客（公民）购买所需要的服务。同样，持有预算、通看各科的医师为了病患者的利益，也将与专科医师进行磋商谈判。这种将提供者与购买者区分开来的管理体制是为了降低成本和提高效率（Ranade，1995），但是公众和学者仍批评这种变革并没有真正达到预期的效果（Harrison，Small and Baker，1994）。

37

新西兰政府也进行了类似的改革，即将全部政府机关区分为购买者与提供者。1989 年通过的《公共财政条例》将购买者——提供者二分法用于大多数的公共部门（Pallot，1991）。根据这一制度，政府通过中心机关向实际提供服务的部门购买所需要的服务（Boston，1993）。这些服务的成本被全部计算在内，包括诸如利息、税金、资本贬值等因素，而过去公共部门在预算中常常将这些因素排除在商品和服务的内部定价之外。根据这一公共财政管理改革方法，所有提供公共服务的单位都将不可避免地转化成为公共性质的公司，而这些公司比其他公共性质的公司对财务的控制更为严格。

甚至像瑞典这样的长期实行福利国家模式并对市场持怀疑态度的政府，也已开始考虑将市场模式引入政府的改革之中。一项与英国的改革方案类似的、将医疗卫生服务系统的购买者与提供者分开的改革计划已经在各县开始实施，从而使公民拥有更多选择医生的机会（Burkitt and Whyman，1994；Forsberg and Calltorp，1993）。如果提供医疗卫生服务能够由县级单位集中管理，而购买医疗保险能由国家级的私营公用事业公司负责，那么就某种程度来讲，提供者与购买者分开的结构就算是建立了。目前，其他许多由政府控制的医疗保健系统正考虑并实施类似的以市场为基础的管理体制（Jerome-Forget，White and Wiener，1995）。

英国的"财政管理改革方案"（A. Gray and Jenkins，1991）和澳大利亚的"财政管理改进计划"（Keating and Holmes，1990）是两项用于改革中央政府财政管理的重要计划。这两项改革计划有一些共同之处。其中最重要的共同点是，这两项计划都试图在政府内部成立与提供服务有关的"成本中心"，并比过去更为精确地分配提供每一项服务所需要的全部成本。政府经常性服务及其所需要的成本——如履行中央管理职能、开发信息技术等——有时很难将其归入某些特定方案，以至于包含了大量经常性服务的方案往往得到的成本不足，而不得不由其他方案所得到的成本来补贴。[19]随着财政管理的逐步改善，政府已试图更公平合理地分配每一方案所需要的实际成本，这有助于更好地评估各个方案的相对效率。

除上述改革外，英国政府还着手进行各方案资金分配方式的改革。目前一些积极的提议要求政府实施"资源结算与预算"（HMSO，1994b）。有关这些改革的理念，说明不仅日常成本中含有公共资金，而且资源利用的机会成本中也含有公共资金（Mellett and Marriott，1995）。这一改革的目的是为了更真实地反映出公共部门对经济的实际影响。与此同时，澳大利亚重新开始实施流行于 20 世纪 60 年代的方案预算制度。这也反映出澳大利亚政府期望公共部门内部的资源能够得到妥善的利用。[20]

有趣的是，这些变革大都基于理性主义的动机，进行这些变革的目的是试图更全面彻底地降低全部公共支出。这种趋势在美国最为明显，这一点可从平衡预算修正案的提出以及彻底改革预算过程的法案，如 1990 年通过的《预算强制执行条例》的制定中得到证实（LeLoup and Taylor，1994）。然而，所有的国家事实上都希望能够削减公共支出、平衡公共预算，这就要求裁减那些须全面执行的任务或那些倾向于以其他非完全理性的方法完成的任务（Tarschys，1981；1986）。市场模式的倡导者们简单的经济动机，有时也会与他们追求政府行为的经济合理性的努力发生直接冲突。

最后，工业化民主国家越来越强调财政管理的结果导致了人们更加重视审计工作，尽管这里所说的审计工作并不是指过去那种旧式的审计工作（当然，在所有这些国家中，旧式的审计工作内容包括调查"欺骗、浪费、滥用公款"等活动仍在继续进行）。审计工作除了强调财务清廉外，目前更强调实现 3 个"E"的目标，即经济（economy）、效率（efficiency）和效能（effectiveness）。一些政府的审计人员，如美国会计总局（Mosher，1979），具有工作成绩出色、办事效率高的历史，其口碑早已传遍全世界。在当代的许多政府中，审计人员的角色已经发生变化，从过去戴着绿色眼镜查账的形象，转变成推行改革和建立责任制过程中必不可少的成员。

2.3.3 市场检验

除了前面已经概述的一些结构变革外，英国的中央政府部门已进行了另一轮、重点集中在管理问题上的改革。这一轮所进行的政府市场化改革的主要内容是"签约外包"。（Ascher，1987）或"市场检验"（Oughton，1994）。与这一改革有关的观点是，政府的全部工作都应该采取某种形式的竞标，以便让私人部门也有机会投标，从而决定私人部门能否更好、成本更低地完成这些工作。地方政府早已被迫采取这种做法（1986），被称为"强制性竞争投标"（J. Painter，1991）。最近，中央政府在其白皮书《以竞争追求质量》中也提到了这一概念（HMSO，1991）。随后又出现了另一个密切相关的概念，即"基本评价"，该概念用于对公共部门是否应该以任何方式参与政策进行测试。[21]

英国并不是唯一在公共部门中运用市场原则的国家。要求对政府工作采取竞标的方式进行已在许多国家开展了一段时间。以美国为例，20 世纪 70 年代中期，管理与预算局在 A-76 号通告中要求，在一个机关的所有工作中至少要有 10％的工作允许来自机关外部的承包商竞标，并应该进一步考虑还有哪些工作由外部承包能够得以更好地完成。美国服务总局曾经垄断了为联邦机关提供诸如办公场地和车辆等项服务的业务，但最近以来该局为了获得这类业务不得不与私人公司展开竞争，因为原来完全属于该局的业务，现在有 90％以上须由竞标获得（Interview，16 October 1994；GSA，1993）。在澳大利亚和新西兰，允许外部单位参与竞标政府工作的做法已实行多年（Keating and Holmes，1990）。在上述这些国家，政府机关都能够具备竞标的条件，就某种程度而言，它们在竞争中可以获得一些内部优势。一些机关长期以来真诚地致力于节省开销，因此通常关于公共部门缺乏办事效率的批评是否都符合实际情况值得怀疑。[22]

至少在英国，批评人士认为这项变革对以前根据"续阶计划"方案实施的改革产生了不利影响（Jordan，1994；Richards and Rodrigues，1993）。"续阶计划"改革方案的支持者们显然认为，如果对结构进行了改革，那么效率就会随之而得以提高，但市场检验却要求这一设想能够得到证实。大多数的机关在有机会确定其工作方式之前，不得不研究竞标过程并准备参与投标。机关工作人员原以为他们已出价保留了一些公共职能，但现在发现他们不得不重新为自己在公共部门内拥有职务地位的合法性进行辩护。尽管一些管理分析人士认为，不断变革是组织的一项功能，但对于组织成员而言，不断变革并不会给他们带来多少好处。

也许更重要的是，竞争投标的过程和与此有关的文件似乎都不能确定哪些活动完全属于公共职能因而可能不适合采取签约外包的方式进行。其中一个重要的例子是政策建议：应该将其签约外包？还是仍将它作为政府内部的一项工作（Boston，1992b；Australia，1992）？当然，几乎所有的国家都已将一部分政策建议采取了签约外包的方式，以致包括政府顾问、利益团体、政党，甚至学术界在内的有关单位和人士提出了大量的、难以编目分类登载的报告和建议。不过，政府仍然保留了对内部事务做出决定、对外部所提出的建议进行筛选并向各部长官下达指示的职能。那么，这一职能应该签约外包给私人部门去进行处理呢？或者还是为了充分保障公共利益而仍由政府来办理？

作为一种试图使政府更像私人部门的方法，市场模式有关治理的观点非常强调"改善"管理（我用引号加以标示，是因为人们普遍不同意目前所进行的变革确实无可怀疑）。许多希望政府部门继续保留传统公务员制度的人们认为，那些拥护变革的人士误解了政府的本质和目标。例如，一般管理的有关理论设想就严重地低估了公共行政及其特殊性。显然，公务员政府已不可能复归过去可能拥有的荣耀了，因此，如果政府打算继续前进，那么应该协调传统与革新之间的关系。

2.4 政策制定

政府市场化观点的第三方面内容是，设想应该怎样制定公共政策，尤其是职业公务员在公共政策制定中的适当作用等问题，也即将这些问题概念化。在市场式治理模式与官僚体制的作用之间不可避免地存在着矛盾。一方面，市场模式提倡将官僚体制的职能分散给多个"企业型的"机关，这些机关被授权独立自主地制定政策，这种分散职能的行为可能是根据来自市场的信号而进行的，或者纯粹是建立在对组织领导人员的判断的基础之上。打破反应迟钝的官僚体制枷锁的禁锢意味着决策得到了解放，也意味着公共部门能制定出更富有冒险精神和革新精神的方案。[23]

另一方面，提倡市场模式的实际工作者期望这些拥有半自主权的组织遵守上级部门制定的政策和意识形态方面的命令。对里根政府、撒切尔政府和穆罗尼政府以及其他类似的为特定目的服务的政府的评论一致认为，这些政府都试图强制其公务员接受政府的观点（Savoie，1994a）。官僚们被看成是对其组织的发展和为少数顾客而非公共利益服务过分热心。因此，应该促使他们及其组织听从政治长官们的命令，而不能只顾及自己的利益。

对于政府中的许多人来说，被迫遵守通行的政策信条实际上就是试图使公务员制度和政策制定政治化。这些现象绝不是新近才出现的，但在20世纪80年代变得更加明显、公开（Meyer，1985）。政治化曾被传统政府理论的守护者看成是腐蚀择优录用制度和公务员制度的最主要因素。然而，从某些方面来看，要求遵守通行的政策信条重申了这样一个传统的观点（至少在英美语系国家是这样），即公务员应该是"随时可以差遣但不是职位最高的人"，政治领导者才是应该对政策负责的人。不管这一观点是否是传统概念的一部分，但对公务员的要求与期望也许是相互对立的矛盾。

即使这一矛盾能够得到解决，市场模式也会给政策制定带来其他方面的问题。其中最严重的是权力分散后所出现的难以协调和控制的问题。正如一位时事评论家所言："国家这艘大船已经变成一群小舰队"，如果政府希望统一口径的话，那么设立许多小型的组织就会引发一些不可忽视的问题。将决策权完全分散给更多的拥有自主权的组织，就会使高级官僚或政治家们有效协调政策的机会相对减少（Boston，1992b；Jordan，1994，96-136）。

如果应用市场模式的倡导者所使用的经济逻辑来检验他们自己所提出的改革建议，就会发现几个有趣的问题。例如，为私人部门中出现大公司进行辩解的理由之一是这样做可以减少交易成本（Williamson，1975），或者说可以减少与其他团体相互联系时所需要的成本。这种情况应该可以说明何以在公共部门中会出现大型的行政机关。如果许多规模较小的组织各自拥有实际的自主权，那么当它们必须相互合作以便为相同的顾客提供服务时就会出现实际的交易成本（Calista，1989）。如果这些小型组织不能以完善、协调的方式来提供服务的话，那么交易成本就有可能由顾客而不是由政府自身来承担。顾客们将被迫到一个又一个的机关去寻求他们所需要的全方位的服务。

此外，权力分散在某种程度上也意味着权力集中。授予许多独立组织以决策自主权，并不说明以前由部委进行的协调工作就可以免除。实际上，现在唯一保留下来的协调中心是在政府的高层，即协调工作或由中央机关或由内阁或由首相来进行。这正如怀尔达夫斯基（A. Wildavsky）曾经对方案预算所作的评论（1969）：在各个组织被要求排定了方案的优先顺序后，它们的上级组织也将被要求从这些已排定的优先顺序中选择方案。

传统治理模式所受到的批评之一是，官僚机构的独立自主实际上妨碍了政策的 *42*
连贯一致，并使各组织之间为了预算和政策展开恶性竞争（Allard，1990；Smith，Marsh and Richards，1993）。市场模式看起来似乎加剧了这一竞争及其潜在的政策上的不一致性——只要所采取的行动符合当前政治领导者的意识形态，而不要求增加公共支出。拥有自主权的机关领导满足于做这些机关的管理者而不关心这些机关所执行的政策这种情况也许太过普遍，以至于令人难以置信（T. Rhodes，1995）。在经济富裕的国家，采用市场模式所带来的政策上的不一致性和累赘冗长已经够糟糕了，但是，如果这个模式被管理顾问和国际组织介绍到一些不太富裕的发展中国家，那么情况可能会更加糟糕。

从一个更为理性的角度来看，公民角色的改变也是一个问题。市场模式倾向于将政府计划方案的受益者以及更广大的公众取名为消费者或顾客（Pierre，1995a；Behn，1993a）。这种界定既是授权给公众，同时也可以说是贬低了公众的身份。从有利的方面来看，这种对公民身份的界定给予了公民这样一种期望，即他们可以从公共部门那里得到与私人部门所提供的同样的优质服务。[24] 尽管英国的《公民宪章》、加拿大的《公共服务2000》等改革方案通常被看成是参与式治理模式改革的组成部分，但事实上它们都包含了许多保护消费者利益的因素（Lovell，1992）。就如早期的消费者运动试图调整私人部门与其顾客之间的平衡那样，这些改革方案也在寻求平衡公共组织与其顾客之间的关系。

然而，把公民贬低成消费者，似乎降低了公民作为与国家相对的权利和合法地位的拥有者的作用（Pierre，1995；Lewis，1994）。政府应该关心更多的事情，而不应只关心买和卖。如果治理退化成一种十足的经济行为，那么在政治理论中公民就变成了微不足道的人物。此外，公众概念含义上的这一转变值得关注，因为它与当代政治生活中的其他趋势互有冲突。其中最有意义的趋势是将政治看成是权利（甚至是义务）而不仅仅是金钱。

尽管对公众转向"后唯物主义价值观"（Inglehart，1990；Inglehart and Abramson，1994）的说法可能过于夸张，但是，不仅人民对政府的期望发生了变化，而且那些可以通过公共行为而被充分加以利用的价值观也已发生了变化。这些价值观包括参与（参见第 3 章），以及少数族裔和妇女等团体的特殊权利。这种价值观的转变早于公共生活中市场机制所引起的公民角色的改变。因此，尽管意识形态的力量为政策制定提供了经济方面的理由和依据，但是，这种力量也反对由更"温和的"人道主义的价值观来决定变革和政策的方向。市场和经济价值观只是一时成为主流，其胜利也许只是暂时的。

2.5 公共利益

最后所要讨论的，是市场式治理模式对公共利益的界定。尽管市场模式并没有明确表达出其有关公共利益的定义，但它肯定包含了这个方面的概念。有关这一概念的第一个方面的内容是应该根据政府提供公共服务的成本是否低廉来评价政府。市场模式的根本要求是，政府所提供的服务应该符合公众的需求。市场模式对政府批评最多的是施政成本过高而办事缺乏效率。为了实现降低成本的目标，政府可能不得不以非常规的方式开展工作，例如通过允许许多服务提供者展开竞争的方式来开展工作；但是从长远的观点来看，如果政府以市场这种更像企业的方式来运作的话，那么公众作为纳税人，就能得到政府更好的服务。

有关公共利益概念的第二个方面的内容是政府应该对市场信号做出反应。不过，如此一来，责任制——作为任何民主国家公共利益的基本组成部分（Day and Klein，1987）——比在传统体制下更难以得到认同。责任制并不是指部长对国会负责、国会对人民负责，相反，责任制越来越多地根据市场术语来界定。根据这种界定，诸如国会监督、司法审查等手段远不如财政结果重要。的确，国会监督、司法审查等已经形式化了的机制与规章制度、科层体制一样，常常被批评为是政府组织借以逃避意义重大的责任制的手段。

市场模式下的责任制是由结果测评取代传统模式下的过程测评。就市场治理模式的其他几个方面来看，对责任制的这种诠释似乎回避了许多问题，其中最主要的就是工作成绩测评问题。我们能够完全充分地测评公共组织的工作成绩吗？或者我们能够完全充分地测评已市场化的公共组织的工作成绩吗？我们能够利用非法律程序的手段来有效地界定责任制吗（Glynn，Gray and Jenkins，1992）？即使分析人士能够有效地进行测评工作，但是他们能够将一些差异（无论是时间上的差异或是组织之间的差异）归因于那些组织的管理吗？什么等级的工作成绩才算是"够好"？这种"新型的可评估政府"（Henkel，1991）所冒的危险是，在没有完全做好测评工作之前就试图对测评的结果进行分析。

有关市场模式下公共利益的概念的第三个方面的内容是，公民应该被看成是消费者和纳税人（Lewis，1994）。因此，公共利益除了可以影响政策制定外，还能够有助于公民在市场中更自由地选择所需要的公共服务。这种自主性将取代过去那种强制公民接受由立法机关和官僚体制所限定的整套服务的体制。增加"消费者"选择公共服务的机会可以通过这样两种方法来实现：或者通过打破过去对大多数公共服务的垄断，或者通过增加必要的手段从而使公民能够更自由地选择服务项目。

通过下列几个方法可以扩大公民的选择权。首先，允许私人公司参与对以前主要是由公共部门所垄断的服务的竞争，事实上这种情况在邮政服务业中早已出现，如私人快递公司已经接办了邮政业中一大部分最有利可图的市场份额。在大多数国家，私人提供商在教育领域与公共机关展开竞争已进行了许多年。那些过去被认为是政府特有的业务，如监狱管理（Black，1993；Goodman and Loveman，1991）或提供针对个人的社会服务（Llewellyn，1994）等，现在都被认为是适合私人部门参与竞争的行业。

其次，通过为诸如教育、也许还有住房等项服务发行代币券这种方法也能够扩大公民的选择权（J. Chubb and Moe，1990；Adler，Patch，and Tweedie，1990）。如果这一论点是正确的，那么许多国家——尤其是英美国家——教育失败的主要原因之一是政府对教育的垄断。因此，通过发行教育代币券的方法来建立竞争机制，不仅可以改善现行教育体制，而且可以吸引民间资源投入教育事业。[25]然而，是否应将这种代币券计划限于社会和教育方案还不完全明确。以英国为例，其保守党政府已考虑实施一项计划，对该国全部初级教育和中级教育实施以代币券作为补充形式的收费制度。此外，对公共教育在民主国家究竟应该起到什么样的作用也没有明确的认识，尤其是对公共教育在美国所应起的作用的认识更不明确，因为美国把公共教育当作帮助外来移民适应本地社会文化方式的教育体系的重要组成部分。

最后，仅仅通过为公民提供有关可以得到的服务项目的信息这种方法也可以扩大公众的选择权。官僚机构，尤其是具有一定专业成分的官僚机构的特征之一是，它们倾向于拒绝给予顾客以自主的选择权。官僚们认为，这种拒绝给予顾客以自主的选择权是为了保障顾客的最佳利益，因为顾客们被设想为没有能力对诸如医学等方面的复杂的法律或技术事务进行选择。市场式和参与式改革模式的支持者都提倡给予公众更大的开放度和更实际的选择权。然而，无论通过何种方法来扩大个人的选择权，为通过垄断（无论是官僚机构的垄断还是专业部门的垄断）形式提供的商品和服务建立一个真正市场的理念，是市场模式解决问题的主要手段。

市场模式已经成为最受国家和政府欢迎的革新概念。市场模式将传统的公共官僚体制看成是公务员扩大个人权力的工具，而不是为公众提供无私服务的工具。市场模式的支持者也相信，公共机关与私人组织承担了同样的管理及提供服务的工作任务，因此应该采取同样的方法来管理这些工作任务。市场模式的倡导者认为，接受传统公共行政模式无异于保护官僚免受控制并逃避责任制。以市场为导向的分析人士设想，如果能够消除，或者至少能够降低建立在规章制度基础上的、与公共官僚体制有关的权力结构的重要性，那么才能充分发挥公共部门中每一成员的创新能力与行政才能。

尽管市场模式常常与政治权利互有关联，但热心于这一模式的人士相信，在提供防务或社会服务方面，成功地实施市场模式将有助于提高公共部门的效率和效能。的确，新西兰工党政府利用这一模式所进行的改革试验就是其中最有说服力的例子（P. Walsh，1991）。此外，北欧一些左派政府在改革中也采用了市场模式的一些内容（J. Olsen，1991）。这些例子都显示出一种"时代思潮"，这种"时代思潮"渗透于当代有关政府的思考之中，促使许多政府减少公共部门对私人部门的控制，并在公共部门内部采用更多的建立在市场基础之上的改革手段。

尽管市场观点受到政治家和许多公众人士的青睐，但我们必须反问：它对传统体制存在的不足之处的描述是否恰当，以及它提出了什么样的积极的变革方法。对市场模式的有关疑虑不仅仅是一种反对政府变革的自动反应；相反，它代表了人们试图更好地理解改善政府工作成绩的可能性。对市场模式的这种反省可能导致人们承认传统体制并非一无是处，相反有些地方比我们所想的还要好。

大多数改革旧制度的提案都将会付出一些代价。对于政府而言，所有改革计划都会付出大量的、过渡期间所需的成本，这些成本无疑将由公共官僚体制内部的工作人员来承担，也可能由这些计划中所涉及的顾客来支付。不过，一些计划可能会被完全取消，其他的计划在许多顾客发现其不理想时也会被删除。因此，在决心采取新的政府治理方法时，必须了解这些新的治理方法所需要花费的成本是多少，以及在采取了新的治理方法后传统行政体制中哪些有利因素会丧失，同时也应该仔细考虑新的治理方法是否不具有传统体制潜在的优点。

46　　　尽管市场模式强调通过代币券的方法来扩大公民的选择权，但是在关于是否寻求新的、不同层次或不同类别的服务项目方面，市场模式为公民提供的实际选择权并不多（Scott-Clark，1995）。根据这种"政策市场"的观点，能动的因素显得不足，政策选择不是由人所构成的机关而是由客观的力量来做出的。再者，政策市场所提供的选择权往往只限于某一方案的执行，而不是针对某一方案的提出。针对方案提出的选择权才是更为基本的选择权，但这一选择权显然属于参与式变革模式的范畴，对此，我将在下一章继续加以讨论。

注　释

[1] 赖特（1991）对此有很好的评论。

[2] 总的来看，这些国家并不是自发地实行市场模式，而是在世界银行、国际货币基金组织等组织的要求下被迫实行市场模式，这些组织强制这些国家实行市场模式的目的是为了确保它们的资金援助能

够得到有效的利用。

[3] 这里并不是说像戴维·斯托克曼（David Stockman）这样的政府官员不愿意贯彻这些理念，相反，这里所说的只是指对政府的高层官员而言，这些理念与其说是一套具体的理论原则，不如说只是一种模糊的意识形态（Stockman，1986，9）。里根政府所实行的似乎是"冲动政治"而不是理念政治。

[4] 其中的一些评论明确针对新古典主义经济学模式在公共部门中的应用，其他一些评论则是针对这一模式对私人组织的适用性。

[5] 这些政策分析人士也包括那些与政治权利没有关系的分析人士。

[6] 官僚的利己行为与其他人并没有差别。问题在于传统模式设想政府部门的工作人员必然会为公共利益服务。

[7] 这一论点与西蒙（H. Simon）在 1947 年所提出的著名论断不同。西蒙认为，行政官员是追求达到满意效果的人而不是追求极大化的人。也就是说，行政官员寻求"足够好的"解决方案，而不是那些"最理想的"的解决方案。

[8] 然而，公司可以就质量而不仅仅是价格展开竞争。没有两种产品或服务是完全相同的；这样，顾客可以根据价格、质量或其他特征进行选择。

[9] 实际上，政府设立了许多职能重复的组织并允许它们之间相互竞争。例如，美国富兰克林·罗斯福总统（Franklin Roosevelt）在其"新政"时期就设立了许多工作职责大致相同的组织。

[10] 对于被管制的组织而言，职能重复也许有助于它们在竞争中战胜对手。例如，美国联邦贸易委员会和司法部的反托拉斯处都是执行反托拉斯法的机关；由于二者职能重复，因此各公司厂商有更多的机会"选择"向哪一个部门提出案件（参见 B. Peters，1996）。

[11] 英国曾试图在供水和供电公司之间建立某种竞争机制，但由于这些公司分属于各个地区，以致相互之间并不存在事实上的竞争。

[12] 根据新公共管理的观点，人为地将公共行政作为一门独立的学科有助于公务员提高他们自身的地位。这样，在公共事务中市场模式所起的作用与前面第一点所讨论的并没有太大的区别。

[13] 他们常常希望通过介绍这些管理方法而获得好处。

[14] 美国也在内阁各部内部设立了这种拥有自主权的机关，尽管这种自主权既来自政治现实的需要，也来自制度上的规定（Seidman and Gilmour，1986）。

[15] 将服务移交给较低级别的政府部门有时被看成是解决很多问题的一种方法，但这种做法往往只是用一种科层体制和一种官僚体制代替了另一种科层体制和另一种官僚体制。

[16] 显然，私人部门中的大型企业同样，甚至更倾向于以团体的福利来奖赏其中层管理人员。与公共部门一样，目前这些企业也面临变革的压力（参见 Sampson，1995）。

[17] 公共部门的工资报酬制度比一般劳动力市场上的工资报酬制度更能体现出平等主义的原则。即公共部门中较低级别的员工所得到的工资报酬高于一般劳动市场的工资等级，而高级管理人员所得到的工资报酬实际上低于私人部门中承担同等职责的人员的工资报酬（S. Smith，1977；Sjölund，1989）。

[18] 事实上，在私人部门中存在着企业的工作实绩与高级管理人员的报酬成反比的现象，可参见 1994 年 9 月 2 日发行的《经济学人》第 22 期 "Failure-Related Pay" 一文。

[19] 例如，在英国的社会服务部，诸如信息技术等经常性服务通常是委托一个独立的组织来办理，并由这一组织向接受服务的机关收取费用。

[20] 美国在这方面明显地落后了，不过，美国目前也在考虑实行其预算过程的现代化（参见 Paul L. Posner 所著：《预算结构：联邦预算的投资重点》，载《住房委员会关于政府改革与监督的声明》1995 年 6 月 29 日）（Budget Structure：Providing an Investment Focus in the Federal Budget，Testimony to House Committee on Government Reform and Oversight，29 June 1995）。

[21] 在加拿大，克雷蒂安政府着手进行了相同类型的评价工作，这种评价工作是在政府直接指导下

40

进行的，而不是像英国那样是通过财政部来进行。美国国防部也已自下而上地对其经费开销进行评价。

[22] 私人部门承包商对一些通过竞标获得的如守卫、膳食等日常性服务工作可以做得很好；但他们往往难以胜任政策性较强的工作或更为复杂的服务工作。

[23] 如果提倡创造力会花费更多的成本，那么企业式的创新精神可能不会受到欢迎。再者，企业式的创新精神即使原本是想创造某些价值或节省支出，但其风险性的行为也许最终会花费大量的成本。市场模式的支持者在倡导根据市场规则来提供服务时忽略了市场模式中的风险因素。

[24] 那些经常与航空公司和蓝十字盾牌健康保险公司打交道的人认为，自己若是被像私人公司的顾客那样款待可能是一种凶兆。

[25] 然而，有趣的是，有些国家的教育体制让人民感到相当满意，但这些国家的教育实际上是由政府垄断办理的，法国和日本就是其中的例子。也许美国和英国的教育体制成效不佳的原因是由其他一些因素引起的。

第 3 章

参与式国家

47　　　有关治理改革的第二种方法——参与——从观念形态上讲，几乎可以说是与市场方法相对立。该方法所倡导的用以证实其思想的政治意识形态是反对市场的，并致力于寻求一个政治性更强、更民主、更集体性的机制来向政府传达信号。参与是 20 世纪 90 年代的主要政治议题之一。比尔·克林顿（Bill Clinton）通过到镇公所与公众会面和乘车到全国各地访谈获得了相当多的政治支持。英国首相现在发现只有深入到人民中才能制定出合理的政策，这正是他们在政治上的追求，而不应该总是去征询有关政策应该是什么的建议。[1] 协商和公民参与决策已成为加拿大政府的中心工作，包括预算过程也需要协商和公民参与（Lindquist，1994）。这些例子都清楚地显示出，在这样一个时代里，如果没有公众的积极参与，政府很难使其行动合法化。

　　虽然参与方法与市场方法在观念上存在差异，但在某些情况下，两种方法所提出的分析与建议却有明显的相似之处。它们的共同点在于，二者都认为传统官僚体制是政府良好运作的绊脚石，并认为要用新的方法来提供服务。然而，这些相同的思想却是行政改革在学术上和实践上陷入混乱的根源。我的主要目的之一是更清楚地阐述这四种变革公共部门的方法之间存在的差异性，以及在什么时候和什么情形之下，这四种方法可以相容和不可以相容。

　　如同垄断是市场模式的主要障碍一样，参与模式的倡导者认

42

48　为层级节制是最直接的罪恶。此种假定是基于传统官僚体制这种层级节制的、由上而下的管理形态限制了员工对其所从事工作的参与。缺乏参与让他们产生距离感，也降低了他们对组织的承诺。市场和组织经济的倡导者也反对层级节制，他们倾向于订立一套契约来规范组织的行为（G. Miller，1992）。他们认为科层体制增加了政府很多自愿性契约所没有的执行成本。但单个组织内部的层级节制比存在于大多数组织的垄断更能为学术界所接受。

　　我把这第二种方法叫作参与式国家，但它还有其他名称[2]，如授权式国家。在授权式国家中，部分组织和社团在高度层级节制体制下，获准有较多的组织参与（Kernaghan，1992；M. Clarke and Stewart，1992）。如同市场方法和解制方法一样，参与方法也把公共部门中所常见的层级化、规则化组织视为有效管理和治理的严重障碍。然而，参与方法和市场方法不一样，市场方法注意公共组织中较高的管理阶层，这些人一向被看作是政府的原始企业家。而参与方法则是关注较低阶层的员工和组织的服务对象。

　　这种方法的基本假设是，大量有能力、有才华的低级员工不能得到很好的使用，而且员工和顾客与公共部门所提供的产品及服务关系最为密切，对于相关的计划他们认识较深、掌握的信息也较多。这种方法也进一步假设，那些被埋没的思想与才华如果能得到适度的发挥，那么政府将会表现得更好。因此，要使政府的功能得到更好的实现，最好的方法就是鼓励那些一向被排除在决策范围外的政府组织成员，使他们有更大的个人和集体参与空间。

　　对于某些参与方法的倡导者来讲，参与除了指直接从某一政策获益的个人之外，更应包括广大的公众群体。这种论点认为，官僚化产生了公共组织的部门化，只有在特定政策范围内的顾客与生产者对该项政策及其执行才具有影响力（Muller，1985；Tonn and Feldman，1995）。而且，官僚化与政策的部门化限制了协调计划的能力和制定跨越多元政策领域的一致性政策的能力。这样也就很少去关注公众作为公民和纳税人的角色。[3] 参与模式的支持者认为，参与不可能导致出现共同的利益，但它的优势在于在民主国家，它可以根据需要决定由哪些人参与。

　　可以预见的是，参与方法的倡导者倾向于与政治左派相结合（Bachrach and Botwinick，1992）。但是，某些政治右派理论家也将授权、社团和顾客自我管理等
49　作为提高效率的手段，因而他们也倡导参与方法。[4] 在大众政治领域，参与方法的具体表现形式常来自右派。除了真正的杰出人物之外，参与可以说是一种价值，这种价值属于政治民主的意识形态范畴。参与概念被广为接受之后，却产生了一个难题，那就是要区分出不同政治阵营对参与概念的界定。

3.1　参与式国家的理念

　　参与方法的理论依据是多方面的，甚至多于市场方法的理论依据。参与这一概念形成的方式也各不相同，有从激励公共部门员工更多地投入工作的实际做法中形

成的，也有从对大众社会中民主的真正含义的更为复杂、更为哲理性的表述中形成的（Pateman，1970；Pennock and Chapman，1975）。参与的这些不同概念都以主张缩减治理中的层级节制和技术统治（Fischer，1990；Meynaud，1969）而被联结在一起。参与有四种解释，都是关于公共组织管理以及这些组织在治理过程中所扮演的角色。然而，有关参与的四个概念并不完全局限在管理上，它更注意到国家与社会间的关系以及广大公众参与决策的机会。

提高政府部门的参与很难说是一个全新的概念。事实上，对公共部门来讲，它早已是行政改革的主题之一。有些国家在改善行政参与方面比其他行政改革更加积极和投入。这些努力意在强化组织内员工的参与意识并在公共组织中创造一种更强烈的参与气氛。北欧国家和德国数年前就已在公私部门形成了一套在工作场所实施民主和劳资双方共同决策的制度（Hancock，Logue and Schiller，1991）。即使是一些极细小的参与计划，如弹性工时等，都会对组织士气及生产力产生实质性的、积极的影响。虽然，这些思想早已有之，但当代的一些模式仍应大力加以倡导。

3.1.1　参与管理

就最简单的层次来讲，所谓参与是指员工对有关其工作、生活以及某些层级节 *50*
制方面的组织决策的介入。大部分主张参与的文献认为，介入和参与是激励员工最有效的方法，是将可能性变为可操作性的实践。这些文献也指出，大部分员工都想要有更大的创造空间且能在自己的工作上独立决策。如果他们有更进一步的个人投入机会，他们愿意投入更多的时间与精力到组织之中（Perry 1994；Garvey，1993）。近年来，员工的介入及工作范围的扩大已成为公私部门管理上的主要议题。对这种管理风格的论证、分析和提倡，至少可以追溯至著名的霍桑实验（Roethlisberger and Dickson，1941），以及后来一些管理学者长期以来的推进，如阿吉里斯（Argyris，1964）、利克特（Likert，1961）以及福莱特（Follett 1940）。这些学者主张以组织人本主义作为提高组织效率与强化道德规范的最佳方式。[5]

就美国的公共行政而言，有关公共组织参与的思想里程碑是明诺布鲁克会议和新公共行政运动（Marini，1971）。这个里程碑反映了年轻的公共行政学者的理论成果，这些成果促进了公共行政理论与实践的变革。随之而来的是有关倡导和分析公共组织参与的巨大机会的其他成果的问世（Dvorin and Simmons 1972；Frederickson 1980）。最近，罗伯特·戈雷别维斯基（R. Golembiewski，1995）提出，当代公共行政所面临的主要挑战是管理多样化或者存在于公共组织员工与顾客间的一些简单的差异。他认为传统的行政结构已成为迎接这些挑战的障碍。

与此相呼应，斯蒂尔曼（Stillman，1991）提出官僚体制无国界传统，特别是在美国更是如此。他主张以更开放的治理方式去寻求提供公共服务的方法，这些方法不能损害员工或顾客的人性价值。因为两相对照之下，传统官僚体制是有损人性价值的。当然，层级节制的观点本身也反映出英美国家消极的、无国界的有关官僚体制的观点，而这一观点正好与大部分欧陆国家积极的有关政府和官僚体制的观点相对立。

　　虽然关于工作范围扩大和组织参与的许多观点早已存在，但是随着授权一词的出现，这些观点又被赋予了新的含义。授权的含义很简单，它是指组织内的员工特别是白领阶层，若能得到充分授权，将会产生许多积极的成果。除了允许人们对自己的生活有更大自主性的人性方面以外，管理风格的改变也将为组织带来巨大的效益（Romzek，1990）。正如以前有关组织参与的分析所指出的那样，如果员工能更多地融入组织当中并被授予了更多的参与决策的权力，那么其生产效率将会得到提高。被授予了更多权力的员工会更加努力地工作，会与管理者进行更多的沟通，会因为他们自身受到重视而更设身处地地为顾客着想。

　　授权这一概念在当代被普遍应用于全面质量管理（TQM）之中。正如市场方法的管理实践一样，TQM是从私人部门借用而来的，更准确地说是间接地来自日本式管理（Deming，1988）。但TQM是一个参与方案，而不是一种建立在市场基础上的理念。[6]其基本思想是教育员工树立产品质量观念。根据这一观点，生产高质量的产品有一定的条件要求。其一是所有组织成员必须对产品质量负责；其二是组织成员要像一个团队一样共同工作，而不是仅仅通过科层权威和劳动部门来维系彼此的关系；其三是团队成员应时刻想到为提高产品质量和组织的生产力作贡献。因此，组织要创造一种从各方面鼓励参与和沟通的机制，而不是仅仅凭借由上而下的方式来从事管理活动。

　　虽然对于TQM是否真正适合于公共部门存有疑虑，但这些疑虑并未阻碍此种制度的施行。例如，老布什当政时期曾在华盛顿设立了联邦质量协会（FQI）。[7]这个机构的使命就是在整个联邦政府中推广有关TQM与质量的概念（Brockman，1992；Burstein，1995）。之后，国家绩效评估（NPR——戈尔报告）仍然强调相似的主题，只不过用了不同的词汇来表述（Kettl and DiIulio，1995；Ingraham，1995b）。由于有了NPR，再加上某些明显的政治原因，克林顿主政初期即撤销了联邦质量协会。

　　在美国，质量运动在州政府和地方政府的影响力比在联邦政府更大（Durant and Wilson，1993）。州政府和地方政府是政府再造与质量运动的核心，它们在联邦政府着手施行前即已开始实施。州政府和地方政府的质量计划之所以能够得以推进，部分原因在于这一计划应用在服务方面所产生的结果和影响比在联邦政府中所产生的结果和影响更容易加以量化。

　　有关TQM是否真正适用于公共部门的疑虑主要有（Swiss，1993；Walters，1992c）：第一，私人部门所拥有的参与和开展工作的自由并不适用于公共部门。公共部门员工的职责和义务是由法律规定的，因此他们不能自行决定以不同的方式开展工作（G. Gilbert，1993）。当然，对于某些例行工作而言或许还有回旋的余地，但对真正提供服务的工作来说，绝大部分是难以适用的。第二，在公共部门中，当缺少一个评估计划是否成功的明确的、基本的标准时，对质量的界定就更具争议性。对所有的服务提供者来讲，测量质量和成功都是一个普遍性的难题，这一难题在公共部门就更为棘手。

公共部门所提供的服务质量在某种程度上取决于工作过程中的合作程度，而不是取决于政府员工个人提供的服务（K. Walsh，1991）。对绝大部分服务业来讲是这样，对公共部门更是如此。举例而言，假如社会服务计划有效，受益者最终会愿意改变他们的经济行为或社会行为；如果没有这种价值转变，所提供的社会服务就是失败的。这种关于质量的观点类似于公有社会的人所强调的共同生产服务。根据这种观点，一个真正具有效率、效能的服务计划需要服务对象的主动参与，而不是服务对象的被动接受。

授权是一个对政治家和公务员都有吸引力的概念。事实上，许多改革文献再清楚不过地表明，授权——如加拿大的公共服务 2000——是大部分公务员本身的工作（Tellier，1990），而不是停留在口头上的空想。这项改革可以与许多已经实行的市场改革互相对照（B. Peters and Savoie，1994a）。对公共服务来讲，授权概念提供了一种向数十年前强制推行的市场改革挑战的方法。它进一步强化了受到更个人主义的评估和奖酬方法所威胁的公共服务的集体一致性。按照这种管理风格，公共机构的成员能够同心协力，而不是感觉在相互竞争。

3.1.2　基层官员

另一类有关参与和授权的文献认为，公共组织中的基层官员是整个组织有效运作的核心；作为一个普通的现实存在的群体，基层官员的作用需要得到承认（Lipsky，1980；Prottas，1979，for France see Dupuy and Thoenig，1985）。有鉴于以前关于授权的文献讨论过通过开发组织中基层官员的潜能来提高绩效的问题，有关基层官员的文献也认可这种观点，并描述了这些员工已经享有的权利。这些文献也试图去确定官员权力对于那些进入公共组织以求从政府获利的人的重要性。一个共同的研究结论是，员工除了在没有得到正式授权的情况下也为顾客提供服务外，还常常同他们的顾客打成一片并使其机关非官僚化（Goodsell，1981b）。非官僚化反过来有助于顾客参与到行政系统之中。

正如有关参与管理的研究有其深厚的理论基础一样，有关基层官员的研究也有其自身的理论依据，这从早期对公共行政的实证研究中可以看到（Lasswell and Almond，1934；Blau，1960）。继这些早期的研究之后，更多的研究兴趣集中在顾客如何参与对其有影响的政策的制定，尤其是参与诸如都市重建和模范城市等计划的制定（Rogers and Mulford，1982）。虽然，证据显示出这些善意的促使计划的制定更加民主化的努力绝大多数都没有获得成功，甚至出现了反生产力的情形（Moynihan，1969；Millett，1977），但参与和有计划的民主的价值却已深入人心。事实上，对于某些服务对象而言，如关心子女教育的中产阶级父母，参与对于成功地提供服务来讲是相当重要的。

如果就个人来考虑治理的结果，很重要的一点是人们是否可以获得他们真正想要的利益。可能也有其他的结果，但这些结果对官僚体制的重要性更甚于对顾客的重要性。公务员与公众面对面的接触有助于界定国家与社会的关系（E. Katz and

Danet，1973；Goodsell，1981a）。对于大部分的公民来讲，政府是一个相对捉摸不定的实际存在物。他们可以在电视上看到政治家的形象，可以对国家的某种标志做出反应。但政府是无所不在的，且与每一个人都息息相关。

尽管如此，公众与政府的代表、其中主要是基层官员接触很多，其范围从与邮局员工、学校教师、公园巡逻人员等人的平常接触，到更严肃的、更重要的接触。经济困难的公民必须与那些对经济福利有直接影响的社会工作者接触。公民还不得不经常与警察打交道，因为他有可能是犯罪被害人、驾车超速者、证人，或者出于其他原因与警察打交道。即使是最诚实的公民，也得面对纳税审查并被要求做出有关形式与权益的说明。总之，公民确实是在面对面地直视政府，并且从和政府的这些接触中形成对政府的印象（E. Katz and Danet，1973）。

从好的方面来讲，大部分的接触都是积极的，至少在工业化民主国家是如此。[8]大部分实证研究显示出公民对公共部门的应对态度感到满意，即使对那些略带威胁感的机关（如税务机关）也是如此。当然，报纸也经常报道一些例外情况，但平均来讲，官僚人员与公众间的交往是积极的，和私人部门员工与公众的交往一样好。但就坏的方面来看，一般情况下，这种与公共部门员工的正面接触未必就会对政府产生积极的印象。矛盾的是，这种疏远而无效率的行政结构却是由一群友善而又有效率的个体所组成（Bodiguel and Rouban，1991）。德语中所说的时代精神就是指，即使每一个个体成员对公众而言都是近乎完美的个人，但整个公共官僚体制却是弊端丛生。[9]

相对于参与和授权这种规范性、改良性的观点来讲，基层官员虽然比较缺乏改良主义者的热诚，但其本身寻求变革的企图却是清楚的。如果要使政府有效运转，就需要关注这些公务人员的工作。他们正从事着实际的参与活动，只不过这种参与未必具有良好结构，甚至让人难以理解（OECD，1987）。此外，他们的参与常常会被认为缺乏合法性，或被怀疑其权威的正当性。问题可能在于他们确实有自己的职责，但却没有得到相应的授权。可以明显感觉得到的是，他们所从事的工作，既得不到上面主管的支持，也得不到下面服务对象的支持。

另一个连接参与和基层官员的方法是，把参与看成是一种克服违规问题的方法。正如德克斯特（Dexter，1990）所认为的那样，组织内部的政治活动与组织之间的政治活动同样重要且同样容易引起争议，而说服组织成员有效率地共同工作更是当务之急。[10]任何公共或私人组织都有一个基本原则，就是确保组织成员在面对来自环境的类似问题时都能以大致相同的方式做出反应。也就是说，所有的规则制定者不论对内对外都应寻求一种相同且客观的条件，所有的社会工作者对于服务对象的利益，都应该根据相同的客观标准，给予同等的对待。组织内部参与虽不能确保上述情况的实现，但仍可提供相当程度的协助。

3.1.3　对话式民主

除了说明并改善政府组织本身的管理之外，参与模式也关心公民的参与和国家与社会间的关系。参与式政府最简单的形式是公民投票，就是让公众通过直接投票的方式来决定政策议题所要采用的方法。在美国，州政府和地方政府都采用了这种方法（Cronin，1989）。瑞士政府也是如此（Kobach，1993），欧洲其他国家已在逐渐推行公民投票的使用方式（Economist，1995；Butler and Ranney，1994）。虽然这种方式企图达到集思广益的效果，但公民投票只允许公众在政治家们所设定的选项上选择"是"或"否"。

许多论述对话式民主（Dryzek，1990）、协同式民主（Hirst，1994）、强势民主（Barber，1984）以及其他类似概念的文献在更高的理论研究层面上对公共参与 *55* 的概念进行了更为透彻的分析，并呼吁政府进行根本性的改革。这些思想所提出的参与和民主的概念比传统的代议制民主的概念在外延上更为广泛。这些学术文献中所论述的观点要求加强顾客和劳工的参与，特别是要求公众作为整体参与鉴定和澄清政府内部存在的问题，以及要求那些对特定的公共组织有决定性影响的人士的参与（Handler，1986）。

参与的基本观点认为，官僚体制内的专家无法获得制定政策所需要的全部信息，甚至得不到正确的信息（Majone，1989）。因此，如果排除公众对重要决策的参与，将会造成政策上的失误。"不论是公共部门还是私人部门，没有一个个体行动者能够拥有解决综合、动态、多样化问题所需要的全部知识与信息；也没有一个个体行动者有足够的知识和能力去应用所有有效的工具"（Kooiman，1993，4）。例如，虽然美国的药品法规并不完善，但整个药品管理体系对不同的利益团体开放，这样就明显地减少了错误的发生（Roberts，1995）。[11] 相对来说，英国在药品许可证发放方面的隐秘性制度（Observer，7 May；另可参见 Harrigan，1994）和其他一些欧洲国家就没有修正此类错误的机制。

这种慎重的模式至少暗示了代议制民主制度在转达公众对政策的期望上并不完善。虽然这很难说是一种新的思想（Rose，1974），但这种观点与其他观点不一样，其基本的假定是认为更直接的民主甚至可以在现今复杂的社会中运作。因此，按照这种观点，不论是在问题的确立上、问题的回应上，还是在被接受方案的执行上，都必须让更多的公民来参与。这种治理风格在德国被称为 Burgernahe（与公民密切相关之意）。这种观点主张政府应该更加开放，而不应仅仅局限在政策专家以及负责方案的官僚人员的意见上。

研究有关民主与治理的方法常与欧洲的社会理论家，如尤尔根·哈贝马斯（Jurgen Habermas，1984）和尼卡莱斯·鲁曼（Niklas Luhmann，1990）等人的名字联系在一起。举例来说，哈贝马斯已提出"理想对话共同体"和"沟通理性"等概念，来描述那些参与发挥效用的情况。在这种理想化的环境之下，没有个人或理念上的层级限制。相对地，在公开场合上，所有意见都具有同样的价值，而且为了探求社会中的真知灼见，各种观点都应该表达出来。显然，在这种模式之下，决策很不容易也不可能很快做出。但参与的这种民主优势以及解决政策问题所产生的创新理念，使得额外花费的时间和资源具有了正当性（S. White，1988，70—71）。

民主治理的许多方法与既有的参与管理理念相类似（见本书第 49～52 页）。它 *56*

们之间的主要差别在于讨论的范围不同。参与管理或授权模式主要讨论的是如何管理已被接纳为政策的计划[12]，其重点在于负责提供服务的公共组织的成员。但是，对对话式民主的倡导者而言，其所倡议的参与主题和类型更为广泛，讨论的重点包括应该做什么和应该如何做。这除了与公共部门员工有关之外，还与大部分的社会成员有关，包括那些对制定优良政策有不同观点的公民。

治理概念的批评者很快就指出了实践中所存在的问题。公众确实是想参与政府决策，但他们也要求政府能够果断、迅速地采取行动。参与会不会成为造成行动迟缓的繁文缛节的另一种形式呢？一般的公众是否会有足够充裕的信息来参与复杂决策的详细讨论呢？若不花费大量的时间很难建立共识，这种常让专家们苦恼的问题有时也会出现。政府必须要有一套合法的规范去防范此种情形的发生，同时也要对政策过程中的其他参与者做什么、何时做以及如何做等问题从法律上加以限制。

对于政府而言，可能唯一有助于其做出复杂困难的决策的方法是限制参与，而不是鼓励参与。例如在冷战结束之后，美国政府为了裁撤军事基地，就不得不建立"基地裁撤考察团"，以限制政治家和对此决策有影响的相关人士主宰该决策（Koven，1992b）。纽约市和华盛顿特区也不得不设立财务控制委员会来控制民主参与的政府所带来的赤字的增长。尽管这一策略对控制财政开支未必有效，但若能减少参与，那么实现控制赤字增长这一目标的可能性就越大。

如果我们能够跳出这个理想的模式并审视实际案例，就会发现许多工业化民主国家正试图构建要求对话与讨论的决策模型（Handler，1986）。实际上这些国家已经构建了这样的决策模型，但这些模型在实践中未必就妨碍了政策的及时制定。在过去十几年中理解政策制定颇为流行的两个案例是"主题网络"和"政策社群"的构建（R. Rhodes and Marsh，1992；Sabatier，1984；Jordan，1990）。虽然我们并不清楚这些结构是否早已存在，是否已为社会科学家发现或正在发展之中，但它们在政策讨论上所具有的优越性，确实为讨论提供了更多的参与机会。

在此架构下的基本理念是，每一项政策领域都被一些利益团体、专业协会、科学家、积极分子等所包围，他们都有权对政策发表意见。政府要允许各方发表意见，还要适时做出决策（Barker and Peters，1993）。这种平衡点的掌握可能与文化因素有关，例如，北欧国家为了实现最大限度的参与，一般都愿意容忍时间的拖延（Meier，1969），而英美国家在制定政策时则较少考虑是否有完全的参与。即使是那些比较缺乏协商的政权，在政策合法化之前，政治压力仍会促使有比较完整的公共协商。[13]

政府在制定政策时，必须就怎样才能从社团和个人那里寻求和接受意见做出决定。参与的社团主义体制可能限制了少数被选定的利益团体的参与，这样在对话理论家的眼中等于是排除了公共参与的真正意义（Schmitter，1974；Micheletti，1990）。其他的方法，如公众听证会、市镇会议以及电讯民主，虽允许更广泛的参与，但在做出政策决定时，却有实际的困难（Pierce，1992；Etzoni，1993）。因此，政府的任务就是平衡及时决策的需要和参与的需要，同时制定出采纳未来参与者提出的相关意见的标准。

有趣的是，当我们把公共行政当作政府改革活动的焦点时，我们会发现某些一向被认为较封闭的组织，在做决定时，其在公共参与方面，较之民意机关更具开放性。例如，在美国，行政程序法（1946）要求官僚所制定的每一项规则必须要有一个以上的公共意见参与决策。最简单的是"通告与评论"，公众可以在一定期限内，对所发布的规定做出回应（West，1985）。另一个管理与许可规则的形态是要求在决策做出之前，必须举行开放性的公听会。虽然这些机制还不完美，还必须依靠公众的注意和投入（通常仅有利益团体做出回应），但这种体制已比原先所预期的更具开放性。

在美国，有些运动使管制过程变得更具开放性和协商性。其主要的策略是"协商制定规则"。顾名思义，该方法允许参与者之间以及参与者与有关机构之间，就将会转变为法律的规则的性质进行协商（Harter，1982；Pritzker and Dalton，1990）。这种制度不仅强化了民主程序的本质，也提高了所制定的规则的质量。但由于有有关多方参与协商，与其他管制式决策制度比较起来，这种制度可能不会获得太多的成效。

在美国，公众参与规则制定的机制存在诸多不足。平均来讲，只有很少比例的公众会想到去参见联邦记录。但这比许多其他国家要好得多了。不过，在北欧国家却有更开放的规则参与政策制定，公共机构被要求在法规发布前必须广泛征求各方的意见。这种方法本来主要只涉及利益团体，但因大部分团体疏于表达所主张的意见，而且北欧社会的组织性较强，所以大部分的人都能被顾及。

即使是政治生活的简单改变也可以强化公众在政策上的参与及影响力。举例来讲，支持地方分权是市场改革者所主张的一部分，而这种结构性的变革也能增进参与。地方政府就其规模而言，从事参与活动更有意义。还有，地方政府比起中央政府及地区性政府而言，较能运用更多的机制实现公民的直接参与。美国著名的新英格兰镇会议（Elder，1992）以及瑞士某些州的年度会议或许就是极为明显的例子（Frenkel，1994）。但所有的程序方法，如治理主体的公开会议、公共区域听证会以及公民咨询机关，都强化了地方层级的参与，而这些方法对中央政府而言，可能是很难做到的。

3.1.4　公有社会

被称为公有社会的一系列政治理念的发展对于了解政府参与模式的出现非常重要（Etzioni，1993；Spragens，1990）。公有社会的基本动力是市场中的个人主义以及前述关于参与政府的若干概念，这些都是非直接性的。我们首先应该考虑的是政策在社会中的影响和如何为社会提供更直接、更全面的服务，而不是考虑在正式结构中的个人所得和个人权力。公有社会否认官僚体制在提供公共服务方面的核心地位，取而代之的是寻求合作方式和利用个人参与来强化政府效能（Koven，1992a）。官僚体制在某些功能上仍然有其存在的必要性，但人民自己可以在整个体制上发挥更重要的作用（参见 Racine，1995）。

59　　　　公有社会有时被认为是复兴政治左派的繁荣时代和取代20世纪80年代与90年代具有人文治理观点的市场导向理念的手段（Mulhall and Swift，1992）。这些观点可以说是正确的，但仅是部分正确，因为也存在着代表政治右派的公有社会思想。在群众政治活动层面上，1991年的瑞典选举（Taggart，1995）、1993年的加拿大选举（Lemco，1995）和1994年美国国会选举中所出现的保守党的平民主义，都可以看成是一种反对大政府及其官僚体制的公有社会形式。不像早期的平民主义者运动（Kazin，1995），这种现象就算不是把大政府看成是人民的主要敌人，但至少也是把大政府看成是人民的敌人之一（Boyte and Riessman，1986）。在过去，平民主义者将公共部门设想为解决大企业所带来的经济和社会问题的工具。

　　　　就更高的层次来讲，某些保守党人认为，公有社会将恢复志愿精神，并将其视为政府提供社会及教育服务的一种替代方案（Willetts，1994）。他们的观点是，混合经济福利国家的扩展抑制了个人和集体的各种进取心，以致包括家庭在内的、以前曾经盛行的提供服务的形式现在已逐渐被废弃。如果社团活动和参与能够成为人民在时间和资源上的道德要求，那么对政府和对更多更好的公共服务的需求都将降低（Jenkins，1995）。这种公有社会论者的观点如同政治左派的想法，呈现出某种空想色彩，但对大多数人民有吸引力。

　　　　无论是政治左派还是政治右派，公有社会论者强调发展第三部门，即有别于公共部门的非营利组织，用来解决当代社会的许多问题。因此，政府的改革之道，就是运用它的力量去培育创造出更多的第三部门。市场改革者创造更多自治性机关的这种行为，特别是创造介于公私部门间的特殊性法人的行为，就公有社会的观点来看，是跨出了正确的一步。[14]顺应这些改革也就建立了所要求的组织结构。剩下的问题就是指导这些组织使之符合公有社会的价值要求，并且有能力去解决社会问题。

　　　　有趣的是，公共行政研究人员很少从事第三部门及其与政府间关系等方面的研究。与欧洲相比，美国给予地区志愿者部门的权力如社会服务等，确实比较少（Kearns，1996）。在美国，明显地把这些组织看成是竞争对手，而非解决问题的潜在伙伴（Anheier and Seibel，1990）。在某些方面，与企业的公私合作关系好过政府与非营利组织的关系（Pierre，1995a）。经济现实以及意识形态的改变似乎促进*60*了这些部门间关系的转变。

　　　　用参与方法来改革公共部门这种想法早已提出。但就处理某些抽象层次的政府问题而言，它又不像市场模式那样清楚。尽管如此，它们在如何让政府运作得更好等方面有很丰富的想法，而且，这些想法能够并且已经得到应用。这里所谓的"更好"与市场方法所倡导的含义有所不同。然而，在某些观念上，如市场方法的用户第一主义和参与模式下的顾客授权，并不是完全对立的。事实上，这两种模式都视庞大的机构为公众在面对政府时的根本问题，因而这两种模式都主张精简这些庞大的机构。

　　　　参与方法如何处理结构、管理、政策制定和公共利益等问题呢？在政府变革方面，这种方法至少有四种不同的观点，因此就特殊的改革理念和改革建议来讲，会产生某种内部的对立。但是,这些建议都努力在寻求某种方法,以使更多的公众,如基层工作者、顾客以及一般大众都来参与整个治理过程,并打破传统官僚主义的镣铐。

可以想象得到的是,参与方法和市场方法有不同的观念形态和哲学渊源,因此这两种模式存在某种对立。这种对立很有意义,因为基于不同理念而进行的特殊改革在同一政府中是齐头并进的。不了解改革的逻辑基础和不能让它们相互兼容,带来的必然是失败甚至是很坏的结果。也就是说,所实行的改革如果相互抵触,就很容易导致消极的协同作用而不是积极的协同作用,因此也就会降低政府的效能。

3.2 结构

针对改革的参与方法,其结构含义比公共选择方法还不明确。作为改革的指导,参与更注重过程发生中的程序而不是结构。就某一层级来讲,如果员工与服务对象都能参与决策,也就可以不需要正式组织了。但是,结构改革可以使参与变得更为容易,因此在公共组织的设计上不能完全忽略结构方法。在考虑参与和决策时,有必要注意到,提高某一群体的参与限度会降低其他参与群体的有效性,不管是低级员工还是顾客。这种模式所倡导的会谈,看似提供了无穷的机会,但事实上,这些机会在零和游戏中却极为有限。 *61*

对于结构最明显的意义是,就像公共选择方法一样,认为公共组织的结构应该更为扁平,且应缩减高低之间的层级。如果低级员工感觉到在决策中可以发挥更多的洞察力和专业能力并因此受到激励而提供优质服务,那么,控制性的层级节制只能阻碍组织产生良好的绩效。再进一步讲,如果决策的轨迹真的发生这种转变,那么消除中间管理层无疑是节省开支的妙方。这种组织的扁平化在缩减组织层级和组织精简的风潮下,正流行于私人部门。公共部门通过这种方法来节省开支所形成的压力,也至少是同样的强烈。

然而,另外一个意义是,如果顾客和低级员工对决策有相当的涉入时,那就必须有更多的控制以保证遵守公共法律和财务规范。这对那些公共服务价值和职责尚未制度化的体制转换中的国家尤为重要。有关低级官员的文献也指出,员工可能变成其服务对象的拥护者而非法律的执行者。因此,授权可能产生抵消作用,而不是像想象中那样美好。

这些可能的影响表明了公众与政府专家在心理层面上的另一种对立与矛盾。一方面,公众希望政府果断、有效率、不拖泥带水。另一方面,公众又希望政府员工受到适度控制,以免他们浪费公款、违反法律,更不会助纣为虐。要面面俱到实在困难,因此在公共组织的设计过程中,两方势力进行着持续不断的争执。

就不同结构的参与渠道而言,可能还有另外的意义。这对那些无法参与决策的顾客和低级员工来说更是如此。当政府开始实施顾客和员工参与方案时,就会出现许多不同的评议会、咨询团体以及其他类似的组织。围绕当代行政改革的许多主题，有关组织中顾客参与的问题一直争论不休。

第一，谁是顾客？这个问题与市场方法中谁是顾客的疑问相类似。他们是指与计划有直接关联的个人吗？他们是间接受到计划影响的个人吗？他们是一般公众吗？这里的每一种可能性都有某种程度的正当性，意味着不同的参与渠道有不同的结构。在许多国家中，虽然把既存的制度批评成只是由上而下地进行决策和政策制定、缺乏顾客的正式参与，但这些国家已发展出相当不错的机制来掌握有关顾客对计划的即时意见和看法。

第二，有趣的是，许多参与权的定义纵然被解释成公民权，但实际上仍是指公共服务的消费者权利。如果说各个模式的基本支持者有所谓政治意识形态的话，那么这种消费者特征再次使参与方法更接近于市场方法。就消费者而言，这种特许权利的发展，在对缺乏顾客参与政府决策传统以及对决策没有抱怨权利的体制转换中国家和发展中社会，尤其困难。在发达民主国家中，具有参与文化的北美国家和鲜有公共消费者观念的欧洲国家之间也存在很大的差异。[15]

第三，大部分现存的公共部门参与方案中，很多都是事后的运作而不是对政府的事前控制。也就是说，政府可以很好地去处理公众对服务质量不佳的抱怨，却难以在方案设计上让公众参与（Lewis and Birkinshaw，1993）。虽然很难否认有效抱怨程序的优点，但要我们去接受在民主社会中抱怨是最佳的参与方式这种概念却也相当困难。这在对待诸如健康服务等服务项目时特别真切，其所产生的后果是难以逆转的。

英国的《公民宪章》提供了事后操作的机制（Doern，1993；Connolly，McKeown and Milligan-Byrne，1994）。这种对政府服务的消费权表述，主要是一种抱怨的补救渠道，就像巡视员、行政法庭一样，是另一种解决争议的方法（Manring，1994）。《公民宪章》的出现反映了公众对人民想要从服务中得到什么的想法，但宪章本身是一种由上而下的手段（Tritter，1994）。在英国，正在逐渐让公民更多地参与宪章的制定，这可以从正在形成的有关个人诊所、学校、社区公共设施等无数的地方性宪章方面反映出来（Department of Health，1994）。

某些方法如公众听证会、公共调查（Barker，1994）以及斯堪的那维亚半岛上的政府的玩忽职守年报，都允许更多的公众参与政策制定，但这些机制比起那些处理行政失误的设计来说，仍然不够普遍化。其实，防止抱怨的产生对民主政府是有助益的，它和抱怨的解决一样的重要。

参与方法的最后一项结构意义是建立许多新的结构，以补充或避免传统政府、尤其是地方政府结构之不足。新结构比较关切单一性政策，而地方政府则较倾向于多元目标的运作。有关单一目标机构的推理基础是它可以更有效地去关注单一政策领域的问题，而不会深陷在各种不同的问题中不知所措。因此，它能让社会中那些对众多问题毫无兴趣却关注单一问题（通常是教育及环境问题）的人们有更多参与的机会。

有些政治上的理由要求抑制现有的地方政府权威。例如，在英国，许多地方政府在保守党主政期间却为工党所控制。因此，创设新的单一目标机构能够减少政治势力对地方服务的控制。而且，单一目标机构的绩效更易于认定和测量。中央所指派的特殊性法人以及其他机关也因此可以规避地方强势机关的干预。

3.3 管理

参与式治理方法对公共部门管理的意义显然比对结构的意义更重要。政府组织能否运转良好的基本前提是其低级员工和服务对象能否直接参与管理决策。就某种情况来讲，高层管理者为了提高员工的生产力和员工的忠诚而给予他们一定的参与机会，这样参与实际上就被当成了一种控制手段。虽然早期的人际关系管理带有某种控制性质，但当代参与的倡议者却更加意识到并且相信人员和组织参与的重要性。尽管如此，在通过允许和鼓励决策过程中更多的社会对话来增强整体社会治理的想法上，仍然存在控制的成分。

或许参与方法最重要的特征就是要明确地把社会利益融入治理之中。然而，我们应牢记的是这种管理意识形态绝非强化参与的首要正当性理论。新社团主义者和社团多元主义者则在其文献中提出了另一种思想，它指出了如何去获取知识和社会团体的优势（Olsen，1986）。这里的差别在于，在具有英美政治文化传统以及欧陆传统的国家中，合法对待社会利益已渐趋普遍。因此，虽然市场模式可能贬低了公民的作用，但参与模式的出现却强化了公民的作用，并试图以投票以外的方法来诱导民主参与。

3.4 政策制定

对于政策制定来讲，参与式治理方法具有多方面的意义。从某种程度上讲，这是因为方法本身的内部差异。在政策过程中，与自上而下相比，该方法显然更倾向于由下而上。[16]也就是说，这种观点偏好分权化的决策更甚于僵化的科层制，在某种程度上可以说和市场模式是相似的。因此，组织的低级员工对政策制定会有相当的（但不是决定性的）影响力，而组织本身在做出与其休戚相关的决策时，也更具有控制力。这里的假定是用这种方法做出的决策将更客观，因为基层组织拥有更多的第一手信息。在强调分权化这一点上，参与方法与公共选择方法的理论研究者和实际工作者所提出的观点存在着许多相似之处。

由于参与方法关注的是低级员工，因此它忽略了高层官员的参与，而这些人在政策制定中处于决策层的位置。这可能是因为，与公众发生直接关系的政治人物可能比高级公务员更适合参与。另一方面，如果组织内的沟通有效，低级员工也可以通过组织层级把他们足以影响政策的意见传送出去。还有，在参与的设计问题上，可能有人会问：那些被排除在决策之外的员工如何去影响决策？这可不是一个容易回答的问题。

参与模式所提出的有关政策制定的另一个观点是，几乎在任何政治体制中，官僚机构中的低级员工对政策都有相当的影响力（Lipsky，1980；Adler and Asquith，1981）。大部分政府决策并不是取决于政治家或高级公务员，而是取决于大量的低级员工——如警察、社会工作者、税务人员和其他低级官员，这些人每天都必须对特殊案例做出许多决策。有关证据显示这些低级员工拥有大量的对个体顾客做决定的自由裁量权，所以有必要增强他们对政策制定的参与。

65　　基层公务员的自由裁量权限在福利机构、警察局，有时在学校等这样一些顾客比较缺乏权力的地方尤其明显。因此，有人认为政策的设计和执行实际上是在控制那些弱势群体，而不是在帮助他们（Piven and Cloward，1993；Spicer，1990）。也正是因为这一原因，某些批评家不再关注基层官员的授权问题，反而是想寻求另外的手段，以加强基层官员的责任。公私部门间一个重要的差异是，前者的顾客通常有能力以权利为手段去反对决策。[17]如果授予低级员工太多的权力，他们就可能想办法逃避那些用来预防他们专权和模棱两可的法律规范。[18]因此，行政裁量必须要在职务与责任的适当标准上取得平衡。

　　这些决定对公民要求服务的实际决心不仅有其重要性，而且也影响到人民对政府的看法。对大多数人民来讲，政府就是警察、税务人员、安全监督人。公民与州议员之间的相互关系形成了公众对政府为公众想什么和做什么的基本看法（Rouban，1991）。因此，即使提供服务的效率并没有改变，但更多的参与可能会使政府更受其顾客的欢迎。

　　有关公共管理改革的一个普遍观点认为，如果现存的层级节制有更多的分权，那么公众将会过得更好。主张新组织企业化和对市场信号做出反应的市场改革者以及主张顾客及员工应拥有更多参与权的参与改革者都坚持这个理念。不同的人对分权化可能有不同的看法，但对当代多数批评公共部门的人来讲，他们更关注公共部门的集权和层级节制。

　　市场方法建议创设小规模且具有竞争力的组织来提供服务，这种主张显然会带来协调上的问题。而强调参与可能会使这个问题变得更为复杂。如果组织内的员工被赋予了更多自我做决定的权力，那么其所产生的变数将高于层级节制下的组织。而这些变数将使组织更难达成协调与一致。

　　进一步讲，如果实行"对话式民主"，则计划与组织的协调势将问题重重。如果协商的范围扩大，那么决策一旦确定，就很难再改变。然而，组织间的协调往往66需要参与其内的组织能够彼此协商，以制定出相关行为者都可以接受的政策。而这又有赖于参与协商的组织的领导者具备某种程度的弹性。简言之，虽然协商与对话可以在组织中产生较好的氛围，但最后可能会在制定政策的组织间产生矛盾，进而造成决策的偏差，与决策初衷背道而驰。

　　因此，如果员工与顾客能通过像全面质量管理这样的方式来参与组织政策的制定，那么他们的决策将更具有理论和实践意义。也就是说，凭借因参与的管理方法所建构的开放性政治过程的优势，使决策成为组织的集体共识。即使组织所服务的顾客相同，但和缺乏共同理念的组织进行协调，必将困难重重。例如，有关组织间协调的研究指出，对价值歧异、顾客导向不同的组织来说，即使是在相同的政策领域里，也存在着协调上的困难（B. Gray，1985）。

如果群体赞同决策，组织变革和政策变革还是会变得困难。新制度主义就认为（March and Olsen，1989），制度会投入它自身的过程及具有特殊意义的决策，也因而拒绝来自外在的压力或协商。假如个人以及群体都被纳入了计划之中，则这些计划会形成吸引他们的内化意义，于是使变革更为困难。[19]简言之，参与有很大的优势，但当弹性变得重要时，参与就会变得很软弱。

有多种方式提出了协调问题。如克里泽姆（Chisholm，1989）主张"无需层级节制的协调"。他对协调的认识是，在一个运送系统中，需要有好的协调才能为公众提供良好的服务。不幸的是，提供这些服务的正式组织本身并不具备良好的协调功能。克里泽姆发现，可以发展非正式的协调机制来弥补正式结构的不足。在这种情形下，相对分权化的机构不会发展出针对内部的文化，而是发展出更具服务导向的文化，因而能解决组织间的问题并防止其继续恶化。然而，问题是，这种结果是单纯的偶然还是在具有分权和授权的组织文化之下发展出来的普遍性特征呢？如果都不是，又能够得到发展吗？[20]

无独有偶，沙尔夫（Scharpf，1989）虽然强调要有一套共识规则来作为组织内协商的基础，但他认为在任何组织内都有能够产生协调结果的机制[21]。这种规则，在他所谓的"对抗形态"之下会对有效的协调产生实际上的障碍。而在"解决问题形态"之下，沙尔夫主张利用正和游戏创造出更为积极的协调形式（参见 *67* Mayntz and Scharpf，1975，145-150）。但即使是在对抗形态之下，仍有某些可以改善协调障碍的如额外支出和主题配套等方式可供选择。

3.5 公共利益

参与式国家的倡导者设想，公共利益可以通过鼓励员工、顾客和公民对政策和管理决策进行最大限度的参与来体现。这种参与至少可以通过四种机制来实现。第一，如果公民和员工认为政府服务不佳或制度运作不当，他们有权申诉。为了使这种权力有效，首先必须要让公民和员工了解公共部门。因此，有效的公民权和参与的要求之一就是进一步开放政府，这种政府不一定要有对话理论家的激进意识，但它最基本的要求是制定政策的相关信息应该让公民甚至其他的正式决策者知晓（Overman and Cahill，1994；Ashton，1993）。

许多国家在政府公开化上已进行了实质性的尝试。这几年来，北欧国家已建立了相当公开化的制度。例如，瑞典的出版法允许接触所有没有明确要求保密的文件，这使得文件保密更为困难。美国在 1974 年通过了《信息公开法》，尽管该法在执行上有某些限制和困难，但在政府对新闻界及公众的公开化上，仍是一个新的里程碑。其他国家，特别是受英国传统影响的国家，虽然发现在政府公开化问题上存在一些困难，但它们也已认识到要实现有意义的参与，这个困难是必经的历程（Plamondon，1994）。再有，当政府开始引进市场理念作为政府改革的一部分时，如果信息仍受制于使用者付费以及贯彻私有化的做法，信息势将难以普及（Victor，1995）。

在公开化问题上另一个经常被忽略的方面是，就多数服务来讲，公众可能并不知道他们期望的是什么，也不知道如何去界定服务的质量。例如，对火车是否准时到站、清洁人员是否准时来收垃圾等日常需要，可能很容易就能了解到。但对于一些比较复杂的服务，如医疗或教育，其服务质量的高低是一般公民所能确定的吗？就算是一般性的服务，也很难说到底怎么样才算是"足够好"。某些状况不可避免地会造成火车晚点。事实上，如果火车因为安全原因而晚点，与冒着危险而准时相比，应该是高质量的象征。对某些公民是好的服务（如旅客希望快速通过海关的检查），对全体公民却未必如此（如产生走私的漏洞）。人们怎样才知道，公共部门什么时候提供的服务才算好？

政府正积极建立一些适当的公共服务绩效评估标准。在英国，具有 20 项标准以上的《公民宪章》采用列举服务标准的方法以便使公民可以确知不符合标准的情况，如果服务没有达到标准，公民可以申诉并得到赔偿。至少这些标准可以作为判断公共组织的标志。在某种程度上，这些标准可以取代指导私人部门组织决策的市场标志。其他国家也正执行或考虑设计一套类似《公民宪章》的计划（T. Rhodes，1995），但这些计划差不多都局限在公民对政府提供服务的监督职责上。

有趣的是，《公民宪章》及类似的参与机制都是由上而下而非由下而上地形成的（Hood，Peters and Wollman，1995）。这样的现实有一个冷酷的特征，即官员是从自身利益出发，来告知公民所期待的质量要求的。虽然英国的《公民宪章》未必有如此情形，但在公共部门所草拟的标准上却有类似情形发生（Barnes and Prior，1995）。公众参与之获准并得到鼓励通常是在基本的服务目标决定下来之后，而不是在基本的问题被提出之时。

对公共组织的员工来讲，有效参与的第二种机制是通过增强员工独立决策和影响组织政策方向的能力来实现的。治理的概念有时被视为是授权给低级官员的一种方式，并形成一种由下而上的政策制定过程（B. Peters，1994）。这种来自基层的开放性影响，有助于政府更客观地做出决策。因为这些参与者最了解相关情况，并能反映出组织参与者的知识。即使这些决策在客观上不一定最好，但对参与决策的人来说，它还是一个较佳的决策，至少在执行上会较为顺利。

但从公共利益的角度来看，谁才是真正的公众呢？显然，对大部分倡导参与的人而言，公众常被狭义化为涉及方案利益的直接生产者与消费者，而不是一般大众。对大部分的公民来讲，这种狭隘的大众参与范围并非可以接受的公共利益的定义。就纳税人而言，他们必须为计划提供资金，但却不能经由民主政治所运作的机制来进行监控。

一般的纳税人都了解这种有限的参与不能算是一种民主过程，而只能算是一种 *69* 特殊的利益。事实上，以顾客为导向的治理方法可能会转变成如何管理民主体制的概念。其结果将是主顾关系的复活，而这是西方分析家用以评论欠发达国家的负面字眼（Roniger and Ghuneps-Ayata，1994；Crook，1989）。因此，就当代流行的参与式民主的诸多定义来讲，应包括一般大众可以通过政治监督或行政监控来审查政府决策的内容。

强化决策参与的内容中所指的公共利益的第三种含义更具有政治色彩。参与式国家的倡导者主张，公共决策应该让有政策影响力的公众通过对话过程来做出（Linder and Peters，1995）。因此，在加强公民向政府表达需求的权力过程中就会体现出公共利益。公民可以直接与政策观点不同的公民讨论，也可以直接与政府机关协商。这种对话式观点显然与传统代表制和官僚政府机构的决策方法完全不同（March and Olsen，1995）。按照决策的观点，这种产生决策的能力而非建立共识的能力，可以说是治理的标志。

参与式国家中的第四种参与机制，有赖于公民本身能够投入政策选择及提供服务的过程。参与式国家在这方面和市场模式相类似，因为这两种模式都提倡公民应拥有更多的消费者选择权和更多的对方案的直接控制权。然而，参与式国家的消费者选择方式却比市场模式下的消费者选择方式更具政治性。公民是通过政治过程来选择，而不像市场那样是取决于金钱或票据的流通。参与可能体现在有关政策的公民投票中或通过地方性的政治结构来实现，芝加哥（Vander Weele，1994）和英国（Levacic，1994）的学校管理委员会中有学生家长的参与就是其中的例子。倡导积极参与治理的人士认为，更好的决策取决于公共参与，而不是依赖于官僚人员或技术人员。[22]

英国比其他工业化国家更早将这种公共部门的选择机制加以制度化。然而，对英国政府尤其是地方政府持批评态度的人士认为，这种机制在某些方面是不民主的，但在特殊的政策领域内仍可实行一些直接参与的机制。例如，就教育问题而 *70* 言，学校可以不受地方政府的控制而争取到更大的自主地位，这样就使得学校的管理者（通常是家长）更能对所提供的教育质量进行控制（Leonard，1988）。在一个对教育基金、课程、学校监察员的影响强制实施更多中央控制并降低学校管理者自主权的环境中，权力分散的这种情形正在出现。

英国的住宅部门可以说是强化参与和自我管理的最好例子（Malpass，1990）。虽然美国就如何管理大型公有住宅项目中的承租人进行过若干试验，但其努力远不如英国。英国的《地方政府及住宅大规模自愿移转法》（1989）在许多方面不过是私有化的一种形式，但它允许承租人对他们的住宅不动产是否从地方政府的控制中解脱出来并转变成另一种管理形式有着某种程度的控制权。这两个案例在打破既定的限制上，都算是颇为成功的（Pollitt，1995）。

这种共同提供公共服务（Hupe，1993；Gurwitt，1992）以及利用自愿活动来补充或代替政府活动的方式也正成为思考公共利益的一种机制。就某种程度而言，共同提供公共服务并不是一个新的理念，但它反映了社团参与提供服务的传统。这些理念在大部分工业化民主国家中已被专业化公共服务所取代，而且秉持着相同的精神在运作。例如，奉行合作主义的政权常常利用利益团体去实现它们以前所制定的政策（Cox，1992）。瑞士的"全民官僚"就是广泛利用人民和组织作为影响政策并使公众参与政府的工具的最佳例证（Germann，1981）。

公有社会论者倾向认为，投票和其他政治参与形式都是必要的，但没有改变服务提供体制高度官僚化的治理本质。公有社会论者认为，更基本的要求是转向人民对社会生活有更大的参与，如帮助人民从事学校以外的活动，甚至是一种家庭式学校活动。公有社会式的参与并不指望政府单独去照顾那些无家可归的贫穷人民，而是以共同努力的方式去解决这些人的吃住问题，并使其能够自力更生。虽然批评人士认为公有社会论的许多理念近乎空想，但其倡导者却指出，这些理念的实施能够改善异化和官僚化的社会，并最终使之消亡。

71　　参与式行政改革模式和市场模式相比，看起来好像不太明确。但事实上，由于各种竞相出炉的观点想要引起大众青睐，导致问题反而出在太过清晰上。尽管存在着内部的差异性，但我们仍可以从中推断出这一模式对公务员在治理社会中所扮演的角色以及治理本身的特性等问题的界定。从观念形态上讲，参与模式和市场模式以及主张加强市场干预的公共选择概念相比，的确存在着很大的差异，参与方法是建立在关注组织中人类行为的基础上的。或者从根本上讲，这种方法认为，个人在组织及政治生活中之所以能被激励，主要是出于"休戚与共"——参与——的原因，而不是出于物质——如薪资与酬赏——的原因（P. Clark and Wilson，1961）。

虽然参与模式和市场模式之间存在着差异，但解决这两种模式中存在的制度设计问题的方法并不是完全对立的。特别是在解决分权化、授权给组织中的低级员工以及组织的顾客这几方面的问题上都有相似之处。再者，大部分有关参与模式的观点与公共选择方法一样承认官僚在制定公共政策中的核心作用，只是参与模式的倡导者考虑的是更积极的参与。如果没有任何其他渠道的话，无论参与是否对官僚体制有利，官僚体制仍然是利益团体和一般大众的一个参与渠道。

虽然参与方法的某些观点与市场模式相类似，但在实现治理的设计意义上却有明显的不同。参与模式所提出的分权化是想要疏导对不同官员及组织顾客的控制，而不是让服务提供者展开竞争以发展市场。这种转变可以看成是公共选择模式所要避免的"由于加强了管制而带来的收获"（Macey，1992）。随着高层官员的影响超过了政治家们的影响，低级官员参与决策更具积极意义。尽管如此，在参与模式中，这两类精英都被看成是与顾客利益相对立的，而不是像在市场模式中那样是权力的竞争者。

注　释

[1] 保守党在 1995 年春季竞选中获胜后，梅杰首相（Major）进行了一次环绕全英国的旅行，以探求民意（Baggott，1995）。

[2] 或许另一种较重要的描述是公有社会论，虽然那种模式缺少某些能直接激励这种特殊概念化的参与风气。

[3] 就像市场方法一样，这种观点与将公众视为公共服务消费者的概念形成强烈的对比。

[4] 当过美国住宅暨城市发展部部长的肯普（Jack Kemp）是一个主要的例子。他是致力于住宅计划非官僚化并允许租户自我管理的先锋。有关住宅计划的非官僚化运动参见 Hula（1991）。

[5] 与市场模式的倡导者一样，这些学者假定公共组织及私人组织都是相同的。他们指出，这类团体是基于组织人类行为的假定而产生的，而不是基于技术原因而产生的。

[6] TQM 是一种市场导向，在认识上它是被设计用来提高生产力和提高质量的方法，但它并不是强调以金钱作为激励的手段。

[7] 大部分美国人把这种组织的头衔看作是一种相互矛盾的修饰品。

[8] 有限的证据表明，这种情形在欠发达的国家中，不能产生积极的效益（参见 Goodsell，1976）。

[9] 虽然有点超过本书的范围，但在美国，对民选官员而言却有着相同的矛盾。选民厌恶国会，但却喜欢他们所选举的国会议员。

[10] “违规”一词事实上是由西蒙提出的（Simmel）（参见 Gillin and Gillin，1948）。

[11] 食品和药品方面的行政管理需要经过正式的法规制定过程，在公听会上受益的团体必须提出证明，经过正式的法规审查才能核发药品执照。在此过程中有可能发生拒绝发放有用药品的执照却反而发放具有伤害性的药品执照的情形。

[12] 然而，低级官员决定如何去做某些事情之前，往往需要先决定这些事是否真的存在。

[13] 比起其他英美语系国家，美国允许公众更多的参与，甚至包括允许通过 amici briefs 来作判决（Caldeira and Wright，1990）。而且还包括民主德国用在立法上的协议制度，尽管实际上的政策形成并不是那样（Boyle，1994）。

[14] 虽然是处在创造这种类型组织的英国保守党监督期间，英国工党的领袖至今仍颇受赞扬。

[15] 当然，在欧洲国家中也有所不同，北欧国家习惯于对政府表达不满，但英国及德国的公众却不愿这么做。

[16] 这种话通常是保留在执行过程中，但也可以用在整个过程中（参见 B. Peters，1994）。

[17] 市场理念的倡导者认为市场真正能提供最强的控制，它对顾客所从事事业的影响力是无所不在的。公共部门的垄断就在于消除这种约束。

[18] 这段话来自 1946 年美国制定的《行政程序法》。

[19] 这里的“纳入”并不是一个带有轻蔑的字眼，而是指群体或个人被包括在更大的计划之中，那些案例正是互相吸纳的一种表现。

[20] 这一研究是在授予组织和个人权力的潮流下进行的。只是要探求在文化变革之后所存在的差异性却很困难。

[21] 在公平性问题上，从事组织协调研究的其他学者，如福莱特（Mary Parker Follett，1941）、哈

丁（Russell Hardin，1982）等人也已注意到在某种程度上组织之间相互作用的结果可能会出现零和游戏。

[22] 对科技统治的恐惧是那些从事公共政策领域中参与和民主价值研究的学者们长期关注的焦点（参见 Ellul，1980；Meynaud，1969）。

第 4 章

弹性化政府

72　　　　弹性化政府是改革传统政府模式的第三个选择方案。在当代的政府改革中，该方案最受关注。在四个政府模式中，这个模式的概念最含糊不清。就基本层面而言，弹性化政府是指政府有应变能力，能够有效回应新的挑战。不过，很多东欧、中欧以及发展中国家的政府在这方面的尝试却均告失败。更准确的理解认为，弹性化是指政府及其机构有能力根据环境的变化制定相应的政策，而不是用固定的方式回应新的挑战。

　　　　近年来，弹性化政府被看作是公共部门管理模式的对立面。很多国家都把在政府机关任职视为终身雇用（Walters，1992a），假如员工想留在政府的话。[1]同样，在公共部门设置机构，不管当初设置的理由是不是临时性的，传统上也常常将它当作是一个永久性实体（Kaufman，1976）。虽然政府任职和政府组织的永久性经常被过分强调，但这种看法仍然是公共部门组织的管理和形成的定论。而实际上，政府领导人、媒体、知识分子早已建议缩减公共部门的预算、组织和改进任用制度。[2]

73　　　　政府在人员任用上的铁饭碗和公共组织永久性的负面影响已经受到广泛注意。政府也已开始着手处理这些问题。弹性方法成为改变公共部门现状的可行方案。与前两个模式相比，弹性方法的意识形态较弱。而且，许多政府已提出针对公共部门永久性问题的改革设想和建议。

　　　　批评者对政府永久性问题的产生和改进，有着各种各样的看

62

法。一方面，政府永久性不仅被看作是保守政策的渊源，而且也成为员工服从组织的原因。[3]员工更关心预算期间能否保住工作以及组织是否存在，至于政策能否有效执行就另当别论。另一方面，组织的永久性也可以使以前那些宽大的社会计划得以制度化。

除了引起管理问题之外，对既存结构的认可也会使通行的政策概念甚至是政策问题趋向制度化，进而使政策变革更加困难（Hogwood and Peters，1983；Rochefort and Cobb，1993）。即使组织及其政策所处的客观环境瞬息万变，但这种以不变应万变的习性却依然存在。而组织所提供的概念透镜以及稳定而充裕的资源，更使组织成员拒绝变革。

在军事和国际事务方面，还有一些更极端的做法。例如，20世纪仍保留骑兵队，无法从外交事务中进行学习等（Etheredge，1985）。而（美国）国内的组织也有类似的情形，例如农业政策不像其他产业那样已经走向民营化和解制式，却仍然固守高度管制和市场补助机制（Skogstad，1993）。此外，很多公共组织也继续执行劳动市场政策，而无视全球化的发展趋势（King，1995）。由于组织提供的概念透镜已经扭曲了大家对组织存续的知觉，所以很少有组织（公共部门或私人部门）愿意在组织变革方面进行投资。[4]

虽然传统上认为组织永久性是创意和主动性政策的不朽基业，也是渐进变革的保证（Hayes，1992），但政治右派批评者却认为组织永久性不同于政策效力。他们甚至认为所有公共组织都有大政府的倾向，而且必须承认前自由主义政权所提出的计划也有永久性（甚至应加以扩张）（Aberbach and Rockman，1976）。这些延续不绝的计划扩大了公共支出，并成为当代混合型经济福利国家的特征（Cook and Barrett，1992；Taylor-Gooby，1985）。此外，这些计划也必须为其他问题——如公共部门赤字——负起责任。

官僚主义的批评者认为，组织为其政策的辩护，是出于组织要维护其自我利益，而非维护服务对象的利益（Egeberg，1995）。在这种对官僚体制耳熟能详的负面观感中，政府结构的制度化已经造成了政策优先顺序和治理风格的永久性，而且对社会已经产生了严重的消极后果。批评者认为这种自视永久的结构已经与当代多数工业化民主国家的想法脱节——这些想法是大众希望有一个机制能够减少公共部门的规模和影响力。

这种保守的政府概念和尼斯卡宁以及其他市场倡导者的看法极为类似。但在此状况下，主要的动态力量也给公共部门永久性带来了困难。[5]在预算期间，即使经费只是渐进性的增长，但永久性组织仍旧是支出扩张的根源。[6]早期一些改革政府的方法，如零基预算（Schick，1978），就企图消除此种经费不断增长的压力，但却由于各种原因而徒劳无功。因为只要有政府组织存在，它们就需要供养；而如果政治家无法做出裁撤组织的决定（Bothun and Comer，1979），那么公共预算的增加就不可避免。

因此，从批评者的观点来看，要让公共部门及其政策优先顺序发生重大转变的最容易、最有效的方法，就是针对组织本身进行大肆改革。比如说，英国的"下一步"计划和新西兰的政府公司化运动虽然着重于市场概念，但也能迫使政府体制进行变革（Boston，1991；Hogwood，1993）。有些主张行政重组和私人部门组织重组的倡导者认为，变革会使组织本身更有活力（Hult，1987）。从新西兰和英国变革的例子中可以看到，明确的政策目标与组织力求变革的欲望有相辅相成的效果。

4.1　关于稳定性

公共组织或私人组织的稳定性和永久性也有其优点。历史悠久的组织结构可以引导政策沿着积极的道路前进。认为所有的旧政策不好，就如同假定所有的现行政策非常完美一样，都是一种错误的推论。[7]大家所面临的挑战就是去寻找一种机制，能够将陈旧而不适当的政策找出来废除掉，而将有效的政策保留下来。这种选择所依据的是政策的价值（Mansbridge，1994），而非不明确的衡量标准。

稳定性的消极特性认为，公务员习惯安定的生活，而且偏好终身任用制度。不过，有些公务员是专业人员，包括政府自我规定的专业行政人员和其他公认的如工程师和医生等专业人员。他们和专业组织有联系，而且希望改进他们所执行的政策，同时也常常面对政治上的对立。在当前保守政治气氛之下，无论是出于专业原因还是制度保护原因，这种政策倡导可能还被视为不够稳定，但专业人员却希望他们所做的政策倡导能免于受到"历久不变"的责难。

此外，稳定性也是组织记忆的重要来源。组织这种已经制度化的能力可以使它避免重大的错误（E. Stein，1995；March，1991）。当某个阁员有个新点子，却换来属下"我们之前已尽力在做，但却推不动"的答复时，可能会暴跳如雷。不过，这样一句简单的答复却可能节省了公民很多的时间和金钱（Theakston，1992）。政策过程需要一些重要的判断，这些判断是：组织的记忆是否会妨碍必要的变革，或在社会与政治急剧变迁的时代应否保持必要的稳定等。

从理论的角度来说，组织记忆既是先前学习的宝库，也是未来学习的潜在障碍（Olsen and Peters，1995）。组织（或个人）往往在某个部分过于专精，但也因此妨碍了它们对较新或相关事物的学习（March，1991）。如果存在这些可能性，组织记忆和惯例常会强制组织将新事件和挑战诠释为陈年往事的再现。组织记忆的这种特性会使组织以它认为较适当的方式产生回应。由于无法再认知新的事物，组织的适应能力因此受到限制。

4.2　组织永久性——挫折和无效

虽然政府永久性仍然有其吸引力，但在主张弹性治理的人的眼中，恒久不变的政府结构，却是有效治理的障碍。这只在政府内蹒跚漫步的恐龙，显然既是浪费之源，更是政策创新的绊脚石。很多现行政策和方案虽然有其价值，但如未经有效的测试和评估，也不宜任其继续存在。有些政治家和学者认为，不管政府表现是好是坏，让政府组织少一点永久性就是一件好事。只要政府组织定期反思自身的价值和政策，就能迫使政府更有效地运转。

组织永久性的消极性已为大众所认知，加上治理问题变化无穷，使得政府不再朝永久性结构发展。而政府目前所面临的问题是组织之间因相互扯皮而造成的双输。以协调问题为例，美国已设有毒品取缔局，但国防部、海岸防卫队、海关、联邦调查局、州及地方政府警察局也卷入了这场毒品大战。协调看似简单，但往往因政治因素的介入而变得极其困难。积极投入协调的组织，可能会因此失去了舞台、预算、特权，严重者甚至自身难保。

在其他情况下，协调的问题就更为复杂。例如，在制定毒品政策方面，执法人员往往必须考虑毒品问题中有关健康和教育的部分，以便使此类事件的处理能和法律执行相结合，从而收到更好的效果（Sharp，1994）。这些协调问题要求对政府的政策是什么以及应该是什么进行根本的思考。虽然协调牵涉到舞台的争夺，但参与的各方都有自己的基本看法，以至于将本位的议题也纳入了待解问题之中（Roche-fort and Cobb，1993）。议题和政策问题的形成属于政策过程的基本部分，而根本的协调问题却来自理念上的冲突而不是来自组织的利益。

几乎所有的政策都涉及多个机构，所以政府只好再设立综合性机构，以便对既有的组织和政策进行控制与协调（Fournier，1987；Derlien，1991）。由于政府的"政策空间"和组织空间几乎已"人满为患"，所以更需要对这个空间内的人、物和行动进行协调（Hogwood and Peters，1983）。又由于政策的实际改变、公共政策国际环境的变化，以及社会中对政策多元互动的觉醒，所以协调的问题已较过去数十年前更显重要。经济政策已经不再是经济学家和银行家们的专利，而教育、失业救助、农业、劳动市场政策、国际事务等问题都有许多部门卷入其中。

此外，当前行政改革也有这样的趋势，就是将过去由一个大部门执行某种职能转而由几个较小的组织去做，这些组织有的被称为"执行机构"，有的被称为"特别运作机构"。虽然大型组织的解体可能会换来某种效率，但也可能因此产生重大损失，如由于协调的减少而导致公共部门整体效率的衰退（参见本书第32～33页）。这些执行机构虽然富有弹性和创意，但像其他组织一样，也会很快成为永久性组织。因此，它们也很快需要某种形式的协调。这种需要甚至有过之而无不及，原因是这些组织标榜企业取向和创造力。这两个符合市场动机的特征是这种组织建制的基础，但也使得政府行动的特性愈来愈难和如消除冗员与增进责任心等传统的价值相一致。

公共组织的协调范围会随时间变化而有所差异。例如，经济政策部门在某一个时候可能必须就贸易问题和外交政策部门进行不断的协调。当这个问题得到解决后，或被列入了议事日程后（A. Downs，1972；Peters and Hogwood，1985），该经济政策部门就可能需要和教育、训练和失业保险等部门进行协调。在为第一个问题设立了永久性协调结构之后，即意味着不合适的优先顺序已然锁定，此时一个比较弹性的结构可能会符合公共部门的需求。如果政府无法主动对其政策方案做出反应，则协调者中还需要协调者这样的角色。

事实上，公共部门采用临时性组织并不新奇，在战时和紧急时期即屡见不鲜。所有的政府都曾设置过工作小组或各种临时性组织。以法国和德国为例，就曾经设置 projets de mission 及 Projektgruppen 等组织，以解决短期及密集性的政策问题。这种做法虽未获得普遍性的成功，但也因此减少了很多永久性组织的设置。

有些学者认为组织永久性几乎一无是处，而且也无法解决实际问题。因为多数的正式结构都是在原地踏步，其控制社会的能力已难以为继。理由是因为社会本身具有自我组织性。还有一些学者把组织看作是一个自我设计的系统。当政府组织想要把控制机制制度化时，社会就会以各种方法降低它的影响力。因此，用弹性的管制方法和设置弹性的组织将比固定而永久的组织容易产生更好的结果。进一步讲，弹性治理也有较高的合法性，能对政策结果施加更多的影响。

另一个导致政府组织非永久性的因素是多数工业化社会劳动市场的根本转变（Borjas，1995；Dicken，1992）。这种转变的部分原因是科技的进步和经济的国际化（Savoie，1995c），使专职和终身雇用逐渐减少，取而代之的是兼职和临时雇用。过去认为工作人员一生只从事一种类型工作的假定已不切实际，很多人现在都期望能够在不同的时间中更换工作，同时在其工作生涯里接受不同雇用类型的培训。

政府也开始调整自身来适应经济上的变化，而且发现雇用兼职人员确实是一个省钱和提高组织弹性的方法。至少从效率的观点来看，实在是没有理由保留一群只在工作高峰时段或紧急时期才需要的员工。有些政府组织如公园、资源保护区和娱乐机构已经这样做了，这些机构在季节性工作高峰时段，通常是雇用一群临时性员工。其他的公共组织，如学校，虽然没有按季节雇用员工，但却预备了一些人员，以备其他专职人员请假时所需。在这些例子中，专业主义和约定取代了对组织及其价值的持续性依恋。但是，这种模式是否放诸四海而皆准尚不得而知。

市场模式的倡导者指出，政府有必要使用外部人员，以消除其与社会价值和行动者之间的隔阂。对政府有一个常见的抱怨是，政府员工因为不知道现实世界中存在的问题，所以做出来的决策对企业界和其他私人部门来讲，都有隔靴搔痒之感。如果公共部门实行岗位轮换，工作人员或许可以更好地了解经济和社会的需求。[8]美国有些政府机构已经实行临时雇用制[9]，但这种模式尚未在其他国家出现（OECD，1990）。

因此，即使有些公共组织仍具有永久性的特征，但其成员还是有如过客。由于这种传统政府任用制度的改变，职业公务员将不再是政府的主力。这种转变虽然有很重要的管理和政策意义，但在公共义务、责任和回应方面的意义却更为重大。经济效率固然是政府应该寻求的价值之一，而弹性（尤其是任用制度方面）却可能不知不觉地损害了其他重要的价值。

4.3 弹性治理模式的影响

接下来我们要讨论如何改善弹性化政府模式的问题。如同其他三个模式一样，该模式对政府实际怎样做和应该怎样做也有很多特定意义。虽然该模式不如其他三个模式那样清晰和完整，但该模式对于如何促使公共部门日臻完美，也提供了一个有趣而重要的观点。这种改革方法要求我们集中探讨以下问题：特定公共组织何以必须存在？政府为什么会雇用那么多的人员作为职业公务员的一部分？市场模式假定来自社会的反馈信息可以回答这些问题，而弹性模式似乎要求对这些问题进行更"理性"的思考。[10]

4.4 结构

弹性方法的基本设想是在政府内部采用可选择性的结构机制，以取代那些自认为拥有政策领域永久权利的传统部门和机构。因此，该方法强调弹性，主张不断撤销现有组织。[11]不断撤销现有组织可以避免因组织僵化所造成的困扰，使政府拥有较大的弹性，这样就能够快速地对不断变化的社会和经济情况做出反应。比如说，如果组织能够保证工作一旦完成，就将自己终结，那么根据新情况的需要而设置组织时就不会遇到太大的阻力。

财政保守分子一向认为组织的永久性和官僚垄断会因为僵化的政策而造成经费的巨额支出，所以上述设置和撤销组织的能力正好迎合他们的想法。事实上，弹性方法所标榜的组织与市场倡导者所建立的机构有几分类似。不过，根据市场方法而设置的机构通常很快就会出现永久性的特性；但为了提高弹性而设置的组织则必须随时对快速的变化做出反应。此外，市场方法偏爱以市场检验来评估计划和组织的绩效，但弹性方法则将是否具有弹性当作标准。因此，弹性方法的提倡者企图建立"摧毁组织"的原则，而不是根据评估结果对既有的组织做改头换面的工作。

另一种组织是英国创设的特殊法人政府（D. Wilson，1995），其他政治体系也有类似的结构（Kettl，1993；Hood and Schuppert，1989；Masa，1990）。虽然其定义和分类众说纷纭，但其基本含义不外乎是：政府在缩减公共部门规模的压力之下，开始利用越来越多的非部门机关和半政府组织开展工作。尽管这些组织的结构不很正式且编制较少，但它们既保持了组织弹性也能提供公共服务。由于这些组织本身有很大的生存能力，因此，要回答组织永久性的问题仍然不太容易，但却有助于理解程序、管理和政治方面的问题。

由于非永久性的关系，所以很难找到一辈子在同一个组织工作的全职员工（至少在美国是这样）。这种职业形态的改变在政府中逐渐开始出现。从 20 世纪 60 年代开始，联邦员工所分割的工时越来越多，而且还在逐渐增加之中。因此，很多有关劳动市场的研究都预测，这种临时任用制度的趋势将会逐渐充斥经济系统的各个角落。虽然这种趋势正中主张节省支出的保守财政专家们的下怀，但却可能会损害公务员制度的保守价值，如责任制和稳定性。

以上讨论的是提供公共服务的"直线业务"组织的结构。另一个方面是在协调管理和组织之间的管理上增加弹性。有些国家已经有很完善的委员会或工作小组，专司机构和行政部门的协调。例如，法国在其三级行政机构之中即设有协调的机制（Fournier，1987）；而其他属于中央机构的如澳大利亚的内阁首相办公室、瑞典的Kansli 等都负责执行协调任务（M. Painter，1981；Larsson，1986）。问题是中央机构常常比它们协调的对象更容易僵化，所以协调机构应该比被协调机构有更经久不衰的效用。

除了选举和新的统治政党之外，中央机构通常可以避免所谓的层级控制，而无 *81* 须面临重组的压力。因此，它们必须寻找一些方法，以便将其回应变迁的能力予以制度化，否则其本身将成为有效治理的障碍。解决这个问题的一种可行方法是有关"虚拟组织"的设想（Bleeker，1994）。从一般性的观察中可以看到，几乎所有的正式结构本身都有寻求永久性的趋势（尤其以公共部门为最），即使是私人部门组织也不遑多让。因此，如果能将组织相对于正式化而进行某种程度的虚拟化，那么组织对外在的变化将有更强的适应能力。

界定虚拟组织很困难。当戈尔委员会（国家绩效评估）完成任务解散后，即设置了一个所谓的虚拟组织（B. Peters & Savoie，1994b）。这个虚拟组织实际上就是一个团体，其设置的目的是为了使参与国家绩效评估项目的各成员之间能够在互联网上继续保持联系。此外，它还是一种提倡越过公共部门汇报情况这种思想的工具。这种松散、非正式的组织之所以能够轻易设置，是得益于诸如电子邮件这样的科技发展。其他的方法还有：设置一次性的特殊组织以解决特定的问题；或在组织内部或组织之间建立松散的网络系统，这些网络系统的成员是由组织中志同道合的人所组成。

虚拟组织的概念实际上是关于在组织间建立网络系统这种思维的正式体现，这一思维在当今的组织理论中已相当普遍（Benson，1982；Hanf and Scharpf，1978）。其基本逻辑是，任何政策领域或几乎任何人类行为所涉及的领域都存在着很多组织，它们之间彼此相互作用并构建了社会制度（DiMaggio and Powell，1991）。这些网络系统将制定出指引其行动的非正式或正式的规则以及一套套的规范，系统中的成员也会彼此分享一些价值观和义务。简而言之，根据这一界定，确实存在着许多虚拟组织。政府的任务在于丰富组织的生活，并将之应用于政策建议、执行和计划协调之中。

虚拟组织可以当作以系统层次而非以组织层次管理政府的一种手段。就如同多年来分析人士所指出的那样，虚拟组织是许多公共部门行为的基础（Seidman and Gilmour，1986）。这种基础有其优点，它有助于组织成员对组织及其服务对象的认同，并能将方案和结构连接起来（Rose，1984）。当然，虚拟组织在系统上也有其 *82* 缺点，如僵化和过于认同组织等。[12] 当然，如果能够找到办法来遏止对虚拟组织的抵触情绪，那么虚拟组织就可以被看作是一种用以克服正式组织所提出的变革的障碍的方法。

兰森和斯图尔特（Ranson and Stewart，1994，140-142）曾经探讨在系统层次上管理政府的问题。他们指出，在所有的当代政府中都普遍存在着分裂化和组织互相依存的现象，因而建造系统就显得很重要，因为只有这样，才能使由此而产生的问题即使不能得以完全根除也能得到逐渐改善。虽然他们的重点是放在提供服务上（尤其在地方层次），但在政策形成阶段也会出现同样的问题。为解决这些问题所设置的多元性组织结构，涉及对全体政府制度化机制提供一个整体的方向；而且也如同洛维（Lowi，1972）所言，这种做法意味着在塑造一种行为环境而不是行为本身。也就是说，建立一个信息流程和影响决定的情境，可能比要求决策者从事类似决定要容易。

有关虚拟组织的根本问题在于：这些永久性程度较低的公共组织既无固定的集会场所，也缺乏正式的结构。这些组织对实现政策目标是否承担有共同的责任？是否还能像其他组织那样有维持制度存在的欲望？它们是否因为不太正式从而使它们看起来较永久性结构更没有危险性，以至于在精简公共部门时能逃过一劫？

4.5　管理

临时性组织具有明显的管理意义，但其潜在的意义可能更为有趣也更重要。临时方法强调管理者必须具有调动劳动力以适应变化需求的能力，它可以为政府节省开支，并减少公民认为政府铺张浪费的感觉。而且，这种管理方式有助于产生双薪家庭，适合当代经济所需要的任用制度，对员工有利。

弹性化的人事管理可以使政府快速而有效地对所面临的危机或迅速增加的服务需求做出反应。相对于节省经费来说，有效地提供服务似乎更少受到人们的关注。如果管理者在不需担心对员工做长期承诺的状况下提高了员工的工作能力，那么他就能够轻而易举地处理紧急和意料之外的需求。即使出现新的需求已形成了惯性，83　但保持弹性始终是公共管理者的优势所在。当然，这种人事管理方式早已屡见不鲜，但如能对传统体制再作更大的松绑，其所产生的效果将会更好。

这种方法的潜在意义是，公务员对政府的承诺会有下降的现象，而且威胁到公共服务的价值和特质。虽然探讨公务员对政府的承诺以及公共服务的价值似乎带有一点理想主义的色彩，但确实有证据显示公务员会被这些价值观念所激励而不会唯金钱至上（Zussman and Jabes，1989）。对很多公务员来讲，到公共部门任职并不像市场方法所指的那样是基于经济上的决定，而是希望通过其在政府中的职位来实现其对某些政策价值所承担的责任（B. Peters，1994，89-94）。

公共部门的临时性和兼职性工作越多，越会削弱员工的工作责任感和追求卓越的动机。因此，弹性方法和参与方法刚好是对立的。临时性的员工对参与组织不会有太大的兴趣，或者根本就无法参与（Daleey，1988）。因此，在某些有关管理的

文献大力赞扬团体和员工投入是解决组织问题的灵丹妙药之际（Korsgaard,
Schweiger and Sapienza, 1995；Berman, 1995），工作人员却被告知他们的组织几
乎或完全没有给予他们任何承诺，他们所接收到的信息可说是极端的混淆不清。

更有甚者，临时性任用制度也使公务员制度的廉洁、忠诚、责任等价值观念难
以实现。尽管也曾有过使临时性或兼职人员集体参加组织活动的尝试，但是这些人
对任何一个组织可能都没有持续的兴趣，而且也不愿在遵守公务员制度传统的价值
观念上投入精力。他们的价值观更像是市场上所流行的自我利益的价值观。[13]简言
之，很多的传统价值可能会因节省支出而丧失。

4.6　政策制定

临时性治理方法似乎很少涉及公共部门在制定公共政策时所起的作用。但我们
仍然可以探讨所谓的公务员的积极政策作用的逻辑内涵。不过，这一内涵似乎相互
矛盾，因为有些人认为应加强公务员的政策作用，而另一些人则重申当选阶级对政
策拥有政治上的支配力，公务员只是处于从属地位。

强调政府组织的脆弱性会减弱政府权力的传统来源并降低对现行政策的承诺。　84
古老的官僚结构在稳定的人事和政策方面可以说有利也有弊。有利的方面是，永久
性的人事制度能够指引政策方向，同时给新的政策制定提供经验和知识的基础。不
利的方面是，稳定是创新的障碍（Majone, 1989, 69-94）。如果没有这股力量，
政治家们在改变政策时能起到更大的作用。撒切尔政府以及里根时代的阁员等所谓
的激进改革者，就很希望组织的这种稳定特性能够少一点，以免妨碍他们的作为。

尽管如此，来源于这种实验性方法的压力并不会使政治家们的日子更好过。如
果去掉了大型稳定组织的支撑，公务员中的精英们就会更主动地提出他们自己的政
策理念。就某种程度而言，美国高级行政官员服务处的概念就是一种自由流动的资
源，这种资源可以用于不同的管理和政策建议情境之中。假如没有那些大型的、永
久性的组织妨碍这些高级行政官员实施他们所认为的好政策，那么这些高级行政官
员们就会成为政策制定中的创新力量，但却可能遭到当代大多数的政治家们的
反对。

临时性治理方法除了思考公务员在治理过程中所起的作用外，在政策制定方面
也有着重要的意义。如果永久性确实是个问题，那么非永久性就可能成为一种优
势，而且在政策方面可能渐趋可行。政府通常基于政治上的理由，不愿意在政策上
碰运气；在对其计划执行的效果没有十足的把握之前，政府不愿意轻易地执行其计
划，因为政府不想被指责为浪费公款。[14]此外，为了让计划获得通过，政府也必须
吹嘘计划的优点；如果政府自己承认其计划充满不确定性，那么将遭到批评，进而
会导致失败。因此，政治动力使得政府的计划趋向于永久性，哪怕实际上未必
如此。

为了反对永久性的观念和支持现行政策的旧势力，一些学者提倡更富实验性的

政策概念。例如，坎贝尔（Donald T. Campbell，1984）一直在提倡所谓的"实验社会"。在这个社会当中，政府必须勇于尝试创新的政策，而不只是知道应否去做。同时，也不能断言某一项计划就是解决问题的方法。因此，实验方法主张政府应该谦虚且诚实地说："我们真的不知道到底该不该做，但是我们认为应该试试看！"坎贝尔（1982）认为，所有的政策（包括既有的政策）本质上都是一种关于"政府是否有能力改变行为和结果"的理论，因此值得以实验的态度来处理。

85   同样，德诺尔（Yehezkel Dror，1986；1992）也提出了"政策博弈"的观点。他主张政策制定者必须明确知道，当他们投入新的计划时，即需担负风险。[15]德诺尔的看法原先主要是就外交事务而言的，但这个逻辑对内政政策也一样适用。他指出，政策制定者如能接受以下令人不快的事实，就能够做出比较令人满意的决策。这些事实是：他们并不完全了解制定政策所必需的全部情况和政策工具的特性。因此，只要他们将政策当作是一场赌赛，则不论他们的对手是活生生的人还是某些事物，其所做的决定将优于投入丰富的知识和结果控制的做法。将政策当作赌赛后所做的选择，虽然可能较为保守或者具有"把握最大胜算"的性质，但政府却可能因此避免太多无可挽回的错误。[16]

现实世界中的政治家也喜欢采用实验的方式来进行治理。例如，罗斯福总统在经济大萧条期间就曾要求官员们提出各种解决经济问题的方法，希望至少能从中找出一些会获得成功的方法。而且，基于他有关弹性化政府的主张，使得他在任职期间既设置也裁撤了几十个联邦组织。[17]最近，克林顿总统也主张，经济发达国家的政府应该就解决失业和就业不足等问题进行各种实验。他直截了当地表示，没有一个政府对这些问题已经知道答案，因此进行实验也许是唯一能找到解决途径的方法。克林顿政府的劳工部长罗伯特·赖克（Robert Reich）在理论联系实际的基础上，对就业政策提出了一些进步的和实验性的做法。

美国和其他国家所进行的政策权力下放就可以被看成是某种政策实验。在某些情况下，对政策进行社会实验的要求甚至相当明确。例如，在福利改革方面，政策制定者并不知道如何改变服务对象的行为，但有些州已经就促使计划受惠者发生行为改变这一问题进行多次实验（Lampe，1995；J. Katz and Nixon，1994）。这种被称为"民主实验室"的做法在过去已经产生了显著的政策变化，包括对最终会成为联邦社会安全计划的有关方案进行测试。[18]目前，有些州还在进行全民医疗保健的实验，这种努力是联邦政府目前还无法做到的。

将弹性化政府制度化会使实验方法的采用更受政治家们的欢迎。如果政治家或
86 行政官员能肯定，他们所拟定的计划不需要设置一个永久性的机构去执行，而这个机构又可轻而易举地被裁撤，那么在这种情况下采用实验的方法就更为可取。不过，以往公共组织设置和裁撤（裁撤的情况不常发生）的经验可能使政治家怀疑是否真正能够较快地设置或裁撤一个组织。这是因为，最初被设计为临时组织的机构通常也会持续存在一段时间。[19]至今，将裁撤条件立法、限制预算权限及使用落日条款（Opheim，Curry and Shields，1994），已成为在政府中设置弹性组织的手段。

即使弹性化政府模式所揭示的实验方法未被采用，但强调弹性任用机制也可能

导致进行事实上的实验。如果员工所接受的决策培训不多，且又缺乏对组织的集体记忆，那么他们的决定显然会出现相当多的矛盾。就某些情况而言，如果决策结果的差异能受到监测，所出现的错误也是组织所偏好的方向，那么这种不一致性也可能会产生正面的结果。换言之，组织成员在身处不确定的状况时，可能就会得到以下的指示：尽量给受益人更多的福利，要不然就为政府省钱。不过，这种过于随机的决策，往往伴随着更多的层级监督。于是，工作人员会感到失去了自主权，而参与管理也更加困难。

预算过程是政策制定的重要部分之一，弹性化政府的观念对政府经费的分配也有着重要的意义。弹性的概念有助于克服预算分析人士所说的公共经费理性分配的障碍，这个概念就是渐进主义（Hayes，1992）。很多预算改革的企图，如美国的计划预算（PPBS）、零基预算（ZBB）（Draoer and Pitsvada，1981），英国的公共支出调查、方案分析和检查（Thain and Wright，1992a；1992b），加拿大的信封预算（Savoie，1990，63－67）和法国的 Rationalizationdes Choixs Budgetaires（RCB）都证明它们有能力减少或消除既存组织对支出顺序进行综合评估的偏好。

其他分析人士则认为，渐进主义事实上也是做出支出决策的理性方法（Lindblom，1965；参见 Rubin，1990）。他们指出，当代公共预算的规模几乎使决策者无法综合考虑其优先顺序。因此，渐进主义所提供的边际分析捷径即有助于政府经费的合理分配。每年应付新的预算谈判人员、为方案是否应终止或重组绞尽脑汁，都会降低预算过程的效率。中央财政组织所面对的是在永久性和弹性化、在渐进主义和简约主义之间找到可行的平衡，使政府能够更有效率地分配经费，却又不至于过多地中断公共服务或加重分析的负担。怀尔达夫斯基（Wildavsky，1978）指出，传统的预算制度只是一种妥协，它并不特别好，但也不会很差。

在当代公共预算方面所进行的其他改革虽然增加了政府的弹性，但在某种程度上也丧失了中央财政控制权。在下一章中，本书将以较大的篇幅讨论预算改革，不过，这种使政府预算扩大以及允许组织将收益保留下来以供将来使用的变革很值得注意。作为公共部门新管理主义的一个要素，政府组织可以将预算年度内未用完的经费保留到下一个年度使用。这种预算弹性使管理者的时间视野和私人部门的管理者无分轩轾，而且也减少了中央机构和公众对组织活动的控制。

4.7 公共利益

四个模式中，弹性方法对公共利益的论述最不清楚。一个明显的因素是政府的花费越少，对社会越有利。因为雇用较多的临时员工可以降低政府的成本，而组织因为永久性程度的降低，也可以避免大型计划浪费经费。即使政府服务的特定受惠对象因公共部门员工知识有限、责任心不强而处于不利地位，但较低的赋税可使公民受益。有关公共利益的这种基本前提和市场模式有点类似，虽然彼此在对巨额经费的成因以及解决问题的逻辑认识上存在着一些差异。

　　第二个有关公共利益的观点是，公众会因政府的创新和较少的僵化而受惠。对政府的典型抱怨是，政府内部的组织代表的是公共部门以外的某些特殊的利益。这些组织代表它们的服务对象争取计划的领域范围，而不管它们是否仍有存在的价值。[20]虽然世俗的看法对政府组织的永久性作了夸大的解释（B. Peters and Hogwood，1988），但事实上还是有几分道理的。如果公共部门的变革可以和永久性一样成为必然存在的部分，那么创新的机会就会增加，甚至还可以节省公款。

88　　当然，也有为永久性结构进行辩护的观点。这种观点认为，组织很难顾及社会中弱势群体的利益。如果定期对组织的存在进行评鉴，那么代表弱势群体的组织往往最可能被裁撤。[21]例如，在美国联邦政府中，面临被裁撤威胁的组织，多数是照顾穷人的机构。共和党的"与美国人民有约"就企图取消很多类似的方案，而民主党的克林顿政府也有同样的做法。

　　即使这些服务于弱势群体的组织不会被裁撤，但促使这些组织更为弹性化的任何尝试都会在其受益者中间产生不确定性。虽然有些政治家坚称这种不确定性对雇员和受惠对象都有好处，但事实上却导致了很多有负面影响的行为。作为与政治家相对立的官僚成员的优点之一，是他们对政策有较长远的考虑，且不必去考虑下一次的选举。如果行政官员必须花很多时间去考虑下年度的预算和其可能出现的后果，那么他们将会满足于短期的行为。而这正是政治家们的特点，因而他们所制定的政策从长远观点来看是不太令人满意的。

　　另一个有关永久性优点或者说有关非永久性弱点的观点是，对方案的评估，尤其是短期的评估，往往不尽恰当。因此，任何判断方案并终止不成功的方案的尝试，都可能会因为理由谬误而失之偏颇。方案评估中"睡眠效应"的例子比比皆是（Salamon，1979；Rossi and Freeman，1989，350-371）。所谓睡眠效应，是指方案的优点常常是在被终止之后才显现出来。[22]由于终止方案所蒙受的损失不仅仅是金钱和时间的投资，而且还包括一些潜在的利益。因此，提供充裕的时间以证明方案的价值应该是合理的做法，虽然有关充裕时间的界限还难以确定。

　　弹性化政府有关公共利益的另一个方面的意义是，政策的连贯性虽是一件好事，但是要确定协调和连贯性的优先顺序却很困难。例如，在一段时间内经济部门可能必须与政府的社会服务组织——如失业或教育机构——进行协调，但在另一段时间内却又需要针对外贸事务和外交部门进行磋商。在其他时间段内，协调的对象又换成了农林部门。因此，所有设计来进行协调的正式结构虽然解决了当时的问题，但在下一个问题产生时，却误导了决策者的注意力，以至于妨碍了问题的解决。解决这一问题的明显答案是弹性化，但政府因为已经习惯于永久性组织，所以实行起来却是困难重重。

89　　由于对政策的外在影响充满了变动性，所以公共利益不仅要由更具弹性化的单个的提供服务的组织来保障，而且需要有超级结构来监督这些组织。所谓的超级结构通常就是指中央机构，这些中央机构本身也承受着敏锐地适应外界需求和压力的压力。问题是，这些中央机构往往是公共部门中改革最少的部分，甚至还最排斥所有的变革（Seldon，1990；Savoie，1995b）。尽管公共部门内部已发生了巨大的变化，但这些中央机构可能仍坚持执行过去供它们使用的协调结构和理念。

最后，弹性化的概念也对这样一个基本的观点提出了疑问，即治理通常和绝对权力有关，而与弹性化计划和政策无关。虽然效率非常重要，但保护公民的基本权利却是民主政治责无旁贷的义务。弹性化和权利保护可能互不相容，例如社会福利的提供。所以，政策制定者和行政机构必须谨慎地让政策与受惠者相互配合。

将政府组织视为"不朽且缺乏弹性"的刻板印象并不正确，但也不完全错误。没有来自市场方面的压力迫使政府组织停止做原来的工作，或协助这些组织中途修正其错误之处，从而使其计划更有效率。因此，对现有政府机制提出批评的人士主张，应该将永久性的设想转变为非永久性的设想。正如许多改革都存在着某种危险一样，这个主张可能会导致设立过多的"非永久性"组织并将之作为治疗过多的永久性组织的良方。正确的做法，在"迫使组织停止做原来工作的力量"与"维持组织的能力"之间取得适当的平衡。不过，要在两者之间做出最佳取舍确实不易。不仅公共部门如此，即使一般组织也是这样。

组织的非永久性对员工的危险可能远大于对组织本身。我认为，在任何组织结构中，只要员工对公共服务及实现政策目标有高度的责任感，那么他们的工作效率都会是比较高的。反之，即使有最好的结构安排，但员工对公共服务缺乏或少有责任感，那么要求他们高效率地执行公务和维护公共利益，就如缘木求鱼。因此，期望对公共服务价值仅有极少责任感的员工为维护公共利益而努力工作，显然是值得怀疑的——即使雇用临时人员的确能省钱。改革人士在开始处理公共部门组织及其工作人员之前，必须考虑这些超越单纯经济效率的重要价值。

90

虽然每一套理念所引发的改革方案可能同时有效，但弹性化模式和参与模式却彼此之间存在着根本上的差异，尤其在人事管理方面差异更大。参与模式强调公务人员、甚至服务对象要有高度的责任感，但弹性化模式对员工的要求相当苛刻。因为弹性化政府假定，在庞大的政府机器中，员工都是可以更换的零件，所以可以随意取代。此外，弹性化方法也假定组织价值和公务员制度的精神都不重要，甚至对良好的政府来说可能还是一种障碍。

不过，就如同参与方法与解制方法能够相互兼容一样（参见本书第 64～66 页），弹性化模式与市场模式也能相互兼容。因此，就如同行政改革中所出现的其他许多议题一样，这里所讨论的问题也隐含着基本的价值交换关系。换言之，弹性的代价是组织记忆的消退和员工责任感的降低。选择某一种价值而放弃另一种价值，已经成为一个权宜的问题。具体来说，在哪一种情况之下，聪明的管理者或政治家应该选择哪一种方法（或同时选择两种方法）进行改革呢？不管是在学术界还是在政府中，大多数有关改革的讨论都倾向于选择一个简单但普遍适用的方法进行改革。不过，这种做法显然把公共部门复杂的动态关系过分简单化了，并且忽视了使公共部门的工作做得更好的努力。

注　释

[1] 阿伯贝克、帕特南和罗克曼（Aberbch，Putnam and Rockman，1981，67-71）发现，发达民主国家的公务员几乎没有将他们的工作生涯用在中央政府之外。不过这个发现在各国也有差别。英国的公务员几乎未曾在其他地方任过职，而德国则只有半数的公务员有这样的经验。在其他国家，如法国和日本，公务员转到私人部门从事赚钱的工作是司空见惯的事，但从私人部门转到公共部门工作则甚为少见。

[2] 这一趋势有一个很有趣的现象，那就是要求美国的公务员有任期的限制。而政治家在当选前往往比当选后更热衷于这个话题。不过，创始提案在 1995 年时被众议院封杀。

[3] 有趣的是，有关公共选择的文献企图去寻求保守的组织设计方法，以保持相同的政策（McCubbins，Weingast，1989）。

[4] 这种自欺的活动并不限于公共部门组织。有些私人部门公司即使面对有如排山倒海而来的证据，也坚持己见。这种情形通常见于组织表现良好的时候，但它们却没有能力对环境的变迁做出反应。

[5] 就尼斯卡宁及其同事而言，永久性只是部分的论证而已，而最主要的动态力量则是垄断和对经费提供者隐瞒真实生产成本的能力。

[6] 有论证指出，公共支出的增长速度通常都比私人部门支出的增长速度快，这是由于资本投资的回收较少所致（Baumol，1967）。但信息技术革命淘汰了这种论调。

[7] "某项政策之所以能苟延残喘，是因为它做得不错"的假定，可能犯了极大的错误。尽管有一些相反的例子，但就一般情况而言，政府的评估机制并非完全不恰当。

[8] 私人部门的员工及其组织对政府会比较了解的可能性似乎不是讨论的一部分，尽管它确实有相当的可能性。

[9] 临时任用在管理层级虽然比较常见（Mackenzie，1987），但也存在于政府所有层级的其他职位中也是事实。

[10] "有限理性"模式可能不适用，原因是我们要求决策者思考从现状作根本的转变，而不仅是作边际调整而已。

[11] 美国的州政府和地方政府已经朝着日落立法以及重新思考组织存在的方向发展。其假定是，除非组织重新获得授权，否则就要自动撤销。这种假定正好与传统的"除非组织主动终止，否则就继续存在"的观点相反。

[12] 有种说法认为预算改革（如计划预算）之所以功败垂成，原因是它对组织构成威胁（Wildavsky，1978）。或许过分强调组织降低了预算改革的重要性。

[13] 越来越多的公共部门职责问题已经和不当使用公款的私人部门或个人有所关联。

[14] 政府的绩效成果一向难以确定，但某些计划的结果确实较其他计划更容易让人接受。

[15] 德诺尔（Dror）曾说决策是一种"模糊赌赛"，因为决策者无法清楚地了解他在做决策时所冒的风险范围。就缺乏这种概率知识的某些重要决策领域而言，如核能管制，这种说法有其正确性。

[16] "把握最大胜算"这个词来自于博弈理论，意思是玩家以最佳的策略"降低最大的损失"。

[17] 美国联邦工务署的防御工务局在并入某一大型组织前，只存在了 16 天（参见 B. Peterd and Hogwood，1988）。

[18] 这一说法通常被认为是由布兰代斯法官（Louis Brandeis）提出来的，其完整的引文是："一个勇敢卓绝的州如经其公民选择成为实验室，并且尝试其他地区都不敢冒险的全新实验，那么这将是联邦制度的一个令人欣喜的意外。"（New State Ice Co. v. Liebmann，285 U. S. 262，311，1932）

[19] 重议委员会就是其中一例。该委员会设置的目的在于监控韩战期间的国防契约，以防止有人从

中获取暴利，该机构在 1979 年被撤销（参见 Kaufman，1976；1991）。

［20］一般来说，组织在存续一段时间后，会降低对顾客的动机，转而重视自身的生存，这样，顾客的需求和期望就变成次要的了。

［21］当然，此论据与罗尔斯（Rawls）的"正义原则"正好相反。正义原则认为，弱势群体的利益应该被政策优先考虑。

［22］相反的问题是，短期计划或许会产生正面的利益，但此利益会随着时间的推移而逐渐减少，使受惠者与非受惠者之间不再有差异存在。

第 5 章

解制型政府

91　　　改革者的第四个选择是凭借"解制型政府"的方式发挥公共部门潜在的能力与创造力（J. Wilson，1989；Barzelay，1992；DiIulio，1994）。解制一词（如同其他我们讨论过的词汇一样）在不同的地方有着不同的意义。在我们所讨论的内容里，解制与经济政策无关，而是指政府本身的内部管理。解制型政府与 20 世纪 80 年代寻求减少并严格限制政府活动的政治主张是完全相反的。20 世纪 80 年代的政治家们对于官僚组织非常厌恶和不信任，并试图限制公共官僚组织制定政策的权力。有关解制模式的基本设想认为，如果取消一些限制和制约，政府机构就可以将目前的工作处理得更有效率，而且还可能从事新的创造性工作，以促进社会的整体利益。这就是耐克（Nike）公司的管理理念："就这么办。"

　　霍纳（Constance Horner）清楚地阐明了通过解除对公共部门的管制而进行改革的观点。他说："公共部门的解制与私人部门的解制一样重要，而且也是基于同样的理由，即为了释放员工的创新活力，我们需要坚决果断的公务员，有能力做出决定与开展行动，而不是一味等待观望"（1994，87）。

　　霍纳是里根政府的高级官员。我们很难想象一位高级官员会向政府提出如此积极的看法。解制方法的含义是，释放公共部门92　蕴藏的能量，以提高政府行动的水平。也就是指解除内部繁文缛节的限制，使政府的活动更具有创造力、效率及效能。另外，保守派人士有时认为，任何通过解制所创造的活动，都将会集中在他们所愿同意的方案上，而不是帮助穷人而限制企业的社会性或管制性方案。

第二种观点认为，解制型政府是市场模式与管理主义的另一种说法。市场化观点的解制，主要目的在于解除内部控制，以提高公共管理者的管理能力。因为公共管理者长期受到人事、预算等法规的限制，想要通过管理主义以提高效率几乎是不可能的。所以，解制与市场模式被视为是改造政府的互补方法。尤其是解除人事管理、采购等相关的内部限制，将使公共管理者的行为如同私人经理一样，从而促使公共部门更有效率。

有关解制的第三个方面的含义包含有参与模式的部分内涵。参与模式倾向于使员工在组织决策上更具有影响力，因此解制模式的倡导者相信运用裁量权将比运用规则、管制更能产生有效的公共行为（J. Stein，1995；Howard，1994）。威尔逊（James Q. Wilson）——解制方法的知识之父——指出：多数人不喜欢在每个行动都被预期、每个方案都受到监督、每个相反的决定都被指摘为不当的情境下工作（1989，369）。解制模式与参与模式的差异在于：解制几乎只强调提高效率，而参与模式注重的则是自我实现、参与等价值。

有关解制的三个含义及理由，所反对的对象本质上是相同的，即公共部门逐渐官僚化的结果，从贬义的观点来讲，将陷于内部规则及繁文缛节的泥沼中。倡导解制方法的人士认为，政府内部的管制措施阻碍了政府实现效率和效能的目标。由于政治家通常不信任公共组织，他们的选民甚至更不信任公共组织，因此加在公共管理者身上的控制越来越多。其结果自然是，公共管理者认为他们缺乏足够的自由空间以有效地开展工作。

在大多数情况下，过多的内部控制并不是官僚体制本身所造成的，而是公众及民选代表对官僚体制及其功能失调的看法所造成的。官僚机构的员工与他们的服务对象一样，经常对强加在他们身上的内部管制措施感到灰心丧气，这些行政官员很难说服其政治领导相信，加在他们身上的控制措施，事实上是反生产力的。的确，我们必须承认，强加于官僚体制的规则与限制是非常糟糕的选举政治，任何过分谨慎地对待公务员制度的政治家，在当前反政府的政治气氛下，也会受到怀疑。

公共行政规则约束的本质，使得它在许多领域行动缓慢、缺乏弹性。公务员制度本身变成了规则的迷宫，它被设计成"防止公务员滥用权力、确保更公平的雇佣政策、避免政府职位私相授受及政治剥削"的体系。但是，其他规则，如美国有关退伍军人的优惠措施，可能使政府为了达到其他目的及为其他选区的选民服务而不能雇用最优秀的候选人（U. S. GAO，1995b）。除了能实现上述值得赞扬的目标外，有关公务员制度的规则还被想为有助于管理者雇用、奖励、提升与解雇员工。但现在许多公共管理者却发现，这些规则实际上是一种障碍，其他的管理方法似乎能产生更好的结果（Feller et al.，1995）。

战后所制定的采购法规甚至比人事法规的限制还多。即使是小额的采购，也要求制定出详细的投标程序，最终反而阻碍了政府以省钱的方式进行采购。[1]由于存在着贿赂及选择性签约等弊端，最初可能使这些采购法规的制定具有了正当性，但是这些法规本身存在的时间可能比其有效期还要长。用以节省经费的预算法规，同样也对行政机关有着诸多限制，例如，这些法规要求行政机关在预算年度终结时，将没有花完的钱缴回国库。这种法规长期运作的结果，势必助长了不正当的支出，并限制了公共管理者的主动权，反而不可思议地增加了公共经费的支出。[2]

受规则约束的政府官僚体制，对于人民所造成的影响，各国明显地有不同程度的差异。在英美语系国家，人民的抱怨最为普遍，或许其中有一些是好的评价（参见 Reichad，1994；Gibert and Thoenig，1992）。部分原因是这些国家的公民不太关心公共服务部门（Goodsell，1995；49-75；B. Peters 1995b, chapter 2），以至于立法机关和中央行政机关在行政规章之外还制定了大量的规则，用以控制公共部门。对于美国的公共行政来说，立法机关一直是一个特殊的问题。国会对单个的方案（Gilmour and Halley，1994；J. Wilson，1994b）以及对整个公共部门采取"微观管理"的方法，限制了联邦政府方案的弹性与适应性。

另一方面，德语国家和受拿破仑传统影响的国家，较少以复杂的法规来控制公共组织的行动（B. Peters and Loughlin，1995）。在这些尊重法律的国家中，一般法律就已经足够了。此外，这些大陆国家的公众比英美国家的公众，更关心公共服务部门。其结果是，对这些国家来讲，法令规章不会形成太大的负担，效率低下的情形也较英美国家少。[3]因此，解除管制的行动主要是在美国和其他英美语系的国家中进行的，尽管有关解制的一些理念已经散播到包括北欧国家在内的其他国家，这些国家通常对政府介入社会没有多少敌意（Olsen，1991）。

解制方法正在持续推动，而且已经取得相当的进展。例如，加拿大的格拉斯科委员会（Glassco Commission），在数十年前就已开始提倡解除管制（Canada，1962）。最近，美国联邦人事管理局（OPM）也大肆夸耀其所取得的成就，即将数十年来累积的人事法规裁减了1万页以上。目前该局正尝试着以高度分权、弹性的人事制度，取代依靠规则进行管理的制度（参见 Perry，1993），并尝试将大量的人事政策转交给各个机关去执行（Feller et al.，1995）。其他许多国家也在推行改革以解除对人事制度的管制（OECD，1990）。

尽管许多国家的政府部门仍受到审计规范及其他事后监督，但这些国家已经放弃了部分采购法规，转而允许各部门自行购置大部分的用品与服务（Kelman，1994；Haves，1993）。预算制度方面也有越来越多的解制情形，澳大利亚、新西兰与瑞典的中央财政机关，允许各部门采用"宽额预算"或"总体预算"的方式，对于如何使用预算给予了相当大的自由空间，并由各部门自行承担行动的责任（Schick，1988）。这种灵活性措施给予了管理者较大的行动自由，但同时也引发了许多责任问题。

可能并不令人惊讶的是，许多政府组织发现解制后的新世界，也存在着一些问题。以前，内部法规与程序给予员工及顾客以确定感和可预测性，单个的公务员无须承担太多的责任，只要依赖层级节制、法规与管制的指导即可，于是逃避责任成了公务人员的典型行为，而且容易发展成为一种病态和自我保护的情形（Crozier，1964）。因此，许多组织寻求重新建立陈旧而安逸的体制，并不令人感到意外。在联邦人事管理局废止许多过时的人事法规后不久，许多联邦政府机关却在自己的部门中批准施行同样的法规。可以预见的是，每当有新的需求与问题出现时，这些政府机关就会以不同的方式增加各自的人事法规，其结果是联邦政府在解除管制之后反而更多地受到了法规所带来的负面影响。这是因为缺乏足以指导各部门行为的共同规则，同时也不能让有关人员了解已有的规则。

在英国，以市场为基础而进行的改革与公共部门的解制做法产生了一些明显的 *95* 冲突。尽管财政部宣称它在持续不断地进行分权与解制，但在财务管理与政府采购上，许多情况显示，现在比过去受到更多的法规限制（HMSO，1995）。这种管制随着节省公共支出的良善意图而扩展。而解制的目的也在于节省公款，并使政府在采购及提供服务方面更有效率和创意。英国的经验是一个自相矛盾的案例，因为该国解制的意图是通过更多的管制机制来实现。

5.1 政府层级

中央政府在解制改革上已经取得一些成功，但其他各级政府在摆脱过多法规束缚的成效上更给人留下深刻印象（Light，1994）。著名的奥斯本（Osborne）与盖布勒（Gaebler）1992 年所著的讨论"再造"问题的《新政府运动》一书，描述了美国州政府及地方政府的解制改革。虽然改革已经在州政府及地方政府展开，但目前主要还处于大力倡导阶段。举例来讲，温特委员会（Ehrenhalt，1993）大力提倡州政府采取解制措施，包括改革人事、采购及预算等方面的法规。

除了解除州政府及地方政府的内部管制外，美国各级政府之间也已越来越多地进行解制改革。1995 年共和党提出的"与美国人民有约"的内容之一，即是保证结束联邦政府对一些不提供资金的项目下达命令。许多联邦法律对州政府及地方政府提出了一些要求，如符合联邦政府规定的洁净饮用水标准，但联邦政府却没有同时提供资金给州政府及地方政府以实现这些标准。这些增加州政府及地方政府实际支出的联邦命令正在逐步废止之中。此外，联邦政府也允许各州进行更多的福利改革（Pear，1995）。

其他国家的地方政府如加拿大地方政府也在进行变革、再造、解除管制等运动（Borins，1995a）。即使是实行单一政府体制的北欧各国，虽然向来就允许地方政府拥有许多自治权，但在 20 世纪 80 年代和 90 年代所进行的"自治地方政府"的改革尝试，允许地方政府在制定地方政策和执行国家政策方面，享有更大的自由空间 *96* （Baldersheim，1993；Stromberg，1990）。在法国，现在也允许地方政府拥有较大的裁量空间（Loughlin and Mazey，1995）。

有趣的是，英国的地方政府并没有进行更多的解制运动。即使多数政府部门已进行了大幅度的改革，但地方政府目前仍受到中央政府的严密控制（Elcock，1994）。的确，在过去 15 年保守党执政期间，中央政府一直在加强对地方的控制，特别是在财政方面的控制（R. Rhodes，1992）。尽管地方政府也已进行了一些管理改革（Public Money and Management，1994），但尚不足以与英国其他公共部门的改革相提并论。而且，地方政府的变革是通过中央政府加强控制的方式来实现的，并非是自我主动地进行的变革，因此，从某种意义上说，英国地方政府的解除管制是通过管制来实现的。

不同层级政府间的明显差异是可以预期的。在大多数情况下，地方政府解除对自己的管制，要比中央政府革除安排其活动的程序容易得多。因为，一般说来，地方政府的规模比中央政府小且较易管理，因此，并不需要制定客观的法令规章就可以实施管理控制。况且，地方政府的工作（如街道清洁、卫生等），其成效要比中央政府的工作更容易测量，实施管理控制也相对容易一些。但事实上，如果认为中央政府可以吸收下一级政府的经验，那么就有可能出现危险（Savoie，1995a）。因为，即使是在同一国家内，各级政府间因任务性质的不同与管理方式的差异，会使观念的转换发生困难。因此，如果美国的中央政府吸收受推崇的灿烂谷经验，取得成功的可能性也不会大。

5.2　解制与错误

有关公共部门解制的观点普遍认为，如果解制模式是由政府自己选择的，那么就必须接受可能出现的一些错误。任何人，即使是具有高度积极性、职业道德与娴熟技能的人，都会犯错误，其中有些错误会令政府觉得困窘难堪。这些错误现在比过去更容易被曝光，因为媒体的报道与有心人士的幸灾乐祸，都会引起公众对公共部门所犯错误的关注。任何行政体系都无法避免错误，特别是庞大的、复杂的当代政府更是如此。然而，当错误发生时，行政领导人与政治领导人应该如何做出反应呢？

97　　政治家们在面对所属部门明显、公开的错误时所做出的自然反应是：停止所进行的解制改革运动，并试图重申事前控制的原则。这种反应在传统的实行部长负责制的威斯敏斯特式国家中特别普遍，即使这个看似荣耀的传统，违反的情形比遵守的情形还多（Sutherland，1991；Marshall，1989）。这种面对错误的政治反应，在某种程度上，反映了在进行解制改革之前存在着大量的内部管制的情况。因此，我们很容易看到解制之后又出现管制的循环过程（参见 W. Muller and Wright，1994）。对政治领导者来说，尽管他们很难拒绝选民关于加强对官僚体制进行事前控制的要求，但他们仍会行使一些实际的领导权，以维持他们已经取得的成就（假如领导者有关解制的概念是这样的话）。

第二个观点是，有些政策制定的目的在于减少某些错误，但却允许其他错误的出现（Linder and Peters，1995；Ingram and Schneider，1991）。例如，根据许多国家目前的政治气氛，制定一个拒绝社会福利申请的方案，比制定一个提供社会福利的方案可能更受欢迎。这种策略可能会引起许多人心理上的反感，但其所造成的政治影响可能不如使许多不合格的申请者获得福利的方案所产生的政治影响大。其他类型的方案，如退伍军人福利计划，尽管在某些方面存在着相似之处，但这些方案是基于以下相反的设想的基础上制定的，即如果这些方案的潜在服务对象享有较高的社会地位，那么其所带来的错误也许是有利的。在设计方案之初如此谨慎小心，可能会使得解除内部管制的改革得以进行下去，尽管公共官僚体制在判断个人是否具有资格时，会出现较高的错误率。

5.3　结构

解制模式中有关结构方面的意义并不多。虽然该模式的倡导者并没有直接论述结构问题，但在倡导解制模式人士的想法中，结构显然远不如用来控制公共组织及其成员的法规和程序那么重要。其原因可能是，他们在探讨政府是否具备有效运转的能力时，发现传统的层级结构并不像其他的、更现代的组织模式所描述的那么糟糕。有关官僚结构几乎与生俱来地存在着不足之处这一假设在公共组织中已是老生常谈，但解制模式的倡导者却认为，官僚结构是可以接受的，在某些情况下甚至是可取的。

基于以下几方面的原因，层级节制在解制模式中比在其他改革模式中更重要、更具有积极的意义。首先，解制将有助于废除内部人事控制的许多其他机制。其次，解制的部分原因（就如市场模式的某些方面一样），是为了发挥管理者的创造能力。管理者在其组织内部必须能够做到行动一致，而层级节制或许是做到行动一致的最切实可行的办法。解制模式与参与模式不同的是，参与模式主张通过组织中低层人员的参与增强组织的作为，而解制模式则更重视领导者的角色。 *98*

解制模式有关结构问题的另一个含义是，政治领导者在政府内部设置的控制机关，并不如他们想象中的那样能起作用。许多国家尤其是英美语系民主国家的行政历史实际上就是在其中央机关与其所属部门的关系等方面进行变革的历史（Helco and Wildavsky，1974；C. Campbell and Szablowski，1979；Savoie，1995b）。各国政府在试图控制中央机关开支、人事和采购等方面已进行过许多努力和尝试。因为这些政府设想，如果能够将开支、人事和采购等方面的决定权集于一体，那么会使政府更为有效地运转，同时也可消除冗员、避免浪费。然而，解制模式的倡导者认为，控制会造成浪费，而不会减少浪费，其原因主要是，控制本身需要大量的员工来进行管理。

解制模式并不强调集中化的控制结构，相反，它允许单个的组织制定并执行自己的目标（C. Campbell and Szablowski，1979）。尽管经常有反对的呼声，但中央机关确实能够执行实质性的政策控制和管理监督；甚至在解除了中央机关与其所属部门的关系的情况下，这些中央机关仍提议执行政策控制和管理监督。例如，强调要求各部门测量工作成效的机制，就使得那些指标清楚、明确的方案比那些仅有"软性"结果的方案更具优势。[4]

由中央机关实施高度管制的系统，通过允许政治领导者加强对政策的控制，应该说还是可以实现管理主义的某些目标。但中央机关占据支配地位这一事实，显然会降低管理者的管理能力，也因此而减弱了其他管理主义者的目标。中央机关所施行的内部管制可用作许多不同的目的，但是它们的实际作用是由超级官僚的意向所决定的，而它们下达的指示则是由政治领导者做出的。

英国财政部所提出的改革，代表了要求解除对中央机关的管制以及改变高压控制的意图。财政部出版的白皮书《持续与变革》（HMSO，1994a），提出了开创一个解制后政府管理的新纪元。虽然最初的一些变革主要是结构方面的（如组织高层人员的耽搁），但我们仍然可以清楚地感觉到改革财政部内部控制文化的需要（Norman，1994）。有人认为，白皮书中所谈到的变革，仅代表了财政部力图使自己成为一个更为用户着想的组织这样一个过程的开端。由于数十年来财政部对人事、支出巨细无遗的控制，使得许多公务员难以接受财政部这个新的形象。

尽管在解制后一些未被彻底解体的中央机关会变成非主流的机构，但却有其他一些组织会成为实施治理的中心机构。如果人们期望维持责任民主体制，那么采取一些手段促使组织承担起责任来就成为必要。就某种程度来讲，中央机关可以通过在政策执行前或在政策制定阶段把自己的观点（也许是政治领导者的观点）置于政策之上，从而操纵着对政策的评估。但这种情况在解制式政府中是不允许的，因此，在政策生效后进行评估和控制就成为加强责任的关键手段。这样，如果政府能够裁减中央控制机关，那么它们必须增加中央评估机关。

这一转变也意味着，评估机关将不得不继续从事它们已经开始进行的某些工作，如越来越多的政策分析工作等，而不应该只成为一个单纯的会计组织（Rist，1990；A. Gray，Jenkins and Segsworth，1993）。毫无疑问，这种趋势会扩大解制模式与市场模式之间的差异。过去数十年来所进行的许多行政改革中，一个颇具讽刺性的特征是，尽管总是谈论着效率和效能，但却存在着削弱政府分析能力的趋势（Aberbach and Rockman，1989）。例如，美国1992年通过的《政府工作表现与工作成果法案》（GPRA），虽然强调结果的重要性，但却缺乏适当的资源和方法来测量结果（Kimm，1995）。因此，直到今天，仍缺乏制度化的方法来了解现在的政府是否比过去更具效率。

许多市场模式的改革者，设想他们对政府存在的问题及其解决方法的看法是正确的，但他们所推行的改革却缺乏甚至没有正式的方法来评估其改革成果。此外，从某种程度来讲，政府的评估单位应保持对外的开放性，而非对机关内部（Aberbach and Rockman，1989；but see Mayne，1994），其部分原因是市场模式的改革者并不相信机关的评估者所做的评估结果，因为这些人显然是结果的既得利益者。[5]因此，如果解制方法要想获得成功，政府将不得不重新培养已经失去了的分析能力。会计总局、国家审计局等中央机关以及一些权力分散的评估活动在某种程度上都有运用这种分析能力的需求。

解制模式有关结构问题的其他方面的含义与市场模式的观点并没有太大的不同。如果解制模式中的官僚组织并非如此不受欢迎，那么根据市场模式的方案如英国的"下一步"计划所设置的主动积极的、具有企业创新精神的机关，可能会运作

得更好。因为，不仅对"正确管理"的内部控制会减少或被根除，而且更真实的或 *100*
潜在的竞争可以创造出更有效的解制组织。不过，根本性的问题在于，要鼓励政府
组织及其管理者利用一切可以利用的方法和能力实现自己的目标。

与参与模式不同的是，解制模式比较能接受层级节制以及来自组织核心强而有
力的领导。在这种情况下，通过层级组织进行控制将意味着解制模式并未特别要求
裁撤组织中的中间管理阶层。组织可在一个更具弹性的环境中运作，但组织中的单
个员工可能仍须接受上级的控制。此外，解制模式的逻辑似乎是，在追求预定目标
的过程中，应解除对管理活动的管制，而不是允许员工参与目标的制定。这样，尽
管单个的公务员在执行任务时可能拥有较大的自由空间，但与传统行政模式相比，
他们对自己所执行的政策可能没有任何实质性的控制权。

5.4 管理

解制模式的管理含义包括两个截然不同的方面，主要原因在于管理显然并不是
该模式最关注的问题。一方面，解制模式的倡导者认为，传统的政府结构和管理形
式并不像当代的一些评论家所批评的那样糟糕。层级节制式的管理不仅是可以接受
的，而且是可取的。这种管理模式允许那些位于最高层的决策者通过组织来开展工
作。这一过程反过来又在某种程度上取决于组织内部是否有着共同的文化价值，是
否支持由上而下的决策过程。

解制后的政府要求公共组织内部的管理者承担起更多的实现目标的责任，但这
并不是市场模式所倡议的"管理主义"（Behn，1991）。根据解制型政府的概念，公
共管理者不仅应具备市场模式所要求的企业家的创新精神，而且也应具备参与模式
所要求的民主领导人的某些品质。他们也必须是有道德的领导者。如果能够成功地
取消许多事前的控制，那么这些公共管理者也应该能够在组织内部创造出诚信、致
力于公共服务、有责任感的组织文化（见本书第 105～107 页）。这些都是在强调解
制的社会中管理者通常要面对的重要职责，尤其是缺乏公众甚至政治人物的尊
重时。

另一方面，也即解制模式的另一个管理含义，与参与模式非常相似。如果政府 *101*
的创造力要想真正得以发挥，那么组织中各个层级都应该参与，而不仅仅是高级管
理者的参与而已。事实上，政府内部的规章制度更多地约束了低层员工，而非高层
员工。如果能够取消这些规章，员工能够在约束不多的环境中工作，那么员工能够
爆发出更大的能量并能承担起更多的责任。

因此，如果政府期望提高效率并富有创造力，那么它就应该利用一切可以利用
的资源，其中主要是人力资源。这一逻辑与参与模式的逻辑相同，但与弹性模式的
逻辑完全相反，因为弹性模式并不真正重视公共部门的员工是否投入到其所在机关
的工作之中。和参与模式一样，解制模式设想，公共部门的各个员工确实想要尽可
能地做好他们的工作。此外，这一模式也设想，如果给予员工更多的自由，他们将

会利用这些自由为组织及顾客谋求更多的利益。

解制模式总的来看与市场模式有着许多相容之处，但在一些重要的管理问题上，这两个模式又相互冲突。管理主义被许多政府付诸实践的结果，导致了程序和内部管理的增多而不是减少，而所有这些程序和内部管理的增加都是以"优质管理"的名义进行的。例如，在英国，改进国家卫生局的内部管理活动的尝试引起了很多抱怨，即认为服务提供者已被会计人员所取代，至少在工党的竞选材料中是这样提到的。同样，要求对公共部门进行资源核算（HMSO，1994b），等于是在改善管理与提高绩效的名义下要求增加大量的会计审核工作并加强内部控制（Kemp，1994）。这些新增的程序与控制，是建立在产出（即结果）而非投入（即预算）的基础上的。但实际上，假如各种职业变得更依赖于新的指标中"适当绩效"的标准而确定的话，那么这些新增的程序与控制就可能比旧有的事前控制措施能更直接地影响公共部门的行为。

对改革者来讲，政府的管理和管理工具已经变成了一种"流行时尚"（Hood，1991；Pollitt，1990）。他们普遍假设，只要将私人部门所采用的方法移植到公共部门，就可以保证公共部门更为有效地运转。然而，主张解制的人士可能发现，许多在公共部门中出现的障碍在私人部门也同样存在。此外，诸如资源核算等控制机制对私人部门可能比对公共部门更有意义，因为私人部门能更清楚地计算出其成本和收入。因此，主张解制的人士认为，增加不同的新的规则，特别是在不适当的地方增加规则，还不如保持旧有的规则。[6]

102   此外，解制式改革只有在公务员制度的精神占优势地位的情况下才有可能获得成功。公务员制度的价值观，包括为任何政治领导忠诚服务、操守清廉、正直公平等等，可以使减少对公务员事前控制的做法成为可行的改变现状的方法。相反，新公共管理倾向于贬低上述公务员的价值观，并隐讳地、有时是公开地赞扬那些拒绝这些价值观而奉行个人价值观、企业价值观的人。因此，要同时进行这些改革，不仅其目标难以实现，甚至可能是危险的。

5.5 政策制定

解制模式有关政策制定的含义比其他方面的含义更为清晰。事实上，这个模式主要关心的便是做出决策与执行法律的程序。尽管新管理主义在某种程度上对传统观点有所补充，但根据传统观点，政策制定是政治领导者们的特权（Wright and Peters，1996）。解制模式则认为，应该赋予官僚组织更强的决策角色。其逻辑思路是，既然这些组织是思想和专业知识的总汇之处，那么就应该允许它们有更多的决策权。就某种程度来讲，这一逻辑也暗示了组织中的低层员工由于具有专业知识并与周围环境直接发生关系，因此应该拥有更大的影响力。从这一点来看，解制模式在决策问题上与参与模式非常相似。

解制模式主张赋予官僚机构更多的决策权，并不意味其倡导者认为应该取消政治集团的政策制定权，并将这种权力转交给官僚机构。相反，这一主张认为，如果允许官僚机构在决策过程中发挥更积极的作用，那么决策将会建立在更为坚实的基础之上，尽管从民主理论的角度来讲并非如此。公务员制度的积极作用在发展中国家尤其明显，因为在这些国家，大部分的专业知识都掌握在公共官僚机构的手中（B. Peters，1995a）。官僚体制用以指导决策的政策标准，必须能为实现政治领导者的目标服务；但是，如果缺乏职业公务员的积极参与，则难以制定出成功的政策。

5.5.1 预算

解制型政府的一个重要方面是预算和公共资金的分配。西方民主国家在预算改革方面所进行的大多数尝试，都集中在平衡"理性"与"政治控制"这两个相互对立的价值观对支出的影响上（Savoie，1990）。预算改革方案，如美国的计划方案预算制度（PPBS）、法国的 RCB、英国的公共支出调查、荷兰的"重新考虑"方案等（Van Nispen，1994），都趋向于通过加强分析来引导政府制定支出决策，并减少纯粹的政治权力的干预。尽管这些改革尝试本身就是一种分析，但是这些改革却是在自上而下的管制环境中进行的。在这种环境中，中央财政机关，如财政部、财政委员会、管理与预算局等等，仍对支出的多寡以及怎样充分地利用可供使用的资金等拥有最后的决定权。

事实上，20 世纪 70 年代到 80 年代所进行的预算改革，大多倾向于减弱机关官员们在决定本机关预算方面的裁量权。尽管机关可以通过利用更多的分析图表，并在政策分析结果的基础上就决策问题进行讨价还价，但决策权仍是由高层掌握。其他机制，如英国的现金限制（Thain and Wright，1992a；1992b）、美国的《格拉姆-拉德曼-霍林斯法案》与《预算执行法》（Kettl，1992）、瑞典的《主要替代方案》（Ericksson，1982）以及加拿大的"信封预算制度"等等，都趋向于减弱管理者自己做出财务决定的能力。这些机制所采取的共同策略是，利用作为协商和行动基础的准则来代替管理者主观的判断（Hanuschek，1987），并利用这些准则来压低公共支出。

以市场为导向而进行的相当不成熟的预算改革，如今正被解制式的财政管理方式所取代。有关这个更现代的财政管理模式的基本观点认为，应该允许管理者自己做决定，尽管这种自己做决定的权力还只限于有关方案的相对确定的范围之内。此外，通过采取多年预算和资本预算等方式，这一新的财政管理制度比传统预算制度，更有助于管理者做出更长期的决策。然而，当一年中支出的经费限制了以后数年的支出时，这些长期的预算决策本身就可能成为一种内部控制的手段。

5.5.2 协调

对工业化民主国家来说，协调日益成为政策制定中的重要因素。外部社会经济环境影响的增加以及对与国内决策压力无关的国际政治经济做出更协调的反应的需要（Savoie，1995c），都要求政府做出更一致的反应。此外，政治上对成本控制与效率的要求，意味着冗员和组织职能重复的现象比在传统公共行政模式下更难以令人接受。

104 与市场模式一样，解制模式使协调和政策的连贯一致更加困难。假如赋予政策倡导者和管理者更多的制定和执行全组织的政策的权力，那么解制模式或许可以使每一个组织内部的政策更加协调一致。但是，问题在于，这种对内部的协调一致的追求，可能会使各个组织各自为政的情形更加严重，并且会使得它们更加为了实现自己的目标和组织的自我利益而损害集体的利益。因此，在解除管制后，如果管理者投入金钱和努力以追求不能使其组织直接受益的目标，显然是不会得到什么成果的。

从协调的角度来看，最坏的情况莫过于同时接受市场模式的结构理念和解制模式的决策理念。倡导市场模式的改革者趋向于将政府分解为若干小组织，每一个小组织各有一个单一的目标或一个有限的目标范围，英国的"下一步"方案就是其中的一个例子。市场模式设想，这些组织享有一定的企业式的自由，尽管它们是根据来自于市场的信息来制定政策。而解制模式尽管提倡对过去的工作绩效进行评估，但其评估的标准并不明确。如果权力分散的各个组织的领导者享有较大的决策自由，但缺乏事前控制的措施以及功能健全的评估机制，那么要让政府像一个若干组织的集合体那样运转，可能会面临许多严重的问题。

5.6　公共利益

解制模式就其本质来讲，是用其他的控制形式来代替法令规章式的控制，而后者通常是公共部门用来建立责任制的方法。其间的差别与类似于戈姆利（William Gormley，1989）所谓的"强制与祈求"的区分。他指出，大多数用来加强责任的机制仰赖的是"强制"或直接的控制，他主张应该用刺激性的控制来鼓励公共部门的员工——不论是选举产生还是非选举产生的员工——加强其责任感。尽管在对解制模式进行广泛探讨之前已有人提出了这样的看法，但戈姆利的观点明确地提出了促使公共部门负责 而又无须进行太多的事前控制的方法。这种方法虽有一定的吸引力，但对政府来讲，在面对明显的渎职行为时，往往难以克制使用强制控制的方法。

解制模式设想，公共利益可以通过一个更积极的、束缚较少的政府来实现。就责任监督来讲，减少束缚也许是个不好的建议，因为任何民主国家都有责任监督的形式（Day and Klein，1987）。之所以利用结构和程序方法来限制政府，是因为如*105*　果没有这些制约措施，公共官僚机构不是滥用公共权力，就是一事无成。

参与模式强调公众的作用，并认为他们的参与是监督公共部门的最佳手段，而处理公众抱怨的程序对这一模式的成功与否至关重要。解制模式则认为公务员大都是由具有奉献精神和有才干的人所组成的，他们愿意为公众提供尽可能好的服务。这个观点认为，如果能够放弃一些假定存在的控制措施，那么在这种情况下，即使保留了许多事后控制措施，但系统仍可能运行良好。参与模式与解制模式之间的争论，在许多方面实际上是大家所熟知的弗里德里克和芬纳（Friedrich/Finer）关于职责的争论的翻版（Graber，1987）。他们争论的焦点在于，正式的法规是否真正能够防止不诚实的公务员腐化堕落，或能否阻止不称职的公务员犯错误。真正能够防止这些问题发生的办法难道不是有一批更具职业道德、更能干的公务人员吗？

在此，最重要的差别在于对公共部门的事前与事后控制。传统的管制型公共部门主要依赖事前的控制措施，尽管也有许多的事后控制方法，如审计等等。有关人事、采购以及其他方面的法规是用来防止公务人员不合法或有违职业道德的行为的，并被作为违反法规后惩罚的依据。但问题在于，遵守这些法规本身变成了目的，而不是实现其他目的的手段。[7]进一步来讲，公务人员会去钻这些法规的漏洞，于是就会制定出更多的法规来限制他们的行为，其结果必然是产生更严重的僵化。

就某种程度来讲，公共部门现在所进行的改革主要涉及对方案的执行情况进行评估与控制，而且所采用的几乎都是事后的控制机制。事实上，大多数工业化民主国家已经设立并发展了中央监督组织。这些组织，如英国的审计员与总审计长、加拿大的总审计员、瑞典的审计长以及其他国家类似的组织，都已扩大了其活动的范围，以进行更有效率、效能的审计工作（Power，1994）。在美国，总监察长负责监督内部行为并揭露任何行政上的不法行为（Light，1993），同时他也会通过另一种渠道对员工和顾客的利益加以补偿。

这些审计与监督的组织可能被认为是与官僚体制相对立的（Gormley，1993）。因为设置它们的目的是为了控制其他的组织，包括那些负责监督公共财政与行政绩效的中央机构。每一种与官僚体制相对立的情况，其实代表了另一种控制官僚体制的形式，尽管这种控制大多数是事后的控制。然而，强调参与的民主压力却要求对诸如经济法规、公共支出等领域采取更多的事前控制措施。

我们可能又会发现这些改革模式之间存在着根本性的冲突。实行市场式改革模式就要求对计划、员工及其行为实施更多的监督，这一趋势在对公共组织发布的经济与社会法规进行监督的过程中体现得最为明显。市场模式要求这些法规符合市场的标准，也就是说，市场模式要求这些法规为社会创造的经济利益应超过所花费的成本。市场模式认为，对官僚机构的行为进行大量的事前控制是必要的。尽管市场模式和解制模式都强调效率，但在这里它们有关效率的概念是不同的。

解制的结果势必导致对公共部门采取更多的事后控制的措施，这可能会加重公务员的负担（Wehrle-Einhorn，1994）。尤其是，解除管制会迫使公务人员在没有任何"指示"的情况下做出决策，但在传统的体制下他们是根据某种指示来做决策的。虽然那些法令规则可能会扼杀员工的创造力，但某一个人的创新活动，对另一个人来说可能就是不法行为；同样，某一个人的繁文缛节，对另一个人来讲却可能是正当程序（Kaufman，1977）。目前尚不清楚的是，在民主负责制的体制下，公

106

众是否会要求公务员最大限度地发挥其创造力。在没有进行全面解制的情况下，对是否适当地限制公务员的行为及其裁量权并没有明确的规定。只有在将这些限制列入可操作性的条文之后，事前控制措施才是可取的。

在不采用事前控制的解制模式下，公务员将对所做的决策承担责任。对他们来讲，更多的自由意味着更多的个人责任。这一结果可能与改革者所期望的结果完全相反。虽然提倡改革的人士设想，公务员愿意承担责任并在一个解制的环境中工作，但这对许多公务员尤其是对职位较低的公务员来讲，可能事实并非如此。[8]通常的情况是，不管授权的程度如何，公务员更愿意在庞大的官僚结构的保护下默默无闻地行事，而不愿意公开露面，也不愿意承担责任。因此，解制的最终结果可能是，导致出现推卸责任和其他熟悉的官僚病症，而不是产生精干、高效的组织。

不管怎样，实行解制式治理模式将会与诸如行政责任制等传统理念发生冲突（Marshall，1989）。如果将决策权限下放给组织内部的低级员工，那么过去由部长承担组织所有责任的情况就将变成一种虚幻。在解制模式下（或者在市场模式下），缺乏高层官员直接参与政策事实上是利多于弊，但这种改变显然要求我们对职责问题进行重新思考。

5.6.1　政府与社会

107　　解制模式对政府在社会中扮演的角色与 20 世纪 80 年代大多数成功的政治家对政府的角色的看法有所不同。解制模式设想，一个更积极活跃且有干预性的公共部门，能使公共利益得到更好的体现。这一模式也认为，对现代社会来讲，集体行为应是解决问题的一种手段，而非问题本身的一部分。但这并不意味着解制模式赞成大政府的做法，相反，它代表了这样一种认识，即社会所面临的许多重大的问题只有通过集体的行为才能得以解决。更进一步讲，它承认这种解决问题的方式反过来要求公共官僚体制扮演更重要的角色，如果公共官僚体制能够做到行动迅速、有效，那么其参与才会产生实际的效果。

然而，解制模式的提倡者显然还不知道如何协调解制后的公务员与被授予了权力的顾客之间以及与期望按照自己的意志行事的政治领导者之间的关系。大多数用来管理行政活动的规则都是根据政治家们对官僚体制运转方式实施更多控制的要求而制定的。在这些规则中，有一部分是用来保护公众免受过多的裁量权的影响，另有一部分是为了防止诈骗、浪费和滥用公共资金，还有一部分是用来保证民选官员可以控制政策。这些目标虽值得称赞，但有一点是不明确的，即如果这些外在的控制机制被取消之后，一个解制后的政府怎样才能够保障公共利益。

5.6.2　效率之外的其他目标

解制型政府有关公共利益的其他方面的含义似乎更难以捉摸，但却是真实的。例如，在美国，人事管理局废止了 SF-171 表格，这种表格主要是在招聘新人员的过程中使用，且已沿用了数十年。这种招聘表格被看成是"过分官僚主义的东西"。而被废止的依据是，解除对招聘过程的管制应该使招聘本身更为那些不熟悉联邦政府活动的人们着想（参见 Agresta，1994）。然而，解除对人事选拔的管制后所带来的实际影响却截然不同，那些不熟悉政府如何运转的人，获得政府雇用的机会可能更少。

原有的官僚主义式的表格，尽管是内部管制的一种表现形式，但对寻求联邦政府工作机会的个人来讲，机会仍属均等。随着这种标准化表格的废止，联邦政府内部的、有经验的员工显然比外部的求职者占有更多的优势。外部的求职者可能没有意识到这样的事实，即机关人事管理者需要了解申请者的详细情况，这些详细情况可以帮助人事管理者了解申请者是否具备胜任工作的能力。这一情况对少数民族的申请者可能特别重要。这些有潜力的申请者常常无法利用特定的雇用机关的资源，也没有人告诉他们怎样写出最有效的简历。这样，这种解除对特定领域的管制所产生的最终结果，是使原来在华盛顿联邦政府工作的员工关系网制度化，而削弱这种关系网才是改革者的目的。我们不应该夸大内部管制上的这一变革的重要性，但是它暗示了许多解制式改革的潜在影响。

108

解制方法也可能给整个社会内部的某些团体带来好处，这些变革也可能会为社会带来负面的重新分配的后果，就如同它们对官僚体制本身的影响那样。[9] 例如，如果像公开竞标这样的常规性采购法规被改变了，或实际上被取消了，那么那些有利于少数族裔和妇女等团体的规定也可能会被取消。在美国，有关少数族裔优惠措施计划或类似规定的主张尽管各不相同（Mills，1994），但总的作用是鼓励少数族裔团体建立自己的企业并帮助这些团体开始从事企业活动。

此外，公共部门内部对效率的追求可能会阻碍政府利用其权力实现其他有价值的公共目标。例如，环境的改善就可以通过在公共计划中附加内部规定以及在与政府签订的合同中附加条款的方式来实现。因此，治理的真正问题可能不在于公共部门内部规则本身是好是坏，而在于这些规则是否允许对最适当的目标的追求。提高效率的规则，如竞争招标规则（参见本书第38～40页），现在都被看成是适合公共部门的规则；但实现其他目标的规则，如促进种族与两性平等的规则，目前并没有受到太多的重视。

政府在采购货物、雇用人员以及分配援助等方面的能力，实际上都是政府实现公共目标的重要工具。的确，要废止政府的这种能力可能是没有效果的，不管从严格的经济意义上讲还是从政治意义上讲都是如此。有关赞助性行动的议题已经引起了政治上的轰动（LaNoue，1993；Orlans and O'Neill，1992）。但是，即便如此，利用与采购、雇用等问题有关的规则作为实现一定政策目标的方法，可能比其他更直接的方法较少有强加于人之嫌。因此，任何对实现这些目标感兴趣的政治家，都将被建议通过公共部门的内部管制措施来实现这些目标，而不应靠一些更引人注目的、冒失的方法来实现目标。[10]

解制式改革模式包含了其他三种模式的部分要素，但它与其他三种模式之间又存在着一些重要的差别。尽管一些学术界人士把解制模式看成是一种相对不同的变革方法，但是公共部门的解制真的具有独特性吗？或者解制模式只是重述了其他模式的部分内容，但使用了不同的词汇来表述以吸引公务员的注意呢？如果它本身不具有什么独特性，那么把这种模式作为唯一的改革政府的方式会得到什么样的结果呢？

如果没有其他方面的理由，我们相信解制方法确有其独特性，因为它重视公共官僚体制内部存在的独特的问题。市场模式趋向于重视垄断所带来的负面结果，参与模式强调的是层级节制所产生的负面影响，弹性模式关注组织永久性所引起的负面后果，而解制方法则强调公共组织的内部管制是造成公共组织功能失调的主要原因。公共部门内部存在的许许多多（如果不是绝大多数）的"官僚病症"（Caiden，1990，127），都与内部管制有关。

过去的改革者趋向于在旧规则之外制定新规则，并将之作为改善公共部门运作的更可取的方法（March and Simon，1957）。在管理方案的过程中，不论何时出现了错误，最常见的反应是制定一套新的规则和程序，以防止同样的问题在将来再度发生。但新的问题不可避免地又会发生，因此又要求制定出更多的规则；每一套内部管制性的规则都会产生负面的、预料不到的后果，而这些后果需要由其他的规则来加以解决。因此，主张解制的人士认为，控制公共部门的内部规则不是解决治理问题的方法；它们本身就是需要解决的根本问题所在。

如果对这四种模式的分析判断不同，那么指导改革成功的方法也必须有所不同。尤其是解制方法，正如其名称所暗示的那样，趋向于把改革重点放在公共部门的程序上，而不是放在公共部门的结构上，也不是放在担任政府行政管理职位的人员的类型上。其基本假设是，如果限制官僚体制行为的内部管制措施能够得以废除，那么官僚体制将有能力也愿意促使政府更好地运转。解制模式的倡导者认为，这种假设对诸如公务员条例等影响到整个行政体系的法规来讲确实是事实；对公共组织所有的内部控制措施来讲在某种程度上也是事实。有关一个组织所制定的法规是该组织的特权的观点，是基于这样的设想：法规的制定是为了满足该组织特定的需要，而不是为了为某种核心目标服务。

不论改革者多么热衷于他们的目标，但他们都不应该期望政府会完全实行解制。考虑到公众对实行责任制的正当要求以及管理者对用来测量和评估所属员工工作成效的机制的实际需要，完全解制是不可能发生的。这样，真正的问题就在于，解制应进行到何种程度？采取解制式的变革模式会产生什么样的结果？关于解制应进行到什么程度这一问题，不同的国家可能有不同的答案。例如，在英美语系国家，由于长期以来对公共官僚体制的不信任和怀疑，可能使得对公共部门实行解制式的变革难以进行。然而，这些国家可能是最需要进行变革的国家。相反，日耳曼语系的国家可能会发现解制式变革相对容易一些，因为加在公共部门身上的特定的法规数量有限，并且普通的法规就能解决大多数的问题。然而，具有讽刺意味的是，这些国家是从这种变革中获益最少的国家。

在进行解制式改革时，必须考虑国内正在进行的其他的改革。虽然不同形式的改革有时是由相同的人所提议的，而且有时在表面上这些改革之间还存在着相似之处；但实际上这些改革是相互矛盾、相互对立的。因此，聪明的改革者必须知道怎样将他们所中意的改革与其他正在执行中的改革协调起来，怎样使某种改革更好地配合其他的改革。不仅如此，而且他们还必须利用政治手段，以使这些改革能够按照他们所希望的方式被接受。但这些都不是容易做到的事。

注　释

[1] 军事采购规则的滥用是最臭名昭著的，例如，价值 800 美元的马桶坐垫。但部分有相同限制（与明显的愚蠢行为）的规则，在国内事务的政策部门，也同样遭到滥用，例如烟灰缸的例子。副总统戈尔在《政府再造》中，也清楚地指出许多采购控制的副作用。

[2] 预算规则使管理者无须节省，以免在下一个预算年度上，让人觉得不需要那么多的额度（或更多）。因此，在预算年度终了前数周，通常可发现许多考虑欠周的支出，而这些花费只是为了将预算花完。

[3] 当然，任何国家的公民都会抱怨，但或许其强度不如近几年来英美语系国家所遭遇的状况。

[4] 我们可能会怀疑公共计划是否都有那些强而有力的指标。

[5] 当然，缩减评估人员的理由之一是财政因素，如果其目标是为了减少政府的雇用人数，那么，裁减评估人员可以达到这个目标，同时不会直接地影响到服务的提供。

[6] 一个可能的反证是，新规则的概念是作为管理决策的助力，而不是作为事前控制。

[7] 当然，公共组织中存在着"目标错位"的古老问题，事实上任何高度结构化的组织都有相同情形。

[8] 这个假设是重新检讨组织中有关人性本质 的 X 理论与 Y 理论的争辩，解制并不需要对人性本质抱有悲观的前提，但它也不是建立在公务员要求对其行动负更多责任的假定上。

[9] 我并不是说任何规范性的主张都是消极的再分配措施，但只有较富裕的生活才可以带来更多的富裕，贫乏带来的还是贫乏。

[10] 这个主张认为，这些目标相当不受欢迎。例如，那些特别想讨好少数族裔和妇女的政治家，他们的目标都极受欢迎。这些政治家希望在推动方案时，能有较高的"可见度"，并借此通过比较不冒失的手段，使方案有更多的实现机会。

第 6 章

结　论

111　　我们现在已经讨论完了将政府从传统行政模式中解脱出来的四种选择方案。这四种模式有的已经得到广泛实施，有的则尚处于发轫阶段。我们将每一种方法与传统行政模式进行比较后发现，行政与政治、层级管理形态与金字塔结构、永久性组织与职业公务员以及政治职责之间都有很清楚的角色划分。[1]每一种模式都部分或完整地揭示了旧体制所存在的缺陷，并倡导使治理体系有更佳表现的改革。不过，政治上难以处理的问题和分析的关键在于，对这里所说的"更佳"有着相当不同的界定。

　　有关政府疾病及其解决之道的论点，见表6—1的摘要。表内绝大多数的"依赖变项"对改革者来讲都是一样的。许多改革者都指出了政府某些相同的缺点，如指挥控制不够紧密、计划协调不佳等。但他们所采取的改革策略却完全不同，甚至互相矛盾。因此，选择其中一种方法就必然会排除其他方法。

　　无论采用哪种模式都会带来许多问题，这实在不足为奇。例如，协调几乎是所有模式所公认的主要问题。政府在将官僚结构分化之后，协调的问题接踵而至。尽管正在进行的改革（多数是设置执行某些计划的机构）可能会使协调问题更加恶化，但如果政府回到过去的韦伯式的行政官僚体制，那么这些问题将长期存在。

表 6—1　　　　　　　　　　　　　基本问题的答案

	市场	参与	弹性	解制
协调	看不见的手	由下而上	改变组织	管理者的自我利益
错误的发现和改正	市场信号	政治信号	错误无法制度化	接受更多的错误
公务员制度	以市场机制取而代之	减少层级节制	采用临时任用制度	解除管制
职责	通过市场	通过顾客的抱怨	没有明确的建议	通过前后控制

同样，这四个模式也提出了诸如职责和公共利益等新课题，而且这些概念从一开始就对民主政治体制的设计者具有支配性作用（Day and Klein，1987）。不过，这些改革迄今并未打算去解决评估公共计划和测评公务人员绩效等问题。事实上，许多改革都把重点放在评估制度上，希望通过评估反映出公共部门的表现（Cave，Kogan and Smith，1990）。简言之，即使解决问题的方法有时似乎很具创意，或者至少在政治上被认为是新颖的，但实际上这些问题都不是新的问题。

事实上，连改革本身也无新意。不少类似的改革理念在政府中早已潜藏了数十年，而今只是改头换面重现江湖。例如，强调员工参与公共组织的观点，乃是20世纪40年代组织与管理理论的热门概念。另外，像赋予服务对象更多的权力以参与决策的思想，也可追溯到提倡实施诸如"美国模范城市"等都市计划的时代以及要求实行最大限度的可行参与的时代（Langton，1978；另参见 Moynihan，1969）。最近出现的强化组织弹性的理念，在现代信息科技的配合之下似乎极为可行，但至少在新政时期就有使组织的设置和解散更加方便以及让员工更容易出入政府的构想。

指出这些改革思想并不新颖并没有批评的意思。实际上，可用于前瞻性分析的全新组织管理理念确实是凤毛麟角。正如同问题不会过时一样，解决的方法也是如此。就如西蒙（Simon，1947）曾经指出的那样，解决组织问题的方法恰似对立的两端；如果改革者认为组织已偏向另一端时，他们必然就会提议以对立的一端作为解决办法（另参见 B. Peters，1996）。例如，当组织过分集权时，解决问题的办法显然就是实施分权化；但在失去控制时，又会回到集权化的老路，如此周而复始地循环。

此外，判断改革成败的标准也一样缺乏新意。尽管改革计划的倡导者们贬低传统官僚政治的方法，但除少数例外外，公共部门管理者都希望政策的结果既有效率也有效益。而且，民主国家所进行的很多改革都非常重视政策制定的程序以及政策的实质内容。改革者（在加强程序保护的同时）也希望减少公共计划的繁文缛节和官僚化（Kaufman，1977；Crozier，1964）。但在行政革新的过程中，最令人惊异的是对已经进行的改革缺乏系统性的评估，尤其是对改进公共部门基层运作的方案更缺乏评估（FDA News，1995）。总之，尽管政府投入了大量的时间和精力以改变自己，但对分析人士来说，他们并不真正知道这些改革的成效如何（参见 Carter and Greer，1993）。

另一个尤其令人惊异的方面是，改革的倡导者们都相信可以巧妙地处理正式的结构和程序问题。这种（表面上单纯的）结构主义和程序主义与其他管理和组织文献强调改变组织文化以在功能上获得长期转变的看法，正好大相径庭（B. Peters and Waterman，1982；Brooks and Bate，1994）。当代的许多改革无疑是针对传统的公务员文化或特质的，也即过分谨慎、缺乏坦率和消极等，尽管这些看法不一定正确。然而，除了赞美企业式的理想之外，却很少有人尝试着以新的文化或特质取代旧的文化或特质（参见 Dunsire，1995，25–33）。公共服务缺乏可选择性这一特点，可能是政府的一大错误（Kernaghan，1994）。这种可选择性的特点很有其必要性，因为很多改革成功与否或是否受欢迎，都取决于是否有一套价值体系以支撑改革行动并保护公众免受政府管理主义的骚扰。

6.1 背景的重要性

114　　在更全面地探讨这四个模式的异同之前，必须先就行政和改革的重要方面加以比较（B. Peters，1988）。改革所处的环境对了解改革的理念非常重要，而且关系到改革的成败。因此必须探讨行政变革来龙去脉的两个重要方面：时间和国家设置。

6.1.1 时间

改革官僚体制的四种模式都是时代的产物。尽管这样说或许有点赘述之嫌，但值得注意的是，后现代主义者可能趋向于不考虑这些模式的时代背景。改革至少代表了当代两种关于政府和公共事务的重要的、相互矛盾的思考方式。一方面，市场已经成为所有企图改革政府的人士的口号。苏联阵营的解体，就被支持者们用来证明市场经济学以及开放竞争的优越性。[2] 而所谓市场模式的胜利，就意味着市场取向的解决方法已经取得了合法性，所有社会和经济问题都可以用这种方法去解决，而且几乎不存在应用上的问题。

另一方面，当代思潮也重视参与模式及其各种变化形式。就如同主张市场的分析者将市场视为灵丹妙药一样，其他的分析者则主张，如果大型机构（尤其是公共部门）的方向走岔了，人们也能够自行解决问题。此外，参与本身也具有价值，所以任何能鼓励参与（指组织内的参与或大众与政府间的相互作用）的机制，都被认为是有好处的。还有，如同提倡市场的人士过分炫耀他们关于只要通过竞争就能获得成功的观点一样（Self，1993），主张参与的人士对一般人理解和解决当代社会及政府所面对的复杂问题的能力也存在着过于不切实际的想法。

对这两种思潮来讲，稀缺是生活中普遍存在的事实，它制约了人们的行为。虽然在经济学的理论中稀缺一向是中心议题，但自 20 世纪 70 年代中期以来它逐渐成为了政治经济学所关注的重要问题（Rose and Peters，1978）。究其原因，部分是经济不稳定的情况越来越严重，部分是大众抗拒赋税的情况越来越多（Botella，1994）。因此。"稀缺"一词即意味着任何要使政府有效运转的构想，都必须遵守

"节省经费"和"缩小公共部门规模"的基本机制。对市场倡导者来讲，这是真理；而主张参与的人士则假定应该让人们能在税赋和公共支出之间做出选择。[3]

这两种方法所提倡的改革都不是基于理性和分析的基础上的（参见 Deleon，1994）。20 世纪 60 年代流行的计划预算和目标管理等方法都取决于公共部门是否应用了高度理性的成本效益分析模式，因为只有这样，才能做到把资源用在刀刃上。[4]当时的思潮就是理性以及这样的信念，即如果应用了正确的分析方法并把解决问题的方法写入法律条文之中，那么就能保证政府更有效地运转。然而，20 世纪 80 年代和 90 年代的治理风格更具有意识形态的特征。四种模式的拥护者——尤其是市场改革模式[5]和参与模式的拥护者——都没有用分析的方法证明其主张的可行性。他们认为，证据是用来证明自己的；改革之所以正确，仅仅是因为它们本身就是正确的。

6.1.2 国家设置

第二个有助于比较分析的重要背景因素是国家。比较政治学多以国家为分析单位，总的来看，这种以国家为分析单位的方法会产生有趣和有用的结果。本书分析的主要焦点是理念，其次才是国家。但由于国家之间存在着很显著的差异，所以值得加以探讨。有关改革的理念被看成是一种相当普遍的促进因素，对这种促进因素许多国家已做出了反应，而这种反应又促使这些国家对其行政与政治体制进行有价值的审视。虽然本书中所引用的多数改革案例来自英美语系国家，但其他发展中国家和欠发达国家也进行了类似的改革。对这些国家所进行的改革的观察带来了两个相互关联的问题：为什么英美语系国家会成为改革的中心？当这些改革被移植到不同的行政和政治环境中时其进展将会如何？

在这两个问题中，第一个问题是比较容易回答的。英美语系国家是提倡自由企业和市场制度的发源地；而欧洲大陆国家，即使是保守的政党当权，也以选择混合经济福利国家的形式居多。政府（至少在美国和加拿大）经常受到私人管理顾问以及其他改革倡导者的影响（A. Gray and Jenkins，1995，85；White and Wol，1995）。很多改革方法，如全面质量管理、策略规划等，都是从私人部门直接引进到政府中的（Walters，1992c）。即使是像英国这种政府与外界较为隔绝的国家，保守党政府也愿意重用私人部门中的精英人物，如重用马克斯和斯潘塞公司（Marks and Spencer）的雷纳爵士（Lord Rayner）就是其中一例。[6]

此外，英美语系民主国家的政府也比其他一些国家更需要不同类型的改革模式的相互配合。其中最需要的改革模式是解制式改革。由于公众普遍不信任政府以及无法将官僚体制与社会结合起来，因此各国都倾向于制定种种法规并将其作为对现行秩序实施控制的工具。虽然一些法治行政体制的国家，如德国，是靠严密的行政法典立国，但美国政府（或许是一个极端的例子）也制定了连篇累牍的人事、预算、会计和采购法规。如果要使政府更有效地运转，那么真正的需要可能是废除这些控制措施，并允许管理者善尽管理之责。

最后，由于宪法或政治理论并没有规定公务员制度的特殊作用（而在大多数欧洲大陆国家可能有此规定），因此在公务员制度中采用私人部门的管理方法就不那么急切。从某种程度上讲，在英美语系国家中，公务员都是社会精英人物，这是因为在这些国家的传统中，他们的职位是靠成就争取而来的，而非靠安置而来的。因此，像对待银行或鞋店员工的方式那样对待公务员，不算是侮辱。但在德国、法国或北欧国家却相反。

尽管如此，这些改革也扩展到了其他国家，尽管这些国家并没有打算这么快就接受改革。例如，建立在市场基础上的、根据工作成绩决定报酬的理念在挪威、瑞典就运作得非常成功（Sjölund，1994a；Laegreid，1994）。其他的改革如权力分散运动也未遭到太多的反对（Pierre，1995b）。另外，在荷兰这个长期实行集权的国家，也采用了设置自主机构和分散政府权力的改革做法（Kickert，1994）。就连有行政集权传统的法国，为了实现提高效率、参与和服务顾客的目标（Rouban，1991），也开始进行分权并分解政府的改革（de Montricher，1994）。

就许多方面来看，受日耳曼传统影响的国家一向对改革没有多大兴趣。如果改革只是意味着开始实施一项已经宣布的变革计划以及从行政上和政治上强调改变政府的运转方式，那么这种对改革没有多大兴趣的反应就不足为奇。德国的公共行政在过去数十年中的确有很大的转变。但与其他国家相比，德国的公共行政改革更少有追逐风尚和时髦的成分。部分原因是其行政体制能够良好运转，即使多了民主德国这一负担（Derlien，1993；Goetz，1993）。另外，德国行政协调的联邦性质，要求中央和地方政府经常进行协商，因此德国倾向于采用渐进式的解决方法，而不像其他国家那样期望找到一个无所不包的解决问题的方案。

6.2　普遍性的问题和不寻常的解决方案

117　　有几个问题与每一种改革模式都有关联。这些问题实际上就是永无休止地寻找一个具有完善协调功能和免错能力的政府；这些问题也困扰着其他大型的复杂组织。然而，这些问题的永无休止的特点不应该妨碍我们对它们进行严肃的思考，也不应该妨碍我们对每一种模式在解决这些问题上所能起的作用进行分析。以下所提到的三个一般性的问题与我们所讨论的每一个模式都有关联，这三个问题是：协调、发现错误与改正错误、公务员制度的命运。

6.2.1　协调

在公共部门如何追求协调一致这个问题上，各个模式的见解各不相同。这些模式认为，社会科学对协调的界定至少包含三个基本的因素：市场、层级节制和网络（Maidment and Thompson，1993）。对行政价值重要性的共同看法把这四种模式联结在一起，不过就某种程度来讲，要实现这些行政价值却相当困难。很多已经进行的改革虽然也设置了协调结构，但另一方面却又削弱了政府原有的协调能力。在这个越来越复杂、依赖性越来越高的世界里，政府为了协调与一致的政策，似乎浪费了很多有时是最需要的能量。

对市场模式来讲，协调问题不单是一个管理问题，至少不会被认为是对偏离分权模式和企业精神有重要作用的问题。市场之所以受到真正相信它的人的称赞，是因为它本身就是一种协调方法。自由市场的优点在于它有能力协调买卖双方各自的决定，进而提出一个市场能接受的价格。这样的逻辑也可以应用于公共部门，但条件是公共部门的行为必须充分地市场化。这样，设置自主机构和半政府性质的部门来执行公共职能，就会带来某些方面的优势（Modeen and Rosas，1988）。

市场式改革方法所固有的一种观点认为，应用市场原则来为因政策协调不够而导致的效率损失进行辩护时会提高效率。虽然，缺乏足够的证据证明这两种可能的结果的成本和效益究竟是多少，但市场方法在大力向这个方向推进。市场模式显然还将赋予中央机构一个明确的角色，也就是把中央机构看成是推行政府共同目标和方向的工具。例如，自由市场的基本模式就主张买卖双方均有共同的利益，即交易和赚取利润，但对有竞争目的的机构来讲，这种交易并不容易促成。因此，中央政府将继续扮演这样的角色，即决定怎样将政府分解成许多不同的机构，然后再将它们的政策紧密地结合起来。

参与模式认为协调是由下而上而非由上而下进行的。根据这种观点，理解协调的最好方法是将思考的重点放在计划的受惠者身上，而不是去关注提供服务的组织以及这些组织彼此间的官僚关系。这个观点要求必须有一群能清楚表达其需求的受惠者和一批关心如何为受惠者提供整体服务的组织。参与方法在协调问题上并不完全排除中央机构的作用。在某些情况下，中央机构如澳大利亚的内阁首相办公室，为了提高协调功能，就采取了将与受惠群体及传统职能政策领域有关的机构组织起来的做法。 *118*

弹性模式对协调问题也有自己的观点。这一治理模式的重点在于，提供某种手段，在短期的基础上将各种组织结合起来，以解决协调和一致的问题。设置虚拟组织和短期工作小组，都是协调计划并对政府和公民所面对的问题做出全面反应的重要手段。就某种程度来讲，弹性模式是网络协调的完美典型，尽管它缺乏某种长期的相互作用关系。

不过，这里仍存在着一些问题，即弹性治理方式是否适合解决公共部门不断出现的协调问题。协调问题通常不是一年半载就可以得到解决的，只要存在着需要协调的计划，就必须要有协调机制来运作。然而，由于协调问题随着待议事项中排在前列的政治议题的不同而经常发生变化，因此弹性的方法可能是必要的。今天需要组合在一起的组织，并不一定就是昨天不得不协调在一起的那些组织，所以设置一个永久性的协调机制可能是反生产力的，因为它束缚了其他组织解决政策问题的能力。

主张解制的人则认为，当法令规章需要协调时，就意味着这些法令规章已经失去了作用。问题在于，如何取代这些法令规章，解制方法并未提供多少指导。如果说解制模式的主要特征是鼓励每一个管理者追求各自的组织目标，那么期待他们与其他同样雄心勃勃的管理者协调一致，简直是缘木求鱼。因此，解制方法对协调的看法就如同市场模式一样，都认为必须依赖一只看不见的手。所以，管理者必须明白，如果想要有效且以花费较少的代价来实现他们的目标，那么他们就应该更多地投入到协调之中。

承认协调会给管理者带来集体利益就会提出怎样最佳地开展集体行动的问题。虽然所有的管理者都有可能获益，但每一个管理者或组织可能仍然没有动力去从事这项可以获得集体利益的投资（Olson，1965）。企业家只要能从集体努力中获得足够的利益，就会投入大量的时间和资源（Frohlich，Oppenheimer and Young，1971）。而只有那些其所在机构已深受协调问题之苦的管理者，以及那些认识到集体努力可使其事业获得进展的管理者，才可能去扮演协调者的角色。

对政府来讲，协调是一个基本的但日渐重要的问题。在某些情况下，结构方面的改革使协调问题变得更加突出，但到目前为止还没有一个明确的、解决这一不断出现的难题的方法。当代行政结构与管理的发展，似乎很少或未曾注意到将行政体制恢复到从前的形态。事实上，传统体制下的公务员制度精神以及由上而下的指挥，比我们想象的要协调得多。但这些概念在追求其他价值的今天，已然消失殆尽。

6.2.2　发现错误和改正错误

四个模式所拟处理的第二个一般性问题是"发现错误和改正错误"。不论是政府还是私人部门的组织，错误均在所难免，因此在任何时间都有很多的决策和很多的人试图矫正错误。此外，当代不少公共部门管理的理念也都强调在传统的极为保守和反对冒险的环境中冒险的重要性。如果新的企业创新风气吹进了公共部门，那么人们必须要勇于尝试和敢于面对失败。

政府冒险的理念与许多政治文化和官僚传统相冲突。公共部门通常被期望不能出错，至少公众是这么认为的（Savoie，1994b；1995a），部分原因是纳税人期望政府应对他们的钱负责。另外，公共部门也常被期望要关心公民的权利，而不应仅仅关心经济事务。基于以上以及其他方面的理由，公共部门的行政官员和民选代表都发现承认错误是不会受到欢迎的，因此他们都试图寻找将错误减少到最低限度或拒绝承认的方法。许多传统的、确认责任的方法有助于发现错误所在，但这些传统的方法却不能有效地防止将来继续出错。

有些错误发生在政策形成阶段，另一些错误发生在分配组织资源的时候，还有一些错误则发生在执行计划的过程中。公众和政治家往往认为问题是发生在执行阶段，并因此而谴责官僚体制存在的弊端，但实际上很多问题却是发生在整个过程中较早的阶段。由于错误在所难免，所以真正的问题应在于如何发现、减少和改正错误。为了避免老百姓对公共部门给予较低的评价，以及避免政治家就公开并惩罚对错误负有责任的人施加压力，因此处理好错误问题对公共部门来讲就显得格外重要。

　　对于如何发现公共部门的错误并加以改正，四种模式各有自己独特的看法（参见 Rose，1987a）。如同其他主题一样，市场模式所提供的答案最为清楚简易，但也许也最缺乏效果。市场模式认为，市场可以处理这些问题，这种说法或许有点夸大，但也不算过分。如果市场功能发挥良好，那么市场中所有组织的领导就能明了错误何时发生。有关的信息来自于利润降低、市场占有减少或消费者的抱怨。事实上，市场的优势之一就是它可以为参与者提供无数的信号。

　　市场架构下的公共部门组织，其信息的流动仍不如新古典主义经济学所设想的传统公司模式那样良好。第一，很多公共部门组织所提供的服务仍具有垄断性。如英国的护照管理局尽管是从内政部分离出来的机构，但英国公民除此而外无法从他处获得出国许可。[7]在这种情况下，代用性的指标如目标服务指数、基准尺度等就取代了常用的市场指标。这些代用性的指标不能为管理者提供有用的信息，部分原因是它们常常被某些管理者所操纵（Dopson，1993）。

　　第二，许多在公共部门组织内运作的所谓"市场机制"经常名不符实，以至于无法从复杂的供需关系的相互作用中获得有用的信息。例如，英国国家卫生局虽然已建立了准市场的机制，但这一机制仍无法为医生和医院提供足够的有关成本和质量的信息，以指导他们纠正错误（Birchall，Pollitt and Putnam，1995）。若不想让病人在英伦三岛上四处奔波，就应该为特定的供需双方提供切合实际的选择方案。

　　市场模式有关"消费主义"的概念确实提供了发现错误和改正错误的机会，但这一概念本身也有许多局限性。由于大多数的顾客标准是由政府制定的，因此政府组织可以轻易地绕过这些障碍。虽然由公民来制定绩效标准的情形越来越多，但目前机会仍然有限。此外，对于最易出错的服务，消费者往往是最无发言权的。最典型的例子是，社会服务机构的消费者往往是最没有权力的人，他们对不良服务或滥用现象经常噤若寒蝉，因为他们担心自己的利益会受到损失（Goodsell，1981b）。

　　参与模式则强调公民主动参与政治和行政过程的意愿。因此，参与模式和市场模式一样，也面临着如何确认消费者的问题。通常情况下，从参与中获利的人往往是那些很少参与政策过程的人。然而，从参与模式的民主特征来看，这一民主模式的实施者可能是更具前瞻性的人；他们会积极追求参与，而不会坐等理念的出现，也不会只知向公共组织抱怨。另外，政治家们对参与也会有很高的积极性，尤其是在他们执政期间，因为他们可以从促进公民的参与甚至从公民的抱怨中得到某些他们所需要的东西（Chubb，1992）。

　　然而，参与模式更主要的优点则在于，它强调让公众参与政策过程的所有阶段，而不仅仅是在政策执行后抱怨或提供有关政策执行方式的反馈信息。这种积极的态度能使错误在出现以前就可得以纠正，尽管决策者将不得不接受一些新颖的想法，当然事实常常并非如此。由于行政官员对政策的看法往往受到他们的专业以及对组织的忠诚的限制，因此他们所提出的建议只有少数才能得到认可。被认可的建议可能多于执行计划的工具，但即使是这样，组织也倾向于信奉这些工具和政策本身（Linder and Peters，1993）。

121

弹性模式是根据其弹性的特色而提出修正错误的方法的。弹性模式认为，错误在所难免，但错误一旦制度化，就会成为大患，而且也会变成政策问题中永远待解的一部分。如果非永久化概念能够在制度设计者的思想中占主导地位，那么就可以持续拥有改正错误并改善计划的机会。同样，让政府组织以外的人员进入政府工作也是改正错误的方法之一。如果政府员工已极端僵化，那么由外部人员来挑战僵化政府的设想，将能激发新的思维方式并改正已经过度制度化的错误。

解制模式对改正错误也有自己的看法。首先，摆脱公共部门中大量的不必要的和反生产力的管制，是矫正错误及提高公共部门能力的手段。但是，这种假设已经受到传统的行政官员们的反对，他们认为所谓解制就是删减法令规章，限制公务员*122*的自由裁量权，以此来避免错误的产生。尽管解制模式比其他三种治理模式更愿意接受存在着错误这样的事实，但这一模式似乎需要利用其他一些手段来鉴别和处理错误。在民主社会中，简单地以"接受更多的错误"来换取"更容易地开展工作"或者换取一个"对外界反应更快的政府"显然是不够的。

因此，解制虽有一些优点，但是这种方法仍要运用市场和参与模式的某些逻辑。不过，解制模式的支持者可能不愿意让政策以及对错误的界定主要由公民的反馈信息来决定。他们认为，如果能减少一些事前控制，那么决策者就有更多的自由空间。根据解制的观点，决策者应该有能力执行他们的决定，而不必过多地提防公众或政治家。政府所进行的许多管理改革的口号可以浓缩为"让管理者管理"，但是对限制管理者行动的标准却很少有明确的说明。

为避免有关改正错误的探讨过于消极，我打算提出另一个很少被讨论的管理任务，即卓越表现的发现。很多行政改革的目标都放在矫正政府的消极面上，并且花了相当多的时间去分析违反规定的行为（Pierre and Peters，1996）。如果改革值得花费无数心力和时间，那么应该有一些特别的结果拿出来作为记录或供效仿（T. Miller，1984）。政府的改革不应只局限于避免问题的出现，更应让经常被看作是实验的改革结出甜美的果实（D. Campbell，1988）。

在公共行政中运用绩效测量已经逐渐受到重视，而且它也是追求卓越表现的手段。虽然在公共管理中已经有很多受欢迎的转变，但仍存在着许多的问题。其中之一就是认为绩效测量常常走向了消极的一面，而且处罚多于奖励。这可能是一种全面的看法，但是测量绩效的措施常常是在公共部门大量裁减人员的时候使用，因此有些人感到受到了这些措施的威胁就不足为奇了。

6.2.3　公务员制度

这四种改革方法都必须妥善处理的第三个问题是公务员制度。在过去数十年中，公务员制度的发展已帮助解决了一些重要的政治和管理问题，如录用上的政治偏袒、专业人员训练不足、优秀人才缺乏规范的职业道路等等。公务员制度在解决这些问题时，无论从法律上还是从体制上都可以说是极为成功的。事实上，如果对*123*公务员制度还有批评的话，那就是公务员制度太过成功了，过度制度化的结果使公共管理者无须为人事问题操心。虽然这四种模式都认为公务员制度也需要改革，但从不同角度及其所出现的特殊问题来考察，又要求有不同的解决方法。

对市场模式的支持者来讲，公务员制度并不以服务为宗旨，公务员是一群假公济私、自私自利的人。从市场观点来看，官僚机构及其职业雇员已经在公共部门的特定领域获得了垄断大权。这种垄断大权使每一个机构都可以从预算中获得巨额的经费，但这些经费却不是用于公共服务，而是为了自己的目的。因此，按照市场的标准，公务员制度是政府发展的头号敌人。

根据市场模式的倡导者们的看法，为了解决以上问题，必须对公务员制度从根本上加以改变。他们认为，首要的是瓦解公务员制度，因为只有这样才能废除传统的职业模式和人事体制。公务员制度所实行的同级同酬的报酬制度也应该被废除，转而采取更针对个人的制度。其次，封闭的人事制度也必须开放，以鼓励甚至要求公共部门和私人部门之间更多的人才流动。这种门户开放的方法意味着公共部门的经验和价值将与私人部门不分轩轾。

参与模式不像市场模式。参与模式认为传统的公务员制度只是一个层级节制体系，因此这一模式企图在组织之内强调更多的平等。当然，公务员制度对外界的申请者一向敬而远之。但市场模式却较少将市场的价值观强加于公务员制度，相反，它倾向于将这些价值观灌输给社会中的非官方团体，尤其是公共计划的受惠者。而且，由于公务员制度赋予了公务员终身和永久的职位，因此，与那种根据政治领袖的冲动而委派人员的制度相比，公务员制度更能创造出允许更多参与和更坦诚交流的环境。

弹性方法认为公务员制度是良好治理的障碍。就其定义来讲，公务员制度几乎就是指员工的永久任用。这样，以公务员制度为中心而建立起来的人事制度就使弹性的人事管理制度的建立和更多的临时人员的任用变得难以实现。虽然这种人事管理形式不可能得以实现，但实际上许多公共人事制度已经越来越依赖于临时人员和兼职人员。而且，根据一些更极端的弹性化政府的理念来建构某种形式的弹性制度目前仍难以实现。尽管如此，公务员制度所提供的职业保障仍有助于公共组织实行更多的自身变革。因为在大多数情况下，职业公务员对其工作无后顾之忧，因而他们应该更愿意去考虑弹性化政府所提倡的迅速建立或撤销组织的观点。

解制式改革方法对公务员制度的看法与市场方法的观点相类似。不过，两者却源于完全不同的基本原则。这两种方法都主张废除公共部门人事管理中存在的许多法律结构和控制结构。市场方法的逻辑是，尽管废除了这些结构，但却增加了对公务人员的纪律训练，从而使他们的效率能得以提高，并使他们可以更好地遵循市场的原则行事。而解制方法则认为，解除人事管制的主要目的，在于使公务人员的创造力和精力获得解放，从而提高政府的效率。

不过，市场方法与解制方法的相似之处可能更多的是表面上的而非实际上的。市场模式的支持者千方百计地想瓦解公务员制度及其精神特质。因为他们认为公务员制度是使公务人员孤立于真实世界（即市场）的原因。但另一方面，对支持解制模式的人来说，在某些方面却需要专业的职业公务员来协助他们进行改革。为了能

124

废除对人事、采购和预算等方面的事前管制，就需要建立根深蒂固的公共服务价值观和个人品行观。在受市场原则支配的公共部门中是不可能看到这种类型的公务员制度的。

公务员制度的发展迄今已逾数十年，要想废除这一制度并不是轻易就能做到的。改革只能就现行的制度或多或少地加以修正，只有极端的市场方法才希望将它连根除掉。事实上，拥有丰富的制定和执行政策经验的公务人员是不可或缺的，因为他们是组织价值和组织记忆的宝库。如果有关弹性化政府的计划能够得以实施，越来越多的、来自公务员系统之外的管理者能够被聘用，那么留在政府机关的职业公务员的地位将会变得越来越重要。

6.3　问题与解答的匹配

125　　　改革的四种模式除了提出政府所存在的无数共同问题之外，也提出了有关政府和治理的意识形态概念。其中至少有两个模式（市场模式和参与模式）所提出的改革方法与更宽泛的理论和意识形态概念密切有关（Self，1993；Dryzek，1990；J. Wilson，1989）。另外两种改革方法在治理问题上则倾向于提出广泛性的解决之道，而不是针对特定问题提出特定的答案。虽然每一种模式的支持者都认为他们的独门功夫可以治疗公共部门所有的恶疾，但同时也认识到政府特有的缺点非常普遍。

对治理问题及其前景，我认为应该有更独特的和更权变的观点。包括作为改革背景的传统观念在内，公共部门所有思想的提出都有其正当性。问题是，每一种改革观点究竟在何时和何处才有其最大的效用？还有，我们如何预先进行选择？由于问题认定及提出解决之道的方法并不成功，所以公共部门的权变理论历史并不让人觉得欣慰（Greenwood，Hinings and Ranson，1975a；1975b；并参见 Dunsire and Hood，1989）。尽管如此，这些相互对立的改革方法也大声呼吁，改革方法必须与特定的问题及其环境密切联系起来（Potllitt，1995）。

举例来讲，将市场模式和特定的环境配合起来，可能最有助于问题的分析。公共部门所提供的许多服务基本上具有市场的特质（Rose et al.，1985）。的确，许多公共企业也制造产品，如钢铁、飞机、汽油等；有的则提供服务，如交通运输、金融等，这些生产和服务在许多国家已经被市场化了。其他一向被认为是比较适合由公共部门提供的服务，如教育、养老、卫生保健等，事实上也可以市场化，因为这些服务在有些国家已经部分或全部由私人部门负责。因此，在许多政策领域，市场模式可以为公共服务提供一个合理的结构形式。

不过，服务的市场化可能会受到服务权利概念的限制。例如，尽管养老保险基本上已具备了市场化的能力，但如果政府开始通过社会保险来发放养老金，那么养老保险就难以市场化。因为一旦公民认为他们已向保险公司缴纳了保险费（工资税）时，他们就会认为自己有权利根据已实施了数十年的条款领取养老金。其他的计划，如住宅计划，由于缺乏这种由员工和雇主分担保险费的特点以及不存在权利方面的限制，可能很容易就转变成市场计划。

在一些无法将效率列入优先考虑的政策领域，市场模式也会受到限制。对意外事件和自然灾害的防备就是如此。诸如美国的联邦紧急事件管理局（FEMA）等组织就必须为那些无法预测、数年都未曾发生过的紧急事件如地震、飓风预作准备。在对这些事件进行了部署的地方，可能这些事件从未曾造成大的灾难。市场式治理方法的支持者或许会认为，为这些事件准备和储备资源毫无效率可言。因为从长远来讲，如果对这些事件不用预作部署而只在事件发生时进行处理，那么从经济学的观点来看政府的日子可能会好过些。更何况一些组织如红十字会或其他私人部门也能够处理这些问题。尽管 FEMA 能够做到比某些时候更有效率，但事前不作准备的方法显然令人难以接受。

一些计划和政策因与提供服务有关，所以可能比其他计划和政策更需要参与模式。政策领域的方向常随时间而变化，所以当代社会也就变得更具参与性（Berman，1995）。尽管如此，所要求参与的程度也有差异。例如，教育政策是公民尤其是父母认为必须更开放的领域。近年来，有关土地使用规划和环境的议题，在"邻避情结"和"不得现象"的影响下，公众参与政策的程度也有所提高。不过，有些问题尽管已迫在眉睫，如核废料的处理，但社会上却存在着动员公民阻挠所提议的任何一种解决方案这样的趋势，这就使得鼓励参与也存在着一些潜在的困难。

弹性组织的解决方法和特定的政策之间的配合虽然较不明确，但仍有几个要点。虽然预先做决定不太容易，但一些问题与政策仍需要与其他政策更密切地结合起来。一般说来，尽管所有的政策领域对协调的需求都逐渐增多，但某些政策，如药品管制以及对特定人口如老人、青少年、女性、原住民、移民等的处理方案则更需要较多的协调和弹性。同样，确定需要季节性雇员的计划相对容易；至于哪些计划（休闲或道路养护）更需要雇用季节性人员，以及过多地雇用临时人员后是否会留下后遗症等问题，就不太容易确定。

解制模式几乎可以应用于所有公共部门的范围。它的主张可以归结为一句话：内部规则越少，政府表现就越好。[8]尽管如此，为了实现责任制和民主控制的目的，政府还是需要一些内部规则；否则也应有基本的管理要求。问题在于，某种规则是否适合某类组织？解制改革所针对的最明确的目标之一就是中央机构，以及中央机构对提供公共服务的业务部门进行事后批评的习惯。不过，中央机构通常扮演政府计划协调人的角色，同时也通过其在政策过程中的重要地位来实现其他目标（如成本降低、赞助性行动）。如果不采用内部管制的方法，那么如何来完成这些任务呢？

探讨解制模式的最好的方法，是将重点更多地放在规则本身之间的差异上，而不要太多地关注组织之间存在的不同。首先，政府的规则确实是多如牛毛。这些规则有时是针对外部的组织和个人的，但偶尔也会用来促进内部管理。显然，解制的策略应该是去减少这些多余的和矛盾的规则。其次，支持解制的人士是想要取消那些禁令式或限制性的规则，而保留那些为行为设定标准和目标的规则。他们似乎更关心事前的禁令甚于事后的评估和处罚。

最后，我们要问的是，是否解制模式比较适合某种政策领域。实际上，如换成以下的问题可能就比较容易回答，即哪种政策领域不太适合采用解制方法？我个人认为，凡与公民的基本权利有关的政策领域，如犯罪、司法、人权等，就不太适合采用解制方法；而与公民的经济利益（或成本）有关的政策领域，则比较适合。对经济和权利进行区分可能不太容易。在现在被界定为"权利"或"新资产"的许多社会与经济方案中，（C. Reich，1973；并参见 Epstein，1990），以及在许多对维持某些公民的生活起了重要作用的方案中，要区分经济和权利就更困难。尽管如此，在禁止自由地进入公园和面对死刑之间仍有明显的差异。

6.3.1　各种方法的缺点

　　除了确定各种改革模式的特定用途之外，我也要指出这些模式的有关缺点。改革模式的成功取决于解决的方法是否完全适合存在的问题。但要避免失败，也可以从以下这些方面着手，如：了解哪些因素会造成错误？哪些因素可能会出错？每一种模式之所以失败的原因何在？事实上，对于所有模式来讲，主要危险在于超越了自身的范围，并设想对某些政策和问题有效的机制对所有的政策和问题都有效。每一种模式除了存在以上一般性的问题外，也各有自己特定的不足之处。例如，市场模式最根本的弱点在于，它所设想的行为方式在现实世界中并不存在。

6.3.2　经验主义的意义

　　选择何种改革模式，应主要从这样一个规范的角度开始进行探讨，即政府应该*128*做什么？我们可以把这种探讨的角度和方式看成是一种对成功和失败的经验主义的预测，甚至是一种建立在经验基础上的、对采用何种行政变革模式的预测。政策领域受到了改革的不同影响，有些政策，如英国的医疗保健政策和加拿大的土地利用政策，虽然是不同类型的政策，但都有这种倾向。我们要问的是，当政策被置于对政府管理以及集体行动所追求的是什么样的目标等这些问题的争论的中心时，政策究竟具有什么样的特性？

6.4　探讨矛盾

　　新的治理模式所具有的特征之所以促使我撰写这本书，是因为不论学术界还是实际工作者都提出了一些改革理念，而且这些改革理念不管愿意不愿意都正在付诸实施。不过，遗憾的是，在采纳这些改革理念时，并没有对这些不同的改革方法的矛盾之处进行审慎的探讨。问题并不在于这些有关如何使政府运作得更好的理念本身存在着缺陷，而在于理念太多了；而且也没有对哪种理念比较适合哪种情境以及理念之间是否相互兼容等问题进行系统分析。打个比方来说，政府的改革者就像纽约市的候选人一样，一会儿到意大利区吃比萨饼，一会儿到波兰区吃馅饼，然后又到犹太区享用犹太薄饼，最后再到西班牙区吃辣酱玉米饼。虽然这些食物每种都是美味，但一天下来，该政治家却患了消化不良症。

我们在归纳这些矛盾后就会发现一些明显的问题：不同的改革者使用的是同样的术语，但说明的却是不同的事情。虽然每个人都有权选择使用自己的术语，但当同一术语被用来表示解决同一问题的不同方式时，就会产生混乱。例如，"消费主义"和"选择"是市场方法和参与方法的主要概念。它们都有强化公民在政策过程中的角色的意思，但是两种方法为实现目标所采取的手段却不一样（参见 Ranson and Stewart，1994，74-76）。以"选择"为例，它既可以是指在一个提供服务的准市场中个人选择的权力，也可以是指参与政治过程以进行集体选择的权力。

许多矛盾已超越了语义学的范畴，因为其所涉及的根本差异是在"政府错在何处"以及"应该如何处理"等方面。当讨论的方向是在问题的认定以及干预的范围时，不同概念之间的不一致就很明显。市场方法和参与方法的倡导者对世界以及这个世界存在的问题就有不同的认识，相互之间缺乏信任已越来越明显。在理念被转化成促使政策有效运作的计划和机制之前，由于理论探讨对政府没有太多实质性的影响，因此两者间的矛盾可能并不重要。

不过，当哲学性质的理念转变成具体的行动方案时，它们的根由常常会被遗忘，使得矛盾看起来不再那么明显。例如，改革者决定以授权给员工的方式作为解决问题的根本方案。就此案例来讲，鼓励员工积极投入工作和其所在的组织，会给员工及其组织双方都带来实际的利益。但是这种改革方法可能与强调弹性工作和设置虚拟组织与虚拟员工的理念不太一致。临时性人员通常不会投入太多的时间和精力去参与，因为他们不知道可以在组织中待多久。此外，将员工视为不可替代的机器零件，也与参与模式所强调的组织人本主义严重对立（Donkin，1995）。这个例子并不完全是一种假设；戈尔委员会的人力资源管理报告（国家绩效评估，1993b）似乎就包含了以上这些想法。

6.5　我们如何介入

这四种模式都对问题进行了诊断，并提出了解决方法。不过，每种模式似乎都缺乏明确的介入策略。要改变一个像公共官僚体制那么大的制度化结构是一件相当不容易的事情；即使所改变的只是公共部门内的一个组织，也足以使那些学有专长和经验老到的实际工作者伤透脑筋（Szanton，1981）。因此，任何一个模式要想获得成功，都必须谨慎地考虑所采用的策略和战术。

有趣的是，这些模式在某种程度上对如何介入都有自己的办法，它们倾向于赞同（或实际上是设想）利用政治的力量去迫使变革或鼓励变革。尽管市场模式期望采用这种策略，因为该模式与对利用政治权力没有太多负疚感的政治领导有某种密切联系，但对其他三种模式来讲，采用这种策略多少还是有些令人惊讶。事实上，这种做法与参与模式和解制模式的哲学背道而驰，因为参与模式和解制模式假定，即使受到其他组织（如中央组织）所施加的压力，但组织仍须勉力趋向参与和弹性。

另一种出乎意料的介入策略是关于正式结构和程序方面的。这四种模式所提出的有关组织结构和正式规则等方面的改革建议多于其他方面的改革提议。但这四种模式对组织文化以及对改变员工、管理者、服务对象对组织的看法等强调不够。尽管改变组织文化的策略看起来不严谨、不完善，但改变组织文化本身既是非常困难的也是非常有意义的，这正如一些有关私人部门的文献中所论述的那样（T. Peters and Waterman，1982）。

"制度化协商"的概念提供了另一种考察组织变革策略的方法（Zifcak，1994，186-188）。这个概念与阿利森（Allison）的官僚政治概念相类似（1971），虽然此概念较常出现在政府内部，而并非指向一些外部的政策目标。其基本思想是，任何要改变组织的企图，尤其是那些全面性的计划，都会搞乱长期建立起来的制度安排和权力结构。由于必定会有胜方和败方，于是输的人可能会先发制人，利用各种合法机制来引导变革。

实际上，许多主要的行政变革都会出现所谓的"制度化协商"的政治斗争。不过，能够产生持久性改变作用的较佳策略通常都不是强制性的（尤其是它不是被一个不可能输的政治家或中央机构所强加的），反而真正是经过讨价还价和协商而产生的。这种方法似乎是关于加强组织参与的思想的自然流露。遗憾的是，建立一个这样的协商气氛并不容易，因为参与者尤其是中央财政和管理机构经常互不信任。如果协商能够得以实现，那么其所产生的任何结果都可能比通过强制性手段所产生的策略更持久。[9]

齐夫克（Zifcak，1994）曾提到，改变组织或政府组织环境的"认知体系"是促使变革的手段。这个方法和文化变迁很相似，但又更进了一步。其主要观点认为，组织常常根据它们的自我形象来运作（Morgan，1986）。因此，要产生有意义的变革，就必须先改变组织的自我形象和行为模式。这个观点也类似于舍恩和赖因（Schon and Rein，1994）的以下想法，即要产生有意义的政策变迁，必须先改变"知觉架构"。他们认为，个人和组织常常会陷入某种框框之中，以至于无法设想出其他的行事方法，更不用说付诸实施了。

然而，要促成这种认知的根本改变，可能需要挑战公共部门目前的运作方式。大多数的行政体制已陷入根深蒂固的传统和思维模式之中，这就妨碍了它们去考虑选择另一种运作思路。数十年来公共部门环境的发展，已对许多行政体制产生了极大的影响，迫使它们也开始考虑变革的重要性。安全感不再有、无止境的以赋税资助各项计划以及来自政治领袖如里根、撒切尔夫人和穆罗尼的政治性批评，使得行政官员们的日子较以前更为难过。不过，在其他国家如德国，促使改革的因素就不太明显，甚至都找不到考虑实施重大改革的迫切理由。事实上，德国政府和行政机关在与民主德国统一后所实施的主要变革，从某种程度上来讲，是强化而非削弱了占主导地位的行政模式（Konig，1993）。

就某种程度来讲，有关改革的倡议是在改变公共组织的认知体系的过程中提出的，组织内部的冲突也几乎是在同时产生的。在组织变革期间发生冲突是意料中的事，但是，用来区别在改变认知体系的过程中所出现的变革的测量措施应该建立在主要原则的基础之上。公共部门行政结构的不同部分，对政府的角色、最有效的管理组织的方法以及公务员制度在治理中的作用等，都有非常不同的基本看法。要将这些完全不同的内部观点调和一致而又能使组织正常运转，将是公共管理者在可预见的将来不断面临着的挑战，也有可能是一种永远的挑战。

即使政府参与者愿意，但他们能够回到已经失去的、安逸的体制中吗？从某种程度上讲，对管理的强调、对公务员政治忠诚的重视、对员工和顾客授权问题的关注以及对弹性的执着，都在引导政治体制去改变存在于参与治理者之间的默认的社会契约。政治家们不再愿意把他们对政策的某些控制权转让给公务员以换取这些永久性员工们的专门知识和技能。同样地，公务员似乎也不愿意以工作的稳定安全来换取较低的报酬收入，失去对政策的实际影响以及丧失其专业立场。

契约中的双方都能够从其关系的改变中获得一些好处，尽管好处都是由政治家们优先享受，然后才会轮到以前在公共组织中处于不利地位的一方。同样地，改革所带来的主要损失似乎都将由高级公务员来承担。这样，要想回到过去的状况从政治上说是不可能的。因变革而蒙受损失最多的团体，如果与其他相关团体而非与其自身相比，可能也是最不具有合法性的团体。它们除了与公众缺乏选举上的联系外，作为直接提供服务的团体也与公众缺乏联系，所以任何想要恢复高级官员合法地位的运动，都无法引起公众的共鸣。尽管如此，要想获得有效的治理，公共部门中高级职业官员的经验和专业知识仍是不容忽视的。

如果要重返官僚们的伊甸园，则必须对为何重返做出明确的说明。在大多数政治体制中，公共服务并不是政府中最受欢迎的部分，因此可能不会有自然选民支持这种行动。正因为如此，政治活动才变成不可或缺的。这可以从公务员制度的中立、能力等传统价值观，以及强调诸如公共服务等价值观（即不把政府看成是与其他企业一样提供服务）的需要中得到部分证实。很多西方国家的市场意识形态已渐趋式微，这些国家早就开始公开谈论公共服务的理念。[10]

公共行政在治理中的角色，也许是公共服务功能中最重要的方面。此外，公务员制度在传统治理模式的意识形态下以及在现实世界中所扮演的角色究竟如何，也必须作一个对照。有权力且地位稳固的公务员在官僚体制中主要扮演着强有力的政策角色。虽然市场模式可以增强公务员的权力，但权力的重新分配却偏重于管理者的角色而不是偏重于政策制定者和倡导者。事实上，市场模式试图集中政治领导的权力，而限制改革中所创立的企业型官僚的自主权。

然而，传统的公共服务模式及其在政府中的角色，不仅仅是赋予公务员制定政策的合理性问题。它也体现了一些基本的价值观如廉洁、责任、义务，而这些价值观却是其他模式（尤其是市场模式）很少提及的。由永久性公务员和专业公务员来提供政策建议和管理，一向被传统模式的倡导者视为优良政府的必备条件。传统主义者把公务员制度看成是一种为公民和政治家提供最佳建议和最佳服务的机制。虽然批评者认为永久性的官僚体制是一个严重的问题，但支持者却把它看成是稳定、可靠和可预测性的根源。组织的永久性也可以说是一种确保政府对其行动负责的最佳手段。

本书对四种模式的探讨，其重点在于把这四种模式看成是组织整个公共部门的不同的方法，而另一种有关这四种模式的讨论方法则关注特定的政府工作与不同形式的组织、管理之间能否有最佳的搭配（J. Wilson，1989）。例如，有些可以市场化的服务，市场模式就比较适用，而且得心应手；但很多社会性服务如教育，市场模式就非常不适合。又如，参与模式很适合都市规划或环境问题，但在司法方案中就不宜采用。而弹性模式在一些比较复杂的问题如药品问题以及一些短暂性问题如灾害救援上就比较得心应手。虽然公共行政也企图建立复杂的权变理论，但收效不大，人们还是应该考虑如何量罪处刑。

我写本书的目的并不在于强迫人们在这些治理模式中间做出选择，而是为了帮助政府做出更好的选择。就某种程度来讲，这些模式（尤其是市场模式）在现实世界中都已经在实施，它们不只有其意识形态上的理由，而且对相关的优点也经过彻底且不偏不倚的考虑。每一种模式都各有其长处，但社会和政府也都会为之付出一定的代价。虽然，政府和行政机关的任何选择不可能是柏拉图式的，也就是说不可能达到最理想的程度，但在进行有关治理的判断时，所有的利弊得失还是应该考虑清楚。

也许最根本的问题是，分析人士和公民都应该问，旧的制度一旦被扬弃后，是否值得恢复。一些评论家或许会说，既然要除旧布新，就不该再谈恢复与否的问题。不过，我个人却不敢完全肯定旧制度就是积重难返，也不敢完全相信取而代之的方法就一定占尽优势。旧制度所重视的是有关职责和对全体公众的服务的价值观，这些价值观对任何公共组织都极为重要，在没有进行适当的反省之前实在不应该轻言放弃。通过此书，我希望能够引起更多的必要的反省。

注　释

［1］这些属性通常是英美语系国家的特征，但在所有工业化民主国家中也一样适用。

［2］明兹伯格（H. Mintzburg，1997）认为，这并不是市场观念的胜利，而是市场和政治分配形态之间的平衡。即使是美国也不敢说它是一个完全自由的市场。

［3］该项运动注定会让主张参与的人士感到失望，因为大众一般倾向于选择较低的赋税和较多的公共支出。

［4］在法国，会这样问：要冰葡萄酒还是要法郎？

［5］"撒切尔主义"或"里根主义"泛指20世纪80年代的改革，而1994年大选后共和党所主张的市场改革则具有普遍性意识形态和超理性的因素。

［6］雷纳爵士（Lord Rayner）进行了一连串的效率审查工作。大部分的工作都是由他所指挥的来自政府外部的年轻工作人员完成（Warner，1984）。

　　［7］事实上，在护照管理局设置以前，英国公民可以到地方邮局申请到欧洲大陆旅行的许可证件，但这项工作后来因缺乏效率而被护照管理局所取代。

　　［8］当然，这样是有点夸张。但就像所有夸大其词的说法一样，它击中了要害。

　　［9］加拿大信封预算的想法和这种理念有些相像。这项制度先把经费初步分配到一些大的"信封"里，然后再由主要政策领域的议员针对计划的分配进行协商。

　　［10］梅杰（J. Major）政府和以前的撒切尔政府相比，比较缺乏意识形态。而托里斯（Tories）不久即失去了加拿大的政权，丹麦施吕特（Schluter）右翼政府也宣布下台。

参考文献

Aberbach，J. D.，R. D. Putnam，and B. A. Rockman（1981）. *Politicians and Bureaucrats in Western Democracies*. Cambridge：Harvard University Press.

Aberbach，J. D.，and B. A. Rockman（1976）. Clashing Beliefs Within the Executive Branch：The Nixon Administration Bureaucracy. *American Political Science Review* 70：456—468.

—— （1988）. Mandates or Mandarins? Control and Discretion in the Modern Administrative State. *Public Administration Review* 48：607—612.

—— （1989）. On the Rise，Transformation，and Decline of Analysis in U. S. Government. *Governance* 2：293—314.

Adler，M.，and S. Asquith（1981）. *Discretion and Power*. London：Heinemann.

Adler，M.，A. Patch，and J. Tweedie（1990）. *Parental Choice and Educational Policy*. Edinburgh：University of Edinburgh Press.

Agresta，R. J.（1994）. OPM Needs a Mission—Not a Funeral. *Government Executive* 26（9）：70.

Alexander，E. R.（1992）. A Transaction Cost Theory of Planning. *Journal of the American Planning Association* 58：190—200.

Allard, C. K. (1990). *Command, Control and the Common Defense*. New Haven: Yale University Press.

Allison, G. T. (1971). *The Essence of Decision*, Boston: Little, Brown.

—— (1987). Public and Private Management: Are They Fundamentally Alike in All Unimportant Respects? In *Classics of Public Administration*, ed. J. M. Shafritz and A. C. Hyde. Homewood, IL: Dorsey.

Almond, G. A., and H. D. Lasswell (1934). Aggressive Behavior by Clients Toward Public Relief Administrators. *American Political Science Review* 28: 643-655.

Altfeld, M. F., and G. J. Miller (1984). Sources of Bureaucratic Influence: Expertise and Agenda Control. *Journal of Conflict Resolution* 28: 701-730.

Andersen, N. A. (1994). Danmark: Förvaltningspolitikkens utvikling. In *Förvaltningspolitik i Norden*, ed. P. Laegreid and O. K. Pedersen. Kobenhavn: Jurist-og φkonomforbundets Forlag.

Anheier, H. K., and W. Seibel (1990). *The Third Sector: Comparative Studies of Non-Profit Organizations*. Berlin: De Gruyter.

Argyris, C. (1964). *Integrating the Individual and the Organization*. New York: Wiley.

Ascher, K. (1987). *The Politics of Privatization: Contracting Out Public Services*. London: Macmillan.

Ashton, C. (1993). A Focus on Information Overload. *Managing Service Quality* (July): 33-36.

Atkinson, A. B., and J. E. Stiglitz (1980). *Lectures on Public Economics*. New York: McGraw-Hill.

Aucoin, P. (1990). Administrative Reform in Public Management: Paradigms, Principles, Paradoxes and Pendulums. *Governance* 3: 115-137.

Australia (1992). *Performance Assessment of Policy Work*, *Report of the Working Group*. Canberra: Australian Government.

Bachrach, P., and M. S. Baratz (1962). The Two Faces of Power. *American Political Science Review* 56: 947-952.

Bachrach, P., and A. Botwinick (1992). *Power and Empowerment: A Radical Theory of Participatory Democracy*. Philadelphia: Temple University Press.

Baggott, R. (1995). From Confrontation to Consultation Under John Major? *Parliamentary Affairs* 48: 485-502.

Baldersheim, H. (1993). Kommunal organisering: Motar sel, men ressursar avgjer? In *Organisering av Offentlig Sektor*, ed. P. Laegreid and J. P. Olsen. Bergen, Norway: Tano.

Ban，C.，and P. W. Ingraham（1984）. *Legislating Bureaucratic Change：The Civil Service Reform Act of* 1978. Albany：State University of New York Press.

Banks，J. S.，and B. R. Weingast（1992）. The Political Control of Bureaucracies Under Asymmetric Information. *American Journal of Political Science* 36：509−524.

Barber，B.（1984）. *Strong Democracy：Participatory Politics for a New Age*. Berkeley：University of California Press.

Barker，A.（1994）. Enriching Democracy：Public Inquiry and the Policy Process. In *Developing Democracy：Comparative Research in Honour of J. F. P. Blondel*，ed. I. Budge and D. McKay. London：Sage.

Barker，A. P. and B. G. Peters（1993）. *The Politics of Expert Advice*. Pittsburgh：University of Pittsburgh Press.

Barnes，M.，and D. Prior（1995）. Spoilt for Choice？ How Consumerism Can Disempower Public Service Users. *Public Money and Management* 15（3）53−58.

Barzelay，M.（1992）. *Breaking Through Bureaucracy*. Berkeley：University of California Press.

Baumol，W. J.（1967）. The Macroeconomics of Unbalanced Growth. *American Economic Review* 57：415−426.

Behn，R. D.（1991）. *Leadership Counts：Lessons for Public Managers from the Massachusetts Welfare，Training and Employment Program*. Cambridge：Harvard University Press.

——（1993a）. Customer Service：Changing an Agency's Culture. *Governing* 6（12）：76.

——（1993b）. Performance Measures：To Reward or to Motivate？ *Governing* 6（10）：84.

Bendor，J. S.（1985）. *Parallel Systems：Redundancy in Government*. Berkeley：University of California Press.

——（1990）. Formal Models of Bureaucracy：A Review. In *Public Administration：The State of the Discipline*，ed. N. Lynn and A. Wildavsky. Chatham，NJ：Chatham House.

Bendor，J.，S. Taylor，and R. Van Gaalen（1985）. Bureaucratic Expertise and Legislative Authority：A Model of Deception and Monitoring in Budgeting. *American Political Science Review* 79：1041−1060.

Benson，J. K.（1982）. A Framework for Policy Analysis. In *Interorganizational Coordination*，ed. D. L. Rogers and D. A. Whetten. Ames：Iowa State University Press.

Berman，E. M.（1995）. Empowering Employees in State Agencies. *International Journal of Public Administration* 18：833−850.

Beyme，K. von（1993）. Regime Transition and Recruitment of Elites in Eastern Europe. *Governance* 6: 409-425.

Bipartisan Commission of Entitlement and Tax Reform（August 1994）. *Interim Report to the President*. Washington，DC: Government Printing Office.

Birchall，J.，C. Pollitt，and K. Putman（1995）. Freedom to Manage: The Experience of the NHS Trusts，Grant-Maintained Schools and Voluntary Transfers of Public Housing. Paper presented at UK Political Studies Association，York，18-20 April.

Black，J.（1993）. The Prison Service and Executive Agency Status—HM Prisons PLC? *International Journal of Public Sector Management* 6: 27-41.

Blau，P. M.（1960）. Orientation Toward Clients in a Public Welfare Agency. *Administrative Science Quarterly* 5: 341-361.

Bleeker，S. E.（1994）. The Virtual Organization. *Futurist* 28: 9-12.

Blondel，J.（1988）. Ministerial Careers and the Nature of Parliamentary Government: The Cases of Austria and Belgium. *European Journal of Political Research* 16: 51-71.

Blumann，C.，and A. van Soligne（1989）. La commission，agent d'exécution du droit communitaire: La Comitologie. In *La Commission au couer du système institutionel des Communautés Européenes*，ed. J-V. Louis and D. Waelbroeck. Brussels: Universite de Bruxelles，Institut d'etudes Europeenes.

Bodiguel. J. -L.，and L. Rouban（1991）. *Le fonctionnaire detrône?* Paris: Presses de la Fondation Nationale des Science Politiques.

Booker，C.，and R. North（1994）. *The Mad Officials: How Bureaucrats Are Strangling Britain*. London: Constable.

Borins，S. J.（1995a）. Public Sector Innovation: The Implications of New Forms of Organization and Work. In *Governance in a Changing Society*，ed. B. Guy Peters and Donald J. Savoie. Montreal: McGill/Queens University Press.

——（1995b）. The New Public Management Is Here to Stay. *Canadian Public Administration* 38: 122-132.

Borjas，G. J（1995）. The Internationalization of the U. S. Labor Market and the Wage Structure. *Economic Policy Review* 1: 3-8.

Boston，J.（1991）. The Theoretical Underpinnings of State Restructuring in New Zealand. In *Reshaping the State*，ed. J. Boston et al. Auckland，New Zealand: Oxford University Press.

——（1992a）. Assessing the Performance of Departmental Chief Executives: Perspectives from New Zealand. *Public Administration* 70: 405-428.

——（1992b）. The Problems of Policy Coordination: The New Zealand Experience. *Governance* 5: 88-103.

——(1993). Financial Management Reform: Principles and Practice in New Zealand. *Public Policy and Administration* 8: 14-29.

Botella, J. (1994). How Much Is Too Much? An Overview of Fiscal Attitudes in Western Europe. Working paper 1194/54, Instituto Juan, Madrid. March.

Bothun, D., and J. C. Comer (1979). The Politics of Termination: Concepts and Processes. *Policy Studies Journal* 7: 540-553.

Bowen, D. E., and B. Schneider (1988). Services Maketing and Management: Implications for Organizational Behavior. *Research in Organizational Behavior* 10: 43-80.

Bowler, M. K. (1974). *The Nixon Guaranteed Income Proposal: Substance and Process in Policy Change*. Cambridge, MA: Ballinger.

Boyle, M. (1994). Building a Communicative Democracy: The Birth and Death of Citizen Politics in East Germany. *Media, Culture and Society* 16: 183-215.

Boyte, H. C., and F. Riessman (1986). *The New Populism: The Politics of Empowerment*. Philadelphia: Temple University Press.

Braibanti, R. J. D. (1966). *Asian Bureaucratic Systems Emergent from the British Imperial Tradition*. Durham, NC: Duke University Press.

Breton, A. (1974). *An Economic Theory of Representative Government*. Chicago: Aldine.

Brockman, J. (1992). Total Quality Management. *Public Money and Management* 12: 6-9.

Brooks, J., and P. Bate (1994). The Problems of Effecting Change Within the British Civil Service: A Cultural Perspective. *British Journal of Management* 5: 177-190.

Burkitt, B., and P. Whyman (1994). Public Sector Reform in Sweden: Competition or Participation? *Political Quarterly* 65: 275-284.

Burstein, C. (1995). Introducing Reengineering to Government. *Public Manager* 24: 52-54.

Butler, D., and A. Ranney (1994). *Referendums Around the World: The Growing Use of Direct Democracy*. Washington, DC: AEI Press.

Byrne. P. (1976). Parliamentary Control of Delegated Legislation. *Parliamentary Affairs* 29: 366-377.

Caiden, G. (1990). *Administrative Reform Comes of Age*. Berlin: Aldine de Gruyter.

Caldeira, G. A., and J. R. Wright (1990). Amici Curiae Before the Surpeme Court: Who Participates When and How Much? *Journal of Politics* 52: 782-806.

Calista, D. J. (1989). A Transaction-Cost Analysis of Implementation. In *Implementation Theory*, ed. D. Palumbo and D. Calista. Lexington, MA: Lexington Books.

Campbell, C. (1983). The Search for Coordination and Control: When and How Are Central Agencies the Answer? In *Organizing Government*, *Government Organizations*, C. Campbell and B. G. Peters. Pittsburgh: University of Pittsburgh Press.

—— (1993). Public Service and Democratic Accountability. In *Ethics in Public Service*, ed. R. A. Chapman. Edinburgh: University of Edinburgh Press.

Campbell, C., and J. Halligan (1992). *Political Leadership in an Age of Constraint: The Australian Experience*. Pittsburgh: University of Pittsburgh Press.

Campbell, C., and B. G. Peters (1988). The Politics/Administration Dichotomy: Death or Merely Change? *Governance* 1: 79–99.

Campbell, C., and G. Szablowski (1979). *The Superbureaucrats: Structure and Behaviour in Central Agencies*. Toronto: Macmillan of Canada.

Campbell, D. T. (1982). Experiments as Arguments. *Knowledge: Creation, Diffusion, Utilization* 3: 327–337.

—— (1988). The Experimenting Society. In *Methodology and Epistomology in the Social Sciences: Selected Essays*, D. T. Campbell. Chicago: University of Chicago Press.

Canada (1962). *The Royal Commission on Government Operations*. Glassco Report. Ottawa: Queen's Printer.

—— (1991). *Speech from the Throne to Open the Third Session*, *Thirty-fourth Parliament of Canada*, May 13.

Carter, N., P. Day, and R. Klein (1992). *How Organizations Measure Success*. London: Routledge.

Carter, N., and P. Greer (1993). Evaluating Agencies: Next Steps and Performance Indicators. *Public Administration* 71: 407–416.

Cate, F. A., and D. A. Fields (1994). The Right to Privacy and the Public's Right to Know: The "Central Purpose" of the Freedom of Information Act. *Administrative Law Review* 46: 41–74.

Cave, M., M. Kogan, and R. Smith (1990). *Output and Performance Measurement in Government: The State of the Art*. London: Jessica Kingsley.

Chapman, R. A. (1993). Reasons of State and the Public Interest: A British Variant of the Problem of Dirty Hands. In *Ethics in Public Service*, ed. R. Chapman, Edinburgh: University of Edinburgh Press.

Chisholm, D. (1989). *Coordination Without Hierarchy*. Berkeley: University of California Press.

Christensen, T. (1994). Utviklingen av direktoratene—aktorer, tenking og organi-sasjonsformer. In *Forvaltningskunskap*, ed. T. Christensen and M. Egeberg. 2d ed. Oslo: Tano.

Chubb, B. (1992). *The Government and Politics of Ireland*. 3d ed. London: Longman.

Chubb, J. E. , and T. Moe (1990). *Politics, Markets and America's Schools*. Washington, DC: Brookings Institution.

Clark, I. D. (1991). Special Operating Agencies. *Optimum* 22 (2): 13-18.

Clark. P. B. , and J. Q. Wilson (1961). Incentive Systems: A Theory of Organiza-tions. *Administrative Science Quarterly* 6: 129-166.

Clarke, M. , and J. Stewart (1992). *Empowerment: A Theme for the* 1990s. Luton, UK: Local Government Management Board.

Clinton, W. J. (1994). Remarks at the Group of Seven Jobs Conference in Detroit. *Weekly Compilation of Presidential Documents* 30 (11): 508-518.

Coase, R. H. (1960). The Problem of Social Cost. *Journal of Law and Economics* 3: 1-44.

Cohen, J. , and J. Rogers (1994). Solidarity, Democracy, Association. *Politische Vierteiljahrschrift* Sonderheft 25: 136-159.

Commission on Social Justice (1994). *Social Justice: Strategies for National Re-newal*. London: Vintage.

Common, R. , N. Flynn, and E. Mellon (1992). *Managing Public Services: Competition and Decentralization*. Oxford: Butterworth Heinnemann.

Connolly, M. , P. McKeown, and G. Milligan-Byrne (1994). Making the Public Sector User Friendly? A Critical Analysis of the Citizens' Charter. *Parlia-mentary Affairs* 47: 23-37.

Cook, F. L. , and E. J. Barrett (1992). *Support for the American Welfare State*. New York: Columbia University Press.

Cooper, P. (1995). Accountability and Administrative Reform: Toward Conver-gence and Beyond. In *Governance in a Changing Environment*, ed. D. Savoie and B. G. Peters. Montreal: McGill/Queens University Press.

Cox, R. H. (1992). After Corporatism: A Comparison of the Role of Medical Pro-fessionals and Social Workers in the Dutch Welfare State. *Comparative Polit-ical Studies* 24: 532-552.

Cronin, T. E. (1989). *Direct Democracy: The Politics of Initiative, Referendum and Recall*. Cambridge: Harvard University Press.

Crook, R. C. (1989). Patrimonialism, Administrative Effectiveness and Economic Development in Cote d'Ivoire. *African Affairs* 88: 205-228.

Crozier, M. (1964). *The Bureaucratic Phenomenon*. Chicago: University of Chicago Press.

Daley, D. (1988). Profile of the Uninvolved Worker: An Examination of Employee Attitudes Toward Management Practices. *International Journal of Public Administration* 11: 63-90.

Davies, A., and J. Willman (1992). *What Next? Agencies, Departments and the Civil Service*. London: Institute for Public Policy Research.

Day, P., and R. Klein (1987). *Accountabilities*. London: Tavistock.

Deleon, P. (1994). Reinventing the Policy Sciences: Three Steps Back to the Future. *Policy Sciences* 27: 77-95.

Deming, W. E. (1988). *Out of the Crisis: Quality, Productivity and Competitive Positions*. Cambridge: Cambridge University Press.

Department of Finance (1987). *FMIP and Program Budgeting: A Study of Implementation in Selected Agencies*. Canberra: AGPs.

Department of Health (October 1994). *A Framework for Local Community Care Charters in England*. London: Department of Health.

Derlien, H. -U. (1991). Horizontal and Vertical Coordination of German EC-Policy. *Hallinnon Tutkimus* 27: 3-10.

—— (1993). German Unification and Bureaucratic Transformation. *International Political Science Review* 14: 319-334.

—— (1994). Germany. In *Rewards at the Top*, ed. C. Hood and B. G. Peters. London: Sage.

—— (1995). Germany. In *Learning from Experience: Lessons of Administrative Reform*, ed. J. Olsen and B. G. Peters. Pittsburgh: University of Pittsburgh Press.

Derlien, H. -U., and G. Szablowski (1993). *Regime Transitions, Elites and Bureaucrats in Eastern Europe*. Oxford: Blackwell.

Dexter, L. A. (1990). Intra-Agency Politics: Conflict and Contravention in Administrative Entities. *Journal of Theoretical Politics* 2: 151-172.

Dicken, P. (1992). *Global Shift: The Internationalization of Economic Activity*. London: Chapman.

DiIulio, J. J. (1994). *Deregulating the Public Service: Can Government Be Improved?* Washington, DC: Brookings Institution.

DiMaggio, P. J., and W. W. Powell (1991). Introduction. In *The New Institutionalism in Organizational Analysis*, P. J. DiMaggio and W. W. Powell. Chicago: University of Chicago Press.

Doern, G. B. (1993). The U. K. Citizens'Charter: Origins and Implementation in Three Agencies. *Policy and Politics* 21: 17-29.

Doig, J. (1983). "When I See a Murderous Fellow Sharpening a Knife Cleverly": The Wilsonian Dichotomy and the Public Administration Tradition. *Public Administration Review* 43: 292-304.

Donkin，R. (1995). Tales of the Office Nomad. *Financial Times*，29 May.

Dopson，S. (1993). Are Agencies an Act of Faith? *Public Money and Management* 13 (2)：17－23.

Downs，A. (1960). Why the Government Budget Is Too Small in a Democracy. *World Politics* 12：541－563.

—— (1967). *Inside Bureaucracy*. Boston：Little，Brown.

—— (1972). Up and Down with Ecology—The "Issue-Attention Cycle." *Public Interest* 28：38－50.

Downs. G. W. ，and P. D. Larkey (1986). *The Search for Government Efficiency：From Hubris to Helplessness*. Philadelphia：Temple University Press.

Draper，F. D. ，and B. T. Pitsvada (1981). ZBB—Looking Back After Ten Years. *Public Administration Review* 41：76－83.

Dror，Y. (1986). *Policymaking Under Adversity*. New Brunswick，NJ：Transaction.

—— (1992). Future View：Fuzzy Gambles with History. *Futurist* 26 (4)：60.

Dryzek，J. S. (1990). *Discursive Democracy：Politics，Policy and Political Science*. Cambridge：Cambridge University Press.

Duncan，A. ，and D. Hobson (1995). *Saturn's Children*. London：Sinclair-Stevenson.

Dunleavy，P. (1985). Bureaucrats，Budgets and the Growth of the State. *British Journal of Political Science* 15：299－328.

—— (1991). *Democracy，Bureaucracy and Public Choice*. Brighton，UK：Harvester Wheatsheaf.

Dunn，W. N. (1988). Methods of the Second Type：Coping with the Wilderness of Conventional Policy Analysis. *Policy Studies Review* 7：720－737.

Dunsire，A. (1995). Administrative Theory in the 1980s：A Viewpoint. *Public Administration* 73：17－40.

Dunsire，A. ，and C. Hood (1989). *Cutback Management in Public Bureaucracies：Popular Theories and Observed Outcomes in Whitehall*. Cambridge：Cambridge University Press.

Dupuy，F. ，and J. -C. Thoenig (1985). *L'administration en miettes*. Paris：Fayard.

Durant，R. F. ，and L. A. Wilson (1993). Public Management，TQM，and Quality Improvement：Toward a Contingency Strategy. *American Review of Public Administration* 23：215－245.

Dvorin，E. P. and R. H. Simmons (1972). *From Amoral to Humane Bureaucracy*. San Francisco：Canfield.

Economist (1995). E-lectioneering，17 June.

Egeberg，M. (1995). Bureaucrats as Public Policy-Makers and Their Self Interests. *Journal of Theoretical Politics* 7: 157−167.

Ehrenhalt，A. (1993). The Value of Blue-Ribbon Advice. *Governing* 7 (August): 47−56.

Eisenberg，E. F.，and P. W. Ingraham (1993). Analyzing the Pay for Performance Literature: Are There Common Lessons? *Public Productivity and Management Review* 17: 117−128.

Elcock，H. (1994). Editorial: Democracy and Management in Britain and the United States of America. *Public Policy and Administration* 9 (3): 1−5.

Elder，S. (1992). Running a Town the 17th Century Way. *Governing* 5: 29−30.

Ellul，J. (1980). *The Technological System*. New York: Continuum.

Epstein，R. A. (1990). No New Property. *Brooklyn Law Review* 56: 747−786.

Ericksson，B. (1983). Sweden's Budget System in a Changing World. *Public Budgeting and Finance* 3: 64−80.

Etheredge，L. S. (1995). *Can Government Learn? American Foreign Policy and Central American Revolutions*. New York: Pergamon Press.

Etzioni，A. (1993). *The Spirit of Community*. New York: Crown Publishers.

FDA News (1995). "Competing for Quality" Gets Overdue Review. May, 1−2.

Feller，I.，et al. (1995). Decentralization and Deregulation of the Federal Hiring Process. Paper presented at Trinity Symposium on Public Management Research，San Antonio，TX，July 1995.

Fiorina，M. P. (1989). *Congress: Keystone of the Washington Establishment*，2d ed. New Haven: Yale University Press.

—— (1992). Coalition Governments，Divided Governments and Electoral Theory. *Governance* 4: 236−249.

Fischer，F. (1990). *Technocracy and the Politics of Expertise*. Newbury Park，CA: Sage.

Follett，M. P. (1940). *Dynamic Administration: The Collected Papers of Mary Parker Follett*，ed. H. C. Metcalf and L. Urwick. New York: Harper.

Foreman，C. (1988). *Signals from the Hill: Congressional Oversight and the Challenge of Social Regulation*. New Haven: Yale University Press.

Forsberg，E.，and J. Calltorp (1993). Ekonomiska incitament förandrar sjukvarden. *Lakar tidningen* 90: 2611−2614.

Foster，C. D. (1992). *Privatization，Public Ownership and the Regulation of Natural Monopoly*. Oxford: Blackwell.

Fournier，J. (1987). *Le Travail Gouvernmental*. Paris: Presses Universitaires Francaises.

Frederickson，G. (1980). *New Public Administration*. University：University of Alabama Press.

Frenkel，M. (1994). The Communal Basis of Swiss Liberty. *Publius* 23：61-70.

Friedman，M. (1962). *Capitalism and Freedom*. Chicago：University of Chicago Press.

Frohlich，N. ，J. A. Oppenheimer，and O. R. Young (1971). *Political Leadership and Collective Goods*. Princeton：Princeton University Press.

Garvey，G. (1993). *Facing the Bureaucracy：Living and Dying in a Public Agency*. San Francisco：Jossey-Bass.

General Services Administration (April 1993). *Agenda for Action*. Washington，DC.

Germann，R. (1981). *Ausserparlamentarische Kommissionen：Die Milizverwaltung des Bundes*. Bern：Haupt.

Gibert，P. ，and J. -C. Thoenig (1992). La gestion publique entre l'apprentissage et l'amnesie. Communication presented at International Conference of *PMP*，Paris，February.

Gilbert，G. R. (1993). Employee Empowerment：Law and Practical Approaches. *Public Manager* 22 (3)：45-48.

Gillin，J. L. ，and J. P. Gillin (1948). *Cultural Sociology*. New York：Macmillan.

Gilmour，R. S. ，and A. A. Halley (1994). *Who Makes Public Policy? The Struggle Between Congress and the Executive*. Chatham，NJ：Chatham House.

Glynn，J. ，A. Gray，and B. Jenkins (1992). Auditing the Three Es：The Challenge of Effectiveness. *Public Policy and Administration* 7：56-72.

Goetz，K. H. (1993). Rebuilding Public Administration in the New Länder．Transfer and Differentiation. *West European Politics* 16：447-469.

Golembiewski，R. (1995). *Managing Diversity in Organizations*. Tuscaloosa：University of Alabama Press.

Goodin，R. E. (1982). Rational Politicians and Rational Bureaucrats in Washington and Whitehall. *Public Administration* 60：23-41.

Goodman，J. B. ，and G. W. Loveman (1991). Does Privatization Serve the Public Interest? *Harvard Business Review* 69 (6)：26-38.

Goodnow，F. J. (1900). *Politics and Administration：A Study in Government*. New York：Macmillan.

Goodsell，C. T. (1976). Cross-Cultural Comparison of Behavior of Postal Clerks Toward Clients. *Administrative Science Quarterly* 21：140.

—— (1981a). *The Public Encounter：Where State and Citizens Meet*. Bloomington：Indiana University Press.

—— (1981b). Looking Once Again at Human Service Bureaucracy. *Journal of Politics* 43: 763-778.

—— (1995). *The Case for Bureaucracy.* 3d ed. Chatham, NJ: Chatham House. Gormley, W. T. (1989). *Taming the Bureaucracy: Muscles, Prayers and Other Strategies.* Princeton: Princeton University Press.

—— (1993). Counter-Bureaucracies in Theory and Practice. Paper presented at Annual Meeting of the American Political Science Association, Washington, DC, September.

Gray, A., and B. Jenkins (1995). From Public Administration to Public Management: Reassessing a Revolution. *Public Administration* 73: 75-100.

Gray, A., B. Jenkins, and B. Segsworth (1993). *Budgeting, Auditing and Evaluation: Functions and Integration in Seven Countries.* New Brunswick, NJ: Transaction.

Gray, A., and W. I. Jenkins (1991). The Management of Change in Whitehall: The Experience of FMI. *Public Administration* 69: 41-59.

Gray, B. (1985). Conditions Facilitating Interorganizational Coordination. *Human Relations* 38: 911-936.

Greenwood, R., C. R. Hinings, and S. Ranson (1975a). Contingency Theory and the Structure of Local Authorities, Part 1: Differentiation and Integration. *Public Administration* 53: 1-23.

—— (1975b). Contingency Theory and the Structure of Local Authorities, Part II: Contingencies and Structure. *Public Administration* 53: 169-190.

Greer, P. (1994). *Transforming Central Government: The Next Steps Initiative.* Buckingham, UK: Open University Press.

Grice, A. (1995). The Man with an Eye on No. 10: Blair Salutes Enterprise Culture. *Sunday Times*, 23 April, 7.

Grindle, M. S., and J. W. Thomas (1991). *Public Choices and Policy Change: The Political Economy of Reform in Developing Countries.* Baltimore: Johns Hopkins University Press.

Gruber, J. (1987). *Controlling Bureaucracies: Dilemmas in Democratic Governance.* Berkeley: University of California Press.

Gulick, L. (1933). Politics, Administration and the "New Deal." *Annals of the American Academy of Political and Social Science* 169 (September): 45-78.

Gurwitt, R. (1992). A Government That Runs on Citizen Power. *Governing* 6 (3): 48-54.

Gustafsson, B. (1979). *Post-Industrial Society.* London: Croom Helm.

HMSO (1988). *Improving Management in Government: The Next Steps.* London: HMSO.

—— (1991). *Competing for Quality*. London: CM. 1730.

—— (1993). *Career Planning and Succession Planning*. London: HMSO.

—— (1994a). *The Civil Service: Continuity and Change*. London: HMSO, CM. 2627.

—— (1994b). *Better Accounting for the Taxpayer's Money: Resource Accounting and Budgeting in Government*. London: HMSO, CM. 2626.

—— (1995). *Setting New Standards: A Strategy for Government Procurement*. London: HMSO.

Habermas, J. (1984). *The Theory of Communicative Action I: Lifeworld and System*. Boston: Beacon.

Hancock, M. D., J. Logue, and B. Schiller (1991). *Managing Modern Capitalism: Industrial Renewal and Workplace Democracy in the United States and Western Europe*. New York: Greenwood Press.

Handler, J. (1986). Dependent People, the State and the Modern/Postmodern Search for the Dialogic Community. *UCLA Law Review* 35: 999–1113.

Hanf, K., and F. W. Scharpf (1978). *Interorganizational Policy Making: Limits to Coordination and Central Control*. Beverly Hills, CA: Sage.

Hanushek, E. A. (1987). Formula Budgeting: The Economics and Analytics of Fiscal Policy Under Rules. *Journal of Public Policy Analysis and Management* 6: 3–19.

Hardin, R. (1982). *Collective Action*. Baltimore: Resources for the Future.

Harmon, M. M. (1995). *Responsibility as Paradox: A Critique of Rational Discourse on Government*. Thousand Oaks, CA: Sage.

Harrigan, P. (1994). Consumer Voices in Australian Drugs Approval. *Lancet* 344 (13 August): 464.

Harrison, S., N. Small, and M. Baker (1994). The Wrong Kind of Chaos? The Early Days of an NHS Trust. *Public Money and Management* 14 (1): 39–46.

Harter, P. (1982). Negotiating Regulations: A Cure for the Malaise. *Georgetown Law Journal* 71: 17–31.

Haves, J. R. (1993). Should Bureaucrats Make Decisions? *Forbes* 152: 247.

Hayek, F. A. von (1968). *The Constitution of Liberty*. London: Macmillan.

Hayes, M. (1992). *Incrementalism and Public Policy*. New York: Longman.

Heclo, H., and A. Wildavsky (1974). *The Private Government of Public Money*. Berkeley: University of California Press.

Henkel, M. (1991). The New Evaluative State. *Public Administration* 69: 122–136.

Hennessy, P. (1989). *Whitehall*. London: Secker & Warburg.

Hesse, J. J. (1993). From Transformation to Modernization: Administrative Change in Central and Eastern Europe. *Public Administration* 71: 219–257.

Hirst, P. (1994). *Associative Democracy: New Forms of Economic and Social Governance*. Cambridge, UK: Polity.

Hogwood, B. W. (1993). Restructuring Central Government: The "Next Steps" Initiative. In *Managing Public Organizations*, ed. K. A. Eliassen and J. Kooiman. 2d ed. London: Sage.

—— (1995). The "Growth" of Quangos: Evidence and Explanations. *Parliamentary Affairs* 48: 207–225.

Hogwood, B. W., and B. G. Peters (1983). *Policy Dynamics*. Brighton, UK: Harvester.

Hood, C. (1989). The Tools of Government. Chatham, NJ: Chatham House.

—— (1990). De-Sir Humphreying the Westminster Model of Bureaucracy. *Governance* 3: 205–214.

—— (1991). A Public Management for All Seasons? *Public Administration* 69: 3–19.

—— (1995). "Deprivileging" the UK Civll Service in the 1980s: Dream or Reality. In *Bureaucracy in the Modern State*, ed. J. Pierr. Cheltenham: Edward Elgar.

Hood C., and B. G. Peters (1994). *The Rewards of High Public Office*. London: Sage.

Hood, C., and G. F. Schuppert (1989). *Delivering Public Services in Western Europe*. London: Sage.

Hood, C., B. G. Peters, and H. Wollmann (1995). Public Management Reform: Putting the Consumer in the Driver's Seat. Unpublished paper, London School of Economics.

Horner, C. (1994). Deregulating the Federal Service: Is the Time Right? In *Deregulating the Public Service*, ed. J. J. DiIulio. Washington, DC: Brookings Institution.

Howard, P. K. (1994). *The Death of Common Sense*. New York: Random House.

Hula, R. C. (1990). *Market-based Public Policy*. New York: St. Martin's.

—— (1991). Alternative Management Strategies in Public Housing. In *Privatization and Its Alternatives*, ed. W. T. Gormley. Madison: University of Wisconsin Press.

Hult, K. M. (1987). *Agency Merger and Bureaucratic Redesign*. Pittsburgh: University of Pittsburgh Press.

Hupe, P. (1993). The Politics of Implementation: Individual, Organisational and Political Co-Production in Social Services Delivery. In *New Agendas in the Study of the Policy Process*, ed. M. Hill. London: Harvester/Wheatsheaf.

Inglehart，R. (1990). *Culture Shift in Advanced Industrial Societies*. Princeton：
　　Princeton University Press.

Inglehart，R.，and Abramson，P. R.（1994）. Economic Security and Value
　　Change. *American Political Science Review* 88：336-354.

Ingraham，P. W. (1987). Building Bridges or Burning Them? The President，the
　　Appointees and the Bureaucracy. *Public Administration Review* 47：
　　425-435.

—— (1993). Of Pigs and Pokes and Policy Diffusion：Another Look at Pay for
　　Performance. *Public Administration Review* 53：348-356.

—— (1995a). *The Foundation of Merit*：*Public Service in American Democracy*.
　　Baltimore：Johns Hopkins University Press.

—— (1995b). Quality Management in Public Organizations：Prospects and Dilem-
　　mas. In *Governance in a Changing Environment*，ed. B. G. Peters and D.
　　J. Savoie. Montreal：McGill/Queens University Press.

Ingram，H.，and A. Schneider（1991）. Target Populations and Policy Design.
　　Administration and Society 23：333-356.

International Political Science Review（1993）. Public Administration and Political
　　Change (Special Issue) 14（4）.

Jaques，E.（1990）. In Praise of Hierarchy. *Harvard Business Review* 68：127-133.

Jenkins，S.（1995）. Milk and Water Communities. *The Times*（London），25
　　March，14.

Jennings，E. T.，and D. Krane（1994）. Coordination and Welfare Reform：The
　　Quest for the Philosopher's Stone. *Public Administration Review* 54：
　　341-348.

Jerome-Forget，M.，J. White，and J. M. Wiener（1995）. *Health Care Reform Through
　　Internal Markets*. Montreal：Institute for Research on Public Policy.

Johnson，R. N.，and G. D. Liebcap（1994）. *The Federal Civil Service System and
　　the Problem of Bureaucracy*. Chicago：University of Chicago Press.

Jonsson，S.，S. Rubenowitz，and J. Westerståhl（1995）. *Decentraliserad Kom-
　　mun*：*Exemplet Göteborg*. Göteborg，Sweden：SNS.

Jordan，A. G.（1990）. Political Community Realism versus "New Institutionalism"
　　Ambiguity. *Political Studies* 38：470-484.

—— (1994). *The British Administrative System*：*Principles versus Practice*.
　　London：Routledge.

Kato，J.（1994）. *The Problem of Bureaucratic Rationality*：*Tax Politics in Ja-
　　pan*. Princeton：Princeton University Press.

Katz，D.，B. A. Gutek，R. L. Kahn，and E. Barton（1975）. *Bureaucratic Encoun-
　　ters*. Ann Arbor：Institute for Social Research，University of Michigan.

Katz, E., and B. Danet (1973). *Bureaucracy and the Public*. New York: Basic Books.

Katz, J. L., and S. J. Nixon (1994). Food Stamp Experiments Spark Welfare Debate. *Congressional Quarterly Weekly Report* 52: 2261-2263.

Kaufman, H. (1956). Emerging Doctrines of Public Administration. *American Political Science Review* 50: 1059-1073.

—— (1976). *Are Government Organizations Immortal?* Washington, D. C.: Brookings Institution.

—— (1977). *Red Tape: Its Origins, Uses and Abuses*. Washington, D. C.: Brookings Institution.

—— (1978). Reflections on Administrative Reorganization. In *Setting National Priorities: The 1978 Budget*, ed. J. A. Pechman, Washington, D. C.: Brookings Institution.

—— (1991). *Time, Chance, and Organizations*. 2d ed. Chatham, NJ: Chatham House.

Kavanagh, D., and P. Morris (1994). *Consensus Politics: From Atlee to Major*. Oxford: Blackwell.

Kazin, M. (1995). *The Populist Persuasion: An American History*. New York: Basic Books.

Kearns, K. (1996). *Accountability in Public and Non-Profit Management*. San Francisco: Jossey-Bass.

Keating, M., and M. Holmes (1990). Australia's Budgetary and Financial Management Reforms. *Governance* 3: 168-185.

Kelman, S. (1985). The Grace Commission: How Much Waste in Government? *Public Interest* 78 (Winter): 62-82.

—— (1992). Adversary and Cooperationist Institutions for Conflict Resolution in Public Policymaking. *Journal of Public Policy Analysis and Management* 11: 178-206.

—— (1994). Deregulating Federal Procurement: Nothing to Fear but Discretion Itself? In *Deregulating the Public Service: Can Government Be Improved?* ed. J. J. DiIulio. Washington, DC: Brookings Institution.

Kemp, P. (1994). The Civil Service White Paper: A Job Half Finished. *Public Administration* 72: 591-598.

Kenis, P., and V. Schneider (1991). Policy Networks and Policy Analysis: Scrutinizing a New Analytical Toolbox. In *Policy Networks: Empirical Evidence and Theoretical Considerations*, ed. B. Marin and R. Mayntz. Boulder, CO: Westview.

Kernaghan，K. (1991). Career Public Service 2000：Road to Renewal or Impractical Vision? *Canadian Public Administration* 34：551-572.

—— (1992). Empowerment and Public Administration：Revolutionary Advance or Passing Fancy? *Canadian Public Administration* 35：194-214.

—— (1994). The Emerging Public Service Culture：Values，Ethics and Reforms. *Canadian Public Administration* 37：614-630.

Kerwin，C. M. (1994). *Rulemaking：How Government Agencies Write Law and Make Policy*. Washington，DC：CQ Press.

Kettl，D. F. (1988). *Government by Proxy：(Mis?) Managing Federal Programs*. Washington，DC：CQ Press.

—— (1992). *Deficit Politics：Public Budgeting in Its Institutional and Historical Context*. New York：Macmillan.

—— (1993). *Sharing Power：Public Governance and Private Markets*. Washington，DC：Brookings Institution.

Kettl，D. F. ，and J. J. DiIulio，Jr. (1995). *Inside the Reinvention Machine：Appraising Governmental Reform*. Washington，DC：Brookings Institution.

Kickert，W. J. M. (1994). Administrative Reform in British，Dutch and Danish Civil Service. Paper presented at ECPR Workshop on Administrative Reform，Madrid，April.

—— (1996). Public Governance in the Netherlands：An Alternative to Anglo-American Managerialism. *Administration and Society* (forthcoming).

Kiel，L. D. (1989). Nonequilibrium Theory and Its Implications for Public Administration. *Public Administration Review* 49：544-551.

Kimm，V. J. (1995). GPRA：Early Implementation Lessons. *Public Manager* 24 (Spring)：11-14.

King，D. S. (1987). *The New Right：Politics，Markets and Citizenship*. London：Macmillan.

—— (1995). *Actively Seeking Work? The Politics of Unemployment and Welfare Policy in the United States and Great Britain*. Chicago：University of Chicago Press.

Kobach，K. W. (1993). *The Referendum：Direct Democracy in Switzerland*. Aldershot，UK：Dartmouth.

Koehn，P. H. (1990). *Public Policy and Administration in Africa：Lessons from Nigeria*. Boulder，CO：Westview Press.

König，K. (1993). Administrative Transformation in Eastern Germany. *Public Administration* 71：135-149.

Kooiman，J. (1993). Governance and Governability：Using Complexity，Dynamics and Diversity. In *Modern Governance*，ed. J. Kooiman. London：Sage.

Korsgaard, M. A., D. M. Schweiger, and H. J. Sapienza (1995). Building Commitment, Attachment and Trust in Strategic Decisiom-making Teams. *Academy of Management Journal* 38: 60–84.

Koven, S. G. (1992a). Co-production of Law Enforcement Services: Benefits and Implications. *Urban Affairs Quarterly* 27: 457–469.

—— (1992b). Base Closings and the Politics-Administration Dichotomy. *Public Administration Review* 52: 526–531.

Laegreid, P. (1994). Norway. In *Rewards at the Top*, ed. C. Hood and B. Peters. London: Sage.

Lamont, B. T., R. J. Williams, and J. J. Hoffman (1994). Performance During "M-form" Reorganization and Recovery Time. *Academy of Management Journal* 37: 153–166.

Lampe, D. (1995). Welfare Reform: Congress Debates, States Move. *National Civic Review* 84: 60–61.

Lan, Z., and D. H. Rosenbloom (1992). Public Administration in Transition? *Public Administration Review* 52: 535–537.

Landau, M. (1969). Redundancy, Rationality and the Problem of Duplication and Overlap. *Public Administration Review* 29: 346–358.

Lane, J.-E. (1993). *The Public Sector: Concepts, Models and Approaches*. London: Sage.

Langton, S. (1978). *Citizen Participation in America*. Lexington, MA: Lexington Books.

LaNoue, G. R. (1993). Social Science and Minority "Set Asides." *Public Interest* 110 (Winter): 49–62.

Larsson, T. (1986). *Regeringen och dess kansli*. Stockholm: Studentlitteratur.

Laughlin, R., and J. Broadbent (1994). The Managerial Reform of Health and Education: Value for Money or a Devaluing Process? *Political Quarterly* 65: 152–167.

Laux, J. A., and M. A. Malot (1988). *State Capitalism: Public Enterprise in Canada*. Ithaca, NY: Cornell University Press.

LeGrand, J. (1989). Markets, Welfare and Equality. In *Market Socialism*, ed. S. Estrin and J. LeGrand. Oxford: Clarendon Press.

—— (1991a). *Equity and Choice*. London: Harper Collins.

—— (1991b). The Theory of Government Failure. *British Journal of Political Science* 21: 423–442.

Leichter, H. (1992). *Health Policy Reform in America: Innovations from the States*. Armonk, NY: M. E. Sharpe.

LeLoup, L. T., and P. T. Taylor (1994). The Policy Constraints of Deficit Reduction. *Public Budgeting and Finance* 14: 3–25.

Lemco，J. (1995). Canada: The Year of the Volatile Vote. *Current History* 94 (590): 118–122.

Leonard，M. (1988). *The 1988 Education Act: A Tactical Guide for Schools*. Oxford: Blackwell.

Levacic，R. (1994). Evaluating the Performance of Quasi-Markets in Education. In *QuasiMarkets in the Welfare State*, ed. W. Bartlett et al. Bristol, UK: School of Advanced Urban Studies.

Levine，C. H.，and P. L. Posner (1981). The Centralizing Effects of Austerity on the Intergovernmental System. *Political Science Quarterly* 96: 67–86.

Lewis，N. (1994). Citizenship and Choice: An Overview. *Public Money and Management* 14 (October-November): 9–16.

Lewis，N.，and P. Birkinshaw (1993). *When Citizens Complain: Reforming Justice and Administration*. Buckingham, UK: Open University Press.

Light，P. C. (1993). *Monitoring Government: Inspectors General and the Search for Accountability*. Washington, DC: Brookings Institution.

—— (1994). Creating Government that Encourages Innovation. In *New Paradigms for Government*, ed. P. W. Ingraham and B. S. Romzek. San Francisco: Jossey-Bass.

—— (1995). *Thickening Government: Federal Hierarchy and the Diffusion of Accountability*. Washington, DC: Brookings Institution.

Likert，R. (1961). *New Patterns of Management*. New York: McGraw-Hill.

Lindblom，C. (1965). *The Intelligence of Democracy: Decision-Making Through Mutual Adjustment*. New York: Free Press.

Linden，R. M. (1994). *Seamless Government: A Practical Guide to Re-Engineering the Public Sector*. San Francisco: Jossey-Bass.

Linder，S. H.，and B. G. Peters (1987). A Design Perspective on Policy Implementation: The Fallacy of Misplaced Precision. *Policy Studies Review* 6: 459–475.

—— (1989). Instruments of Government: Perceptions and Contexts. *Journal of Public Policy* 9: 35–58.

—— (1993). Conceptual Frames Underlying the Choice of Policy Instruments. Paper, Conference on Policy Instruments, Erasmus University, Rotterdam, April.

—— (1995). A Design Perspective on the Structure of Public Organizations. In *The Structure of Public Institutions*, ed. David Weimer. Dordrecht. Netherlands: Kluwer.

Lindquist，E. (1994). Citizens，Experts and Budgets: Evaluating Ottawa's Emerging Budget Process. In *How Ottawa Spends*, 1994—1995, ed. S. D. Phillips. Ottawa: Carleton University Press.

Lipsky, M. (1980). *Street-level Bureaucracy.* New York: Russell Sage Foundation.

Llewellyn, S. (1994). Applying Efficiency Concepts to Management in the Social Services. *Public Money and Management* 14 (2): 51—56.

Loughlin, J., and S. Mazey (1995). The End of the French Unitary State? Ten Years of Regionalization in France (1982—1992). *Regional Politics and Policy* 4, 3 (special issues).

Lovell, R. (1992). The Citizens' Charter: The Cultural Challenge. *Public Administration* 70: 395—404.

Lowi, T. J. (1972). Four Systems of Politics, Policy and Choice. *Public Administration Review* 32: 298—310.

Luhmann, N. (1990). *Political Theory in the Welfare State.* New York: De Gruyter.

Lundell, B. (1994). Sverige: institutionella ramar for förvaltningspolitiken. In *Förvaltningspolitiken i Norden*, ed. P. Laegreid and O. K. Pedersen. Copenhagen: Jurist ogøkonomforbundets Forlag.

Macey, J. R. (1992). Organizational Design and Political Control of Regulatory Agencies. *Journal of Law, Economics and Organization* 8: 93—110.

Machinery of Government Committee (1918). *Report.* Cmnd. 9320. London: HMSO. Haldane Report.

Mackenzie, G. C. (1987). *The In and Outers.* Baltimore: Johns Hopkins University Press.

Maidment, R., and G. Thompson (1993). *Managing the United Kingdom: An Introduction to Its Political Economy and Public Policy.* London: Sage.

Majone, G. (1989). *Evidence, Argument and Persuasion in the Policy Process.* New Haven: Yale University Press.

Malpass, P. (1990). *Reshaping Housing Policy: Subsidies, Rents and Residualization.* London: Routledge.

Manring, N. J. (1994). ADR and Administrative Responsiveness: Challenges to Public Administration. *Public Administration Review* 54: 197—203.

Mansbridge, J. (1994). Public Spirit in Political Systems. In *Values and Public Policy*, ed. H. J. Aaron, T. E. Mann, and T. Taylor. Washington, DC: Brookings Institution.

March, J. G. (1991). Exploration and Exploitation in Organizational Learning. *Organizational Science* 2: 71—87.

March, J. G., and J. P. Olsen (1983). Organizing Political Life: What Administrative Reform Tells us About Governing. *American Political Science Review* 77: 281—297.

—— (1984). The New Institutionalism: Organizational Factors in Political Life. *American Political Science Review* 78: 734-749.

—— (1989). *Rediscovering Institutions*. New York: Free Press.

—— (1995). *Democratic Governance*. New York: Free Press.

March, J. G. , and H. A. Simon (1957). *Organizations*. New York: John Wiley.

Marini, F. (1971). *Toward a New Public Administration*. Scranton, PA: Chandler.

Marshall, G. (1989). *Ministerial Responsibility*. Oxford: Oxford University Press.

Masa, F. (1990). *Gestion prive pour services publics*. Paris: Inter Editions.

Massey, A. (1993). *Managing the Public Sector*. Aldershot, UK: Edward Elgar.

Mastracco, A. , and S. Comparato (1994). Project: Federal and State Coordination-A Survey of Administrative Law Schemes. *Administrative Law Review* 46: 385-573.

Mayne, J. (1994). Utilizing Evaluation in Organizations: The Balancing Act. In *Can Governments Learn?* ed. F. L. Leeuw, R. C. Rist, and R. C. Sonnischen. New Brunswick, NJ: Transaction Press.

Mayntz, R. (1993). Governing Failures and the Problem of Governability: Some Comments on a Theoretical Paradigm. In *Modern Governance* , ed. J. Kooiman. London: Sage.

Mayntz, R. , and F. W. Scharpf (1975). *Policy-Making in the German Federal Bureaucracy*. Amsterdam: Elsevier.

McCubbins, M. D. , R. G. Noll, and B. R. Weingast (1989). Structure and Process, Politics and Policy: Administrative Arrangements and the Political Control of Agencies. *Virginia Law Review* 75: 431-482.

McGarrity, T. (1991). *Reinventing Rationality: The Role of Regulatory Analysis in the Federal Bureaucracy*. Cambridge: Cambridge University Press.

McGuire, T. (1981). Budget Maximizing Government Agencies: An Empirical Test. *Public Choice* 36: 313-322.

McLean, I. (1987). *Public Choice: An Introduction*. Oxford: Basil Blackwell.

Meier, H. (1969). Bureaucracy and Policy Formation in Sweden. *Scandinavian Political Studies* 4: 103-116.

Mellett, H. , and N. Marriott (1995). Depreciation Accounting in the Public Sector: Lessons from the NHS. *Public Money and Management* 15 (July): 39-43.

Meyer, F. (1985). *La politisation de l'administration publique*. Brussels: Institut Internationale d'administration publique.

Meynaud, J. (1969). *Technocracy*. New York: Free Press.

Michiletti, M. (1990). Toward Interest Inarticulation: A Major Consequence of Corporatism for Interest Organizations. *Scandinavian Political Studies* 13: 255-276.

Miller, G. J. (1992). *Managerial Dilemmas: The Political Economy of Hierarchy*. Cambridge: Cambridge University Press.

Miller,G. J. , and T. M. Moe (1983). Bureaucrats, Legislators and the Size of Government. *American Political Science Review* 77: 297-322.

Miller, T. (1984). Conclusion: A Design Science Perspective. In *Public Sector Performance: A Conceptual Turning Point*, ed. T. Miller. Baltimore: Johns Hopkins University Press.

Miller, W. (1988). *Irrelevant Elections? The Quality of Local Democracy in Britain*. Oxford: Oxford University Press.

Millett, R. A. (1977). *"Examination of Widespread Citizen Participation" in Model Cities Programs*. San Francisco: R & E Research Associates.

Mills,N. (1994). *Debating Affirmative Action: Race, Gender, Ethnicity and the Politics of Inclusion*. New York: Delta.

Milward, H. B. (forthcoming). Symposium on the Hollow State: Capacity, Control and Performance in Interorganizational Settings. *Journal of Public Administration Research and Theory*.

Mintzburg,H. (1979). *The Structuring of Organizations*. Englewood Cliffs, NJ: PrenticeHall.

Mishan, E. J. (1988). *Cost-benefit Analysis: An Informal Introduction*. 4th ed. London: Unwin-Hyman.

Modeen,T. , and A. Rosas (1988). *Indirect Public Administration in Fourteen Countries*. Åbo, Finland: Åbo Akademi Press.

Moe, R. (1993). Let's Rediscover Government, Not Reinvent It. *Government Executive* 25: 46-48.

—— (1994). The Reinventing Government Exercise: Misinterpreting the Problem, Misjudging the Consequences. *Public Administration Review* 54: 111-122.

Moe, T. (1984). The New Economics of Organizations. *American Journal of Political Science* 28: 739-777.

—— (1989). The Politics of Bureaucratic Structure. In *Can the Government Govern?* ed. J. E. Chubb and P. E. Peterson. Washington, DC: Brookings Institution.

Mommsen, W. J. (1989). *The Political and Social Theory of Max Weber: Collected Essays*. Oxford: Polity Press.

de Montricher, N. (1994). *La deconcentration*. Paris: Centre National de Recherche Scientifique.

Morgan, G. (1986). *Images of Organizations*. London: Sage.

Mosher, F. (1979). *The GAO: The Quest for Accountability in American Government*. Boulder, CO: Westview.

Moynihan, D. P. (1969). *Maximum Feasible Misunderstanding: Community Action Programs in the War on Poverty*. New York: Free Press.

Mulgan, G. (1993). *Politics in an Antipolitical Age*. Oxford: Polity.

Mulhall, S., and A. Swift (1992). *Liberals and Communitarians*. Oxford: Oxford University Press.

Muller, P. (1985). Un schema d'analyse des politiques sectorielles. *Revue Française de science politique* 35: 165-188.

Muller, W. C., and V. Wright (1994). Reshaping the State in Western Europe: The Limits to Retreat. *West European Politics* 17: 1-11.

Muramatsu, M., and E. Krauss (1995). Japan's Administrative Reform: The Paradox of Success. In *Learning from Experience: Lessons from Administrative Reform*, J. P. Olsen and B. G. Peters. Oslo: Scandinavian University Press.

National Performance Review (March 1993a). *Creating a Government That Works Better and Costs Less*. The Gore Report. Washington, DC: Government Printing Office.

—— (September 1993b). *Reinventing Human Resource Management*. Washington, DC: Government Printing Office.

Niskanen, W. (1971). *Bureaucracy and Representative Government*. Chicago: Aldine/Atherton.

—— (1994). *Bureaucracy and Public Economics* Aldershot, UK: Edward Elgar.

Norman, P. (1994). Cultural Revolution in Whitehall. *Financial Times*, 18 July, 16.

Northcote, S., and Trevelyan, C. (1853). *Report on the Organization of the Permanent Civil Service*. Reprinted as Appendix B, Vol. 1, Committee on the Civil Service *Report* (The Fulton Report). London: HMSO, 1968.

Novick, D. (1965). *Program Budgeting, Program Analysis and the Federal Budget*. Cambridge: Harvard University Press.

Oates, W. E. (1995). Green Taxes: Can We Protect the Environment and Improve the Tax System at the Same Time? *Southern Economic Journal* 61: 914-922.

OECD (1987). *Administration as Service, Public as Client*. Paris: Organization for Economic Cooperation and Development.

—— (1990). *Flexible Personnel Management in the Public Service*. Paris: Organization for Economic Cooperation and Development.

——(1993). *Internal Markets*. Paris: Organization for Economic Cooperation and Development, Market-Type Mechanisms, series no. 6.

Olsen, J. P. (1986). *Organized Democracy*. Oslo: Universitetsforlaget.

—— (1991). Modernization Programs in Perspective: An Institutional Perspective on Organizational Change. *Governance* 4: 125-149.

Olsen, J. P., and B. G. Peters (1995). *Learning from Experience: Lessons from Administrative Reform*. Pittsburgh: University of Pittsburgh Press.

Olson, M. (1965). *The Logic of Collective Action*. Cambridge: Harvard University Press.

Opheim. C., L. Curry, and P. M. Shields (1994). Sunset as Oversight. *American Review of Public Administration* 24: 253-268.

Orlans, H., and J. O'Neill (1992). Affirmative Action and the Clash of Experiential Realities, *Annals* 523 (September): 144-158.

Osborne, D., and T. Gaebler (1992). *Reinventing Government*. Reading, MA: Addison-Wesley.

Ostrom, E. (1986). An Agenda for the Study of Institutions. *Public Choice* 48: 3-25.

Oughton, J. (1994). Market Testing: The Future of the Civil Service. *Public Policy and Administration* 9 (2): 11-20.

Overman, E. S., and A. G. Cahill (1994). Information, Market Government, and Health Policy: A Study of Health Data Organizations in the States. *Journal of Public Policy Analysis and Management* 13: 435-453.

Painter, J. (1991). Compulsory Competitive Tendering in Local Government: The First Round. *Public Administration* 69: 191-210.

Painter, M. (1981). Central Agencies and the Coordinating Principle. *Australian Journal of Public Administration* 40: 265-280.

Pallot, J. (1991). Financial Management Reform. In *Reshaping the State: New Zealand's Bureaucratic Revolution*, ed. J. Boston, J. Martin, J. Pallot, and P. Walsh. Auckland, New Zealand: Oxford University Press.

Parris, H. (1969). *Constitutional Bureaucracy*. London: George Allen and Unwin.

Pateman, C. (1970). *Participation and Democratic Theory*. Cambridge: Cambridge University Press.

Peacock, A. T. (1983). Public X-Inefficiency: Informational and Institutional Constraints. In *Anatomy of Government Deficiencies*, ed. H. Hanusch. Berlin: Springer.

Peacock, A. T., and H. Willgerodt (1989). *Germany's Social Market Economy: Origins and Evolution*. Basingstoke, UK: Macmillan.

Pear, R. (1995). A Welfare Revolution Hits Home, but Quietly. *New York Times*, 13 August, A-7.

Pennock，J. R. and J. W. Chapman （1975）. *Nomos XVI*： *Participation in Politics*. New York： Lieber-Atherton.

Perrow，C. (1984). *Normal Accidents*： *Living with High-risk Technologies*. New York： Basic Books.

Perry，J. (1993). Transforming Federal Civil Service. *Public Manager* 21 （Fall）： 14-16.

—— (1994). Revitalizing Employee Ties with Public Organizations. In *New Paradigms for Government*， ed. P. W. Ingraham and B. S. Romzek. San Francisco： Jossey-Bass.

Perry，J.，and H. G. Rainey （1988）. The Public-Private Distinction in Organization Theory： A Critique and a Research Strategy. *Academy of Management Review* 13.

Peters，B. G. (1985). Administrative Change and the Grace Commission. In *The Unfinished Agenda for Civil Service Reform*， ed. C. H. Levine. Washington， DC： Brookings Institution.

—— （1988）. *Comparing public Bureaucracies*： *Problems of Theory and Method*. University： University of Alabama Press.

—— (1992). Public Policy and Public Bureaucracy. In *History and Context in Comparative Public Policy*， ed. D. Ashford. Pittsburgh： University of Pittsburgh Press.

—— (1994). Alternative Modellen des Policy-Prozesses： Die Sicht "von unten" und die Sicht "von oben. " *Politische Vierteiljahrschrift* Sonderdruck 24： 289-303.

—— （1995a）. The Politics of Bureaucratic Change in Transitional Governments. *International Social Science Journal*， 147： 122-136.

—— (1995b). *The Politics of Bureaucracy*. 4th ed. New York： Longman.

—— (1995c). *American Public Policy*： *Promise and Performance*. Chatham，NJ： Chatham House.

—— (1996). The Antiphons of Administrative Reform. Unpublished paper，Department of Political Science，University of Pittsburgh.

Peters，B. G.，and B. W. Hogwood (1985). In Search of the Issue-Attention Cycle. *Journal of Politics* 47： 238-253.

—— （1988）. Births，Deaths and Marriages： Organizational Change in the U. S. Federal Bureaucracy. *American Journal of Public Administration* 18： 119-133.

Peters，B. G.，and J. Loughlin （1995）. State Traditions and Administrative Reform. Paper，Department of Political Science，University of Pittsburgh.

Peters，B. G.，and D. J. Savoie (1994a). Civil Service Reform： Misdiagnosing the Patient. *Public Administration Review* 54： 418-425.

—— (1994b). Reinventing Osborne and Gaebler: Lessons from the Gore Commission. *Canadian Public Administration* 37: 302–322.

Peters, B. G., and Wright, V. (1996). The Public Bureaucracy. In *The New Handbook of Political Science*, ed. R. E. Goodin and H. D. Klingemann. Oxford: Oxford University Press.

Peters, T. J., and R. H. Waterman (1982). *In Search of Excellence: Lessons from America's Best-Run Companies*. New York: Harper and Row.

Petersen, J. E. (1992). The Property Tax Revolt: Here We Go Again. *Governing* 5 (4): 4.

Petersson, O., and D. Söderlind (1994). *Förvaltningspolitik*. 2d ed. Stockholm: Almänna Forlag.

Petersson, O., A. Westholm, and G. Blomberg (1989). *Medborgarnas Makt*. Stockholm: Carlsson.

Pierce, N. R. (1992). Oregon's Rx for Mistrusted Government. *National Journal*, 29 February, 529.

Pierre, J. (1991). *Självstyrelse och omvarldsberoende*. Lund, Sweden: Studentlitteratur.

—— (1995a). The Marketization of the State. In *Governance in a Changing Environment*, ed. D. J. Savoie and B. G. Peters. Montreal: McGill/Queens University Press.

—— (1995b). Administrative Reform in Sweden: The Decline of Executive Capacity? Paper presented at conference on Modernization of Administration in Europe, Paris, June.

Pierre, J., and B. G. Peters (1996). Citizens vs. the New Public Manager: The Problem of Mutual Empowerment. Paper, University of Gothenberg, Sweden.

Piven, F. F., and R. A. Cloward (1993). *Regulating the Poor: The Function of Public Welfare*. 2d ed. New York: Vintage.

Plamondon, A. L. (1994). A Comparison of Official Secrets and Access to Information in Great Britain and the United States. *Communications and the Law* 16: 51–68.

Pliatzky, L. (1989). *The Treasury Under Mrs. Thatcher*. Oxford: Basil Blackwell.

Plowden, W. (1994). *Ministers and Mandarins*. London: Institute for Public Policy Research.

Pollitt, C. (1986). Beyond the Managerial Model: The Case for Broadening Performance Assessment in Government and the Public Services. *Financial Accountability and Management* 12: 115–120.

—— (1990). *Managerialism and the Public Service*. Oxford: Basil Blackwell.

—— (1995). Management Techniques for the Public Sector: Pulpit or Practice? In *Governance in a Changing Environment*, ed. B. G. Peters and D. J. Savoie. Montreal: McGill/Queens University Press.

Power, M. (1994). *The Audit Explosion*. London: Demos.

Pritzker, D. , and D. Dalton (1990). *Negotiated Rulemaking Sourcebook*. Washington, DC: Administrative Conference of the United States.

Pross, A. P. (1992). *Group Politics and Public Policy*. 2d ed. Toronto: Oxford University Press.

Prottas, J. M. (1979). *People Processing: The Street Level Bureaucrat in Public Service Bureaucracy*. Lexington, MA: D. C. Heath.

Public Money and Management (1994). Reorganizing Local Government, 14, 1 (theme issue).

—— (1995). Fraud and Corruption in the Public Sector, 15, 1 (theme issue).

Racine, D. P. (1995). The Welfare State, Citizens and Immersed Civil Servants. *Administration and Society* 26: 434-463.

Ranade, W. (1995). The Theory and Practice of Managed Competition in the National Health Service. *Public Administration* 73: 241-262.

Ranson, S. , and J. Stewart (1994). *Management in the Public Domain*. Basingstoke, UK: Macmillan.

Rawls, J. (1972). *A Theory of Justice*. Cambridge: Harvard University Press.

Reich, C. (1973). The New Property. *Yale Law Journal* 73: 733-764.

Reich, R. B. (1983). *The Next American Frontier*. New York: Times Books.

Reichard, C. (1994). *Umdenken im Rathaus: Neue Steureungsmodelle in der Deutsche Kommunalverwaltung*. Berlin Edition: Sigma.

Rhodes, R. A. W. (1992). Local Government Finance. In *Implementing Thatcherite Policies: Audit of an Era*, ed. D. Marsh and R. A. W. Rhodes. Buchingham, UK: Open University Press.

—— (1994). The Hollowing Out of the State. *Political Quarterly* 65: 138-151.

Rhodes, R. A. W. , and D. Marsh (1992). New Directions in the Study of Policy Networks. *European Journal of Political Research* 21: 181-205.

Rhodes, T. (1995). U. S. Looks Longingly at Major's Citizens' Charter, *The Times* (London), 17 April.

Richards, S. (1992). Changing Patterns of Legitimation in Public Management. *Public Policy and Administration* 7: 15-28.

Richards, S. , and J. Rodrigues. Strategies for Management in the Civil Service. *Public Money and Management* 13 (2): 33-38.

Richardson, J. J. (1984). Doing Less by Doing More: British Government 1979—1993. *West European Politics* 17: 178-197.

Riddell, P. (1995). When Ministers Must Decide, *The Times* (London) 29 May.

Riggs, Fred W. (1964). *Administration in Developing Countries*. Boston: Houghton-Mifflin.

Rist, R. C. (1990). *Program Evaluation and the Management of Government: Patterns and Prospects Across Eight Countries*. New Brunswick, NJ: Transaction.

Roberts, J. (1995). Food and Drug Administration Under Assault. *British Medical Journal* 310 (14 January): 82.

Robinson, R., and J. LeGrand (1994). *Evaluating the NHS Reforms*. London: Kings' Fund Institute.

Rochefort, D. A., and R. W. Cobb (1993). Problem Definition, Agenda Access and Policy Change. *Policy Studies Journal* 21: 56-71.

Roethlisberger, F. J., and W. J. Dickson (1941). *Management and the Worker*. Cambridge: Harvard University Press.

Rogers, D. L., and C. L. Mulford (1982). The Historical Development. In *Interorganizational Coordination*, ed. D. L. Rogers and D. A. Whetten. Ames: Iowa State University Press.

Romzek, B. S. (1990). Employee Investment and Commitment: The Ties That Bind. *Public Administration Review* 50: 374-382.

Romzek, B. S., and M. J. Dubnick (1994). Issues of Accountability in Flexible Personnel Systems. In *New Paradigms for Government*, ed. P. W. Ingraham and B. S. Romzek. San Francisco: Jossey-Bass.

Roniger, L., and A. Ghuneps-Ayata (1994). *Democracy, Clientelism and Civil Society*. Boulder, CO: Lynne Reinner.

Rose, R. (1974). *The Problem of Party Government*. London: Macmillan.

—— (1984). *Understanding Big Government: The Programme Approach*. Beverly Hills: Sage.

—— (1987a). Giving Direction to Permanent Officials: Signals from Electorates, the Market and from Self-expertise. In *Bureaucracy and Public Choice*, ed. J. E. Lane. London: Sage.

—— (1987b). *Ministers and Ministries: A Functional Analysis*. Oxford: Clarendon Press.

Rose, R., and B. G. Peters (1978). *Can Government Go Bankrupt?* New York: Basic Books.

Rose, R., et al. (1985). *Public Employment in Western Nations*. Cambridge: Cambridge University Press.

Rossi，P. H.，and H. E. Freeman（1989）．*Evaluation：A Systematic Approach*．4th ed. Newbury Park，CA：Sage.

Rouban，L.（1991）．Le client，l'usager et le fonctionnaire：quelle politique pour l'administration publique.*Revue francaise d'administration publique* 59：435-444.

Rubin，I.（1990）．*The Politics of Public Budgeting*.Chatham，NJ：Chatham House.

Sabatier，P. A.（1988）．An Advocacy Coalition Model of Policy Change and the Role of Policy-Oriented Learning Therein. *Policy Sciences* 21：129-168.

Salamon，L. M.（1979）．The Time Dimension of Policy Evaluation：The Case of the New Deal Land Relief Programs. *Public Policy* 27：129-184.

Sampson，A.（1995）.*Company Man：The Rise and Fall of Corporate Life*. London：Harper Collins.

Savoie，D. J.（1990）．*The Politics of Public Spending in Canada*. Toronto：University of Toronto Press.

—— (1994a).*Reagan，Thatcher，Mulroney：In Search of a New Bureaucracy*. Pittsburgh：University of Pittsburgh Press.

—— (1994b). Truth About Government. *Ottawa Citizen*，13 October，15.

—— (1995a). What Is Wrong with the New Public Management? *Canadian Public Administration* 38：112-121.

—— (1995b). *Central Agencies：Looking Backward*. Ottawa：Canadian Centre for Management Development.

—— (1995c). Globalization and Governance. In *Governance in a Changing Environment*，ed. B. G. Peters and D. J. Savoie. Montreal：McGill/Queens University Press.

Sawer，M.（1982）．Political Manifestation of Australian Libertarianism. In *Australia and the New Right*，ed. M. Sawer. Sydney：George Allen and Unwin.

Scharpf，F. W.（1989）．Decision Rules，Decision Styles and Policy Choices. *Journal of Theoretical Politics* 1：149-176.

—— (1991). Die Handlungsfähigkeit des Staates am Ende des zwanzigsten Jahrhunderts. *Politische Vierteiljahrschrift* 4：621-634.

Schick，A.（1978）．The Road from ZBB. *Public Administration Review* 38：177-181.

—— (1998). Micro-Budgetary Adaptations to Fiscal Stress in Industrialized Countries. *Public Administration Review* 48：523-533.

—— (1990). *The Capacity to Budget*. Washington，DC：Urban Institute Press. Schmitter，P. C.（1974）．Still the Century of Corporatism? *Review of Politics* 36：85-131.

—— (1989). Corporatism Is Dead: Long Live Corporatism. *Covernment and Opposition* 24: 54-73.

Schoenbrod, D. (1993). *Power Without Responsibility: How Congress Abuses the People Through Delegation*. New Haven: Yale University Press.

Schon, D., and M. Rein (1994). *Frame Reflection: Resolving Intractable Policy Issues*. New York: Basic Books.

Schorr, P. (1987). Public Service as a Calling: An Exploration of a Concept. *International Journal of Public Administration* 10: 465-494.

Schultze, C. L. (1977). *The Public Use of Private Interest*. Washington, DC: Brookings Institution.

Scott, G., P. Bushnell, and N. Sallee (1990). Reform of the Core Public Sector: The New Zealand Experience. *Covernance* 3: 138-167.

Scott-Clark, C. (1995). Parents Decry School "choice" as a Failure. *Sunday Times* (London), 4 June, 8.

Sears, D. O., and J. Citrin (1985). *Tax Revolt: Something for Nothing in California*. 2d ed. Cambridge: Harvard University Press.

Seidman, H., and R. Gilmour (1986). *Politics, Power and Position: From the Positive to the Regulatory State*. New York: Oxford University Press.

Seldon, A. (1990). The Cabinet Office and Coordination, 1979—1987. *Public Administration* 68: 103-121.

Self, P. (1993). *Government by the Market?* Boulder, CO: Westview.

Sharp, E. B. (1994). *The Dilemma of Drug Policy in the United States*. New York: Harper-Collins.

Shepsle, K. (1989). Studying Institutions: Some Lessons from the Rational Choice Approach. *Journal of Theoretical Politics* 1: 131-148.

—— (1992). Bureaucratic Drift: Coalitional Drift and Time Consistency: A Comment on Macey. *Journal of Law, Economics and Organization* 8: 111-118.

Silberman, B. S. (1993). *Cages of Reason: The Rise of the Rational State in France, Japan, the United States and Great Britain*. Chicago: University of Chicago Press.

Simon, H. (1947). *Administrative Behavior*. New York: Free Press.

—— (1973). The Structure of Ill-Structured Problems. *Artificial Intelligence* 4: 181-201.

Sjölund, M. (1989). *Statens Lönepolitik*, 1977—1988. Stockholm: Almänna Forlaget.

—— (1994a). Sweden. In *Rewards at the Top*, C. Hood and B. G. Peters. London: Sage.

—— (1994b). Transition in Government Pay Policies. *International Journal of Public Administration* 17: 1907-1935.

Skogstad, G. (1993). Policy Under Siege: Supply Management in Agricultural Marketing. *Canadian Public Administration* 36: 1-23.

Skowronek, S. (1982). *Building a New American State: The Expansion of National Administrative Capacity*, 1877—1920. Cambridge: Cambridge University Press.

Smart, H. (1991). *Criticism and Public Rationality: Professional Rigidity and the Search for Caring Government*. London: Routledge.

Smith, M. J., D. Marsh, and D. Richards (1993). Central Government Departments and the Policy Process. *Public Administration* 71: 567-594.

Smith, S. P. (1977). *Equal Pay in the Public Sector: Fact or Fantasy?* Princeton: Department of Economics.

Spicer, M. W. (1990). A Contractarian Approach to Public Administration. *Administration and Society* 22: 203-216.

Spragens, T. A. (1990). *Reason and Democracy*. Durham, NC: Duke University Press.

Spulbar, N. (1989). *Managing the American Economy: From Roosevelt to Reagan*. Bloomington: Indiana University Press.

Squires, P. (1990). *Anti-Social Policy: Welfare, Ideology and the Discipline State*. London: Harvester Wheatsheaf.

Ståhlberg, K. (1987). The Politicization of Public Administration: Notes on the Concepts, Causes and Consequences of Politicization. *International Review of Administrative Science* 53: 363-382.

State Services Commission (1994). *New Zealand's Reformed State Sector*. Wellington: State Services Commission.

Stein, E. W. (1995). Organizational Memory. *International Journal of Information Management* 15: 17-32.

Stein, J. (1995). Building a Better Bureaucrat. *Regulation* (3): 24-32.

Stillman, R. J. (1991). *Preface to Public Administration: A Search for Themes and Direction*. New York: St. Martin's.

Stockman, D. (1986). *The Triumph of Politics: How the Reagan Revolution Failed*. New York: Harper and Row.

Stromberg. L. (1990). Det svenska frikommunsforsoket. In *Frikommunsforsoket i Norden*, ed. K. Ståhlberg. Åbo, Finland: Åbo Akademi.

Sutherland, S. L. (1991). The Al-Mashat Affair: Administrative Responsibility in Parliamentary Institutions. *Canadian Public Administration* 34: 573-603.

Swiss, J. (1993). Adapting Total Quality Management (TQM) to Government. *public Administration Review* 52: 356-362.

Szanton, P. (1981). *Federal Reorganization: What Have We Learned?* Chatham, NJ: Chatham House.

Taggart, P. (1995). New Populist Parties in Western Europe. *West European Politics* 18: 34–51.

Tarschys, D. (1981). Rational Decremental Budgeting. *Policy Sciences* 14: 49–58.

—— (1986). From Expansion to Restraint. *Public Budgeting and Finance* 6: 25–37.

Taylor-Gooby, P. (1985). *Public Opinion, Ideology and State Welfare*. London: Routledge and Kegan Paul.

Tellier, P. M. (1990). Public Service 2000: The Renewal of the Public Service. *Canadian Public Administration* 33: 123–132.

—— (1991). A New Canadian Public Service. *Business Quarterly* 55 (4): 93–98.

Terry, L. D. (1995). *Leadership of Public Bureaucracies: The Administrator as Conservator*. Thousand Oaks, CA: Sage.

Thain, C., and M. Wright (1992a). Planning and Controlling Public Expenditure in the UK, Part I: The Treasury's Public Expenditure Survey. *Public Administration* 70: 3–24.

—— (1992b). Planning and Controlling Public Expenditure in the UK, Part II: The Effects and Effectiveness of the Survey. *Public Administration* 70: 193–224.

Theakston, K. (1992). *The Labour Party and Whitehall*. London: Routledge.

Thomas, J. C. (1993). Public Involvement and Government Effectiveness. *Administration and Society* 24: 444–469.

Thompson, V. A. (1975). *Without Sympathy or Enthusiasm: The Problem of Administrative Compassion*. University: University of Alabama Press.

Tiebout, C. M. (1956). A Pure Theory of Local Public Expenditure. *Journal of Political Economy* 64: 416–424.

Timsit, G. (1988). *Les autorités administratives indépendentes*. Paris: Presses Universitaires de France.

Tomkys, R. (1991). The Financial Management Initiative in the FCO. *Public Administration* 69: 257–263.

Tonn, B. E. and D. Feldman (1995). Non-Spatial Government. *Futures* 27: 11–36.

Torstendahl, Rolf (1991). *Bureaucratization in Northwest Europe, 1880—1985: Dominance and Government*. London: Routledge.

Tritter, J. (1994). The Citizens' Charter: Opportunities for Users' Perspectives. *Political Quarterly* 65: 397–414.

Tsebelis, G. (1994). The Power of the European Parliament as a Conditional Agenda Setter. *American Political Science Review* 88: 128–155.

Tullock, G. (1965). *The Politics of Bureaucracy*. Washington, DC: Public Affairs Press.

Tully, S. (1995). Finally, Colleges Start to Cut Their Crazy Costs. *Fortune* 131 (8): 110–114.

t'Veld，R. (1992). *Autopoesis and Configuration Theory*. Dordrecht，the Netherlands: Kluwer.

United Nations Development Programme (1988). *Selected Studies on Major Administrative Reforms*. New York.

U. S. General Accounting Office (1995a). *Federal Quality Management: Strategies for Involving Employees*. Washington，DC 18 April，GAO/GGD-95–79.

—— (1995b). *Federal Hiring: Reconciling Managerial Flexibility with Veterans' Preference*. Washington，DC 16 June，GAO/GGD-95–102.

Van Nispen，F. (1994). *Het dossier Heroverweging*. Delft，Netherlands: Eburon.

Vander Weele，M. (1994). *Reclaiming Our Schools: The Battle over Chicago School Reform*. Chicago: Loyola University Press.

Victor，P. (1995). Freedom of Information: It Will Cost You. *Independent on Sunday* (London)，18 June.

Waldo，D. (1968). Scope of the Theory of Public Administration. *Annals of the American Academy of Political and Social Sciences* 8: 1–26.

Walsh，K. (1991). Quality and Public Services. *Public Administration Review* 69: 503–514.

—— (1995). *Public Services and Market Mechanisms: Competition，Contracting and the New Public Management*. Basingstoke，UK: Macmillan.

Walsh，K. ，and J. Stewart (1992). Change in the Management of Public Services. *Public Administration* 70: 499–518.

Walsh，P. (1991). The State Sector Act of 1988. In *Reshaping the State: New Zealand's Bureaucratic Revolution*，ed. J. Boston，J. Martin，J. Pallot，and P. Walsh. Auckland: Oxford University Press.

Walters，J. (1992a). How Not to Reform Civil Service. *Governing* 6 (2): 30–34.

—— (1992b). Reinventing Government: Managing the Politics of Change. *Governing* 6 (3): 27–37.

—— (1992c). The Cult of Total Quality. *Governing* 5 (8): 38–42.

Warner，N. (1984). Raynerism in Practice: Anatomy of a Rayner Scrutiny. *Public Administration* 62: 7–22.

Weber，M. (1958). Bureaucracy. In *From Max Weber: Essays in Sociology*，ed. H. H. Gerth and C. W. Mills. New York: Oxford University Press.

Wehrle-Einhorn，R. J. (1994). Reinventing the Government Contract for Services. *National Contract Management Journal* 25 (2): 63–72.

Weir，S. (1995). Quangos: Questions of Democratic Accountability. *Parliamentary Affairs* 48: 306–322.

Werth, W. (1973). *Mitbestimmung: Deutsche Reformpolitik auf falschen Weg*. Munich: Politisches Archiv.

West, W. (1985). *Administrative Rulemaking: Politics and Process*. New York: Greenwood.

Wex, S. (1990). Leadership and Change in the 1990s. *Optimum* 21: 25-30.

White, O. F., and J. F. Wolf (1995). Deming's Total Quality Management Movement and the Baskin Robbins Problem: Part 1: Is It Time to Go Back to Vanilla? *Administration and Society* 27: 203-225.

White, S. K. (1988). *The Recent Work of Jurgen Habermas: Reason, Justice and Modernity*. Cambridge: Cambridge University Press.

Wildavsky, A. (1969). Rescuing Policy Analysis from PPBS. *Public Administration Review* 29: 189-202.

—— (1978). A Budget for All Seasons? Why the Traditional Budget Lasts. *Public Administration Review* 38: 501-509.

—— (1992). *The New Politics of the Budgetary Process*. 2d ed. New York: HarperCollins.

Willetts, D. (1994). *Civic Conservatism* London: Social Market Foundation.

Williamson, O. E. (1975). *Markets and Hierarchies*. New York: Free Press.

—— (1985). *The Economic Institutions of Capitalism*. New York: Free Press.

Wilson, D. (1995). The Quango Debate. Special issue, *Parliamentary Affairs* 48, no. 2.

Wilson, G. (1994). The Westminster Model in Comparative Perspective. In *Developing Democracy*, ed. I. Budge and D. McKay. London: Sage.

Wilson, J. Q. (1989). *Bureaucracy*. New York: Free Press.

—— (1994a). Can the Bureaucracy Be Deregulated? Lessons from Government Agencies. In *Deregulating the Public Sector*, ed. J. J. DiIulio. Washington, DC: Brookings Institution.

—— (1994b). Reinventing Public Administration. *PS: Political Science and Politics* 27: 667-673.

Wilson, S. V. (1988). What Legacy? The Nielsen Task Force Program Review. In *How Ottawa Spends: 1988/89, the Conservatives Heading into the Stretch*, ed. K. A. Graham. Ottawa: Carleton University Press.

Wilson, W. (1887). The Study of Administration. *Political Science Quarterly* 2: 197-222.

Wiltshire, K. (1988). *Privatization: The British Experience*. Melbourne: Longman.

Wolff, C. (1988). *Markets or Governments?* Cambridge: MIT Press.

Wright, V. (1994). Reshaping the State: Implications for Public Administration. *West European Politics* 17: 102-134.

Wright，V. ，and B. G. Peters（1996）. Public Administration：Change and Re-definition. In *New Handbook of Political Science*，ed. R. E. Goodin. Oxford：Oxford University Press.

Zifcak，S.（1994）. *New Managerialism：Administrative Reform in Whitehall and Canberra*. Buckingham，UK：Open University Press.

Zussman，D. ，and J. Jabes（1989）. *The Vertical Solitude：Managing in the Public Sector*. Halifax：Institute for Research on Public Policy.

索 引

政府治理与改革系列
公共行政与公共管理经典译丛

（以下所标页码为英文原书页码，见本书各页上的边码）

Aberbach，J. D.，J. D. 阿伯贝克 4，6，73，99，
    139（n1）
Abramson，E R.，E. R. 艾布拉姆森 42
Accountability，职责 6，8，12，43，96～97，
    104～106，112
Adler，M.，M. 阿德勒 5，44
administration of Clinton，克林顿政府 51
administration of Reagan，里根政府 22，40，91
Administrative Procedures Act，行政程序法
    （1946），57，139（n18）
Administrative reform，行政改革
Administrative rulemaking，行政法规制定 58
Administrative traditions，行政传统
Anglo-Saxon，英美语系的，英美人的 41
Affirmative action，赞助性行动 108
Africa，非洲 21
Agencies，机关 31～32，39～40，77，116，117，
    137（n10）
Agenda-setting，制定议事日程 27～28
Agresta，R. J.，R. J. 阿格雷斯塔 107
Agricultural policy，农业政策 73
Alexander，E. R.，E. R. 亚历山大 29
Allard，C. K.，C. K. 阿拉德 42

Allison，G. T.，G. T. 阿利森 130
Al-Mashat case（Canada），（加拿大）阿尔-马歇尔
    特案例 136（n10）
Almond，G. A.，G. A. 阿尔蒙德 5，53
Altfield，M. E，M. E. 阿特菲尔德 27，28
Andersen，N. A.，N. A. 安德森 14
Anglo-American democracies，英美语系民主国家
    11，13，34，44，50，93～94，98，110，
    115，116，138（n13），141（n1）
Anheier，H. K.，H. K. 安赫尔 59
Anti-governmentalism，反政府主义 1
Antipodes，（新西兰）安蒂波迪斯 31
Antiirust Division（Department of Justice），（司法
    部）反托拉斯处 137（n10）
Area Health Authorities，地区医疗卫生当局 37
Argyris，C.，C. 阿吉里斯 50
Ascher，K.，K. 阿舍 38
Asquith，S.，S. 阿斯奎思 5
Associative democracy，协同式民主 54
Atkinson，A. B.，A. B. 阿特金森 23
Attitude groups，加盟团体 15
Aucoin，B，B. 奥库安 4
Auditing，审计 38，99

Auditor，审计员 105

Auditor General，总审计员 105

Australia，澳大利亚 36，38，39，94

autopoetic，原地踏步 78

Bachrach，R，R. 巴克拉克 27，48

Baggott，R.，R. 巴戈特 144

Baker，M.，M. 贝克 37

Baldersheim，H.，H. 鲍尔德希姆 95

Ban，C.，C. 班恩 35

Banks，J.S.，J.S. 班克斯 24

Baratz，M.S.，M.S. 巴拉兹 27

Barber，B.，B. 巴伯 55

Barker，A.，A. 巴克 57

Barrett，E.J.，E.J. 巴雷特 74

Barzelay，M.，M. 巴泽雷 91

Bate，E，E. 贝特 113

Behn，R.D.，R.D. 贝恩 36，42，100

Bendor，J.S.，J.S. 本德尔 23，25，28

Benefits Agency，社会救济局 32

Benson，J.K.，J.K. 本森 81

Berman，J.K.，J.K. 伯曼 83，126

Beyme，K. von，K·冯·贝米 11

Bipartisan Commission on Entitlements（United States），（美国）两党权利委员会 14

Birchan，J.，J. 伯查尔 120

Birkinshaw，P.，P. 伯金肖 62

Black，J.，J. 布莱克 44

Blair，Tony，托尼·布莱尔，135（n8）

Blau，P.M.，P.M. 布劳 53

Bleeker，S.E.，S.E. 布利克 81

Blondel，J.，J. 布朗德尔 6

Bluman，C.，C. 布鲁曼 6

Bodiguel，J.-L.，J.L. 博迪吉尔 4，53

Booker，C.，C. 布克 21

Borins，S.J.，S.J. 博林斯 95

Borjas，G.J.，G.J. 博加斯 78

Boston，J.，J. 波士顿 7，31，35，37，39，41，74

Botella，J.，J. 博特拉 114

Bothun，D.，D. 博修恩 74

Botwinick，A.，A. 博特威尼克 48

Bowen，D.E.，D.E. 鲍恩 52

Boyte，H.C.，H.C. 博耶特 59

Braibanti，R.，R. 布雷班迪 5

Brandeis，Louis，路易斯·布兰代斯，140（n18）

Breton，A.，A. 布雷顿 24

Britain，英国 17，32，36，37，38，42，44，74，100，136（nn10，14），137（nn11，19，21）

Brockman，J.，J. 布罗克曼 51

Brooks，J.，J. 布鲁克斯 113

Budgeting，预算 24，26，38，41，74，86，94，102~103，137（n20），142（n9）

Budget Enforcement Act of 1990，预算执行法 38，103

bulk budgeting，宽额预算 102~103

Bureaucracy，官僚体制，官僚人员

budget-maximization，预算最大化 22，23~28，136（n6）

Weberian，韦伯式 7，8，10，11，17，108~109

Bureaucratic encounters，官僚接触 53~54

Bureau-shaping，塑造机关 24，25

Burgernahe，与公民密切相关 55，116

Burkitt，B.，B. 伯基特 37

Burstein，C.，C. 伯斯坦 51

Bush，George，乔治·布什，51

Butler，D.，D. 巴特勒 54

Byrne，P.，P. 伯恩 27

Caiden，G.，G. 凯登 16，109

Calista，D.J.，D.J. 卡利斯塔 29，41

Calltorp，J.，J. 卡尔托普 37

Campbell，C.，C. 坎贝尔 6，27，29，36，98

Campbell，D.T.，D.T. 坎贝尔 9，84，122

Canada，加拿大 32，37，42，47，52，86，95，103，115，128，136（nn10，14，）137（n21），142（n9）

Crown Corporation，官方公司 32

Carter，N.，N. 卡特 35，113

Cave，M.，M. 凯夫 112

Central agencies，中央机关 80~81，89，98，105~106，118

Central Europe，中欧 17，72

Chapman，R.A.，R.A. 查普曼 49

Choice for clients，顾客选择 44

Chretien government（Canada），（加拿大）克雷蒂安政府 137（n21）

Christensen，T.，T. 克里斯坦森 26

Chubb，B.，B. 查布 121

Chubb，J. E.，J. E. 查布 44

Citizens' Charter，公民宪章 42，62

Citrin，J.，J. 西特林 14

citizens，138（15）公民

civil servants，公务员 139（n1）

civil service，公务员制度

Civil Service Reform Act of 1978，1978 年公务员改革法 35

Clark，I. D.，I. D. 克拉克 32

Clarke，M.，M. 克拉克 48

Clientelism，顾客主义 68~69

Clinton，Bill，比尔·克林顿，47，85，88

Cloward，R. A.，R. A. 克洛瓦德 14

Coase，R. H.，R. H. 科斯 23

Coast Guard，海岸防卫队 76

Cobb，R. W.，R. W. 科布 73，76

Cohen，J.，J. 科恩 15

Cold war，冷战 56

Comer，J. C.，J. C. 科默 74

Commission on Social Justice，社会公正委员会 23

Communitarianism，公有社会 58~60，70，138（n2）

Comparato，S.，S. 康帕拉托 25

comparing，比较 113~116

"Competing for Quality"（White Paper），以竞争追求质量（白皮书）39

competition，竞争 25，65

Competitive tendering，竞争性投标 39

Compliance，顺从 7~8

Comptroller and Auditor General，总审计长 105

Congress，国会 6，27，35，138（n9），139（n2）

congressional elections 国会选举（1994），59

Connolly，M.，M. 康诺利 62

Consensus politics，舆论型政府 3

Conservative government，保守政府 44

Conservative party（United Kingdom），（英国）保守党 96，115，135（n9），138（n1）

Conservative populism，保守的平民主义 59

Consultation，协议 47，66，138（n13）

Consumer service，顾客服务 42，43，62，120，128

Contingency models，权变模式 32~33，124~126

"Continuity and Change"（White Paper），持续与变革（白皮书）98

Contracting out，签约外包 38，137（n22）

contradictions，矛盾 16~18，60，128~129

Contravention，违反 54

control，控制 22，25，93

Cook，F. L.，F. L. 库克 74

Cooper，P.，P. 库珀 6

Coordination，协调 25，26，65~66，76~77，88~89，103~104，111，117~119，136（n11）

Corporatism，合作主义 15，57，63

"Corporatization"（New Zealand）（新西兰）公司化运动 31，74

Cronin，T. E.，T. E. 克罗林 54

Crozier，M.，M. 克罗泽 94，113

Curry，L.，L. 柯里 86

Customer service，顾客服务 42

Customs Bureau，海关 76

Daley，D.，D. 戴利 83

Dalton，D.，D. 多尔顿 58

Danet，B.，B. 达内特 53

Davies，A.，A. 戴维斯 31

Day，E，E. 戴 6，35，43，104，112

Debureaucratization，非官僚化 52，138（n4）

Decentralization，分权 31~33，41，58，65，99~100，116

Defense Public Works Division（United States），（美国）防御工程局 140（n17）

Delayering，缩减组织层级 61

Deleon，P.，P. 德莱恩 114

Deming，W. E.，W. E. 戴明 51

de Montricher，N.，N. 德蒙特里切尔 116

Denmark，丹麦 14，142（n10）

Department of Defense，国防部 76，137（n21）

Department of Finance，财政部 36

Department of Housing and Urban Development，住宅暨城市发展部 138（n4）

Department of Social Services，社会服务部 137（n19）

Deregulating government，解制型政府 10，118，121～122，124，126～127

deregulation，解制 91～110

Derlien, H.-U.，H.-U. 德莱恩 2，4，17，34，76，116

Developing countries，发展中国家 8，9，18

Dexter, L. A.，L. A. 德克斯特 54

dialectical，辩证 7

Dicken, P.，P. 迪肯 78

Dickson, W. J.，W. J. 迪克森 50

DiIulio, J. J.，J. J. 迪修莱 51，91

DiMaggio. P. J.，P. J. 迪马乔 81

Discursive democracy 对话式民主 54～58，65～66，69

Doern, G. B.，G. B. 多恩 62

Donkin, R.，R. 唐金 129

Dopson, S.，S. 多普森 120

Downs, A.，A. 唐斯 24，25，77

Downs, G. W.，G. W. 唐斯 13

Downsizing，组织精简 61

Draper, F. D.，F. D. 德雷珀 86

Dror, Y，85，Y. 德诺尔 140（n15）

Drug Enforcement Agency，毒品取缔局 76

Dryzek, J. S.，J. S. 德泽克 54，125

Dubnik, M. J.，M. J. 杜布里克 32

Duncan, A.，A. 邓肯 25

Dunleavy, P.，P. 邓拉维 24

Dunn, W. N.，W. N. 邓恩 2

Dunsire, A.，A. 邓赛尔 113，125

Dupuy, F.，F. 迪普伊 52

Durant, R. F.，R. F. 杜兰特 51，75

Dvorin, E. P.，E. P. 德沃林 50

East Germany，民主德国 116，138（n13）

Economist，经济学家 54，137（n18）

Education policy，教育政策 137（n25）

Efficiency，效率 7，22～23，113

Egeberg, M.，M. 埃格伯斯 24，74

Ehrenhalt, A.，A. 埃仑霍尔特 95

Eisenberg, E. F.，E. F. 艾森伯格 24，35

Elcock, H.，H. 埃尔科克 96

Elder, S.，S. 埃尔德 58

elections（1993），选举 59

Empowerment，授权 12，48，50～51，56

Entitlements，权利 14

Entrepreneurship，企业精神 27，40，100～101，117，137（n23）

envelope budgeting，信封预算 142（n9）

Epstein, R. A.，R. A. 爱泼斯坦 127

Equality，平等 1

Ericksson, B.，B. 埃里克森 103

Error detection，96，发现错误 119～122

Etheredge, L. S.，L. S. 埃塞里奇 73

Ethics，伦理学 11

Etzioni, A.，A. 埃蔡恩尼 57，58

Europe 欧洲

Eastern Europe，东欧 17，72

European Union，欧盟 6

Experimentation, with organizations，组织实施 8

Expertise，专业知识 55

FDA News，FDA 新闻 113

Federalism，联邦主义 85

Federal Bureau of Investigation，联邦调查局 76

Federal Emergency Management Agency，联邦紧急事件管理局 125，126

Federal Quality Institute，联邦质量协会 51

Federal Register，联邦记录 58

Federal Trade Commission，联邦贸易委员会 137（n10）

Federal Works Agency，联邦工务署 140（n17）

Feldman, D.，D. 费尔德曼 48

Feller, I.，I. 费勒 93.94

Financial Management，财政管理 36～37，95

Financial Management Improvement Programme（FMIP），财政管理改进计划 37

Financial Management Initiative（FMI），财政管理改革方案 37

Fiorina, M. P.，M. P. 菲奥里纳 25

Fischer, F.，F. 费希尔 49

Flexible government，弹性化政府 118，121，123~124，126

Follett，M. P.，M. P. 福莱特 50，139（n21）

Food and Drug Administration，食品药物管理局 138（n11）

Foreman，C.，C. 福尔曼 27

Forsberg，E.，E. 福斯伯格 37

Foster，C. D.，C. D. 福斯特 31

Fournier，J.，J. 福尔尼尔 76，80

France，法国 4，52，77，96，102，116，137（n25），139（n1），142（n4）

Rationalization des Choixs budgetaires（RCB），86，102

Frederickson，G.，G. 弗雷德里克森 50

Freeman，H. E.，H. E. 弗里曼 88

Frenkel，M.，M. 弗伦克 58

Friedman，M.，M. 弗里德曼 3

Friedrich/Finer debate on accountability，弗里德里克和芬纳关于职责的争论 105

Frohlich，N.，N. 弗罗利克 119

Gaebler，T.，T. 盖布勒 11，18，95

Garvey，G.，G. 加维 50

General Accounting Office，会计总局 38，50，93

General Services Administration，服务总局 39

Generic management，一般管理 28~30

Germanic，日耳曼 93，110，116

Germany，德国 3，4，10，34，49，55，77，116，131

Gibert，P.，P. 吉伯特 93

Gilbert，G. R.，G. R. 吉尔伯特 51

Gilmour，R. S.，R. S. 吉尔摩 81，93

Glassco Commission（Canada），（加拿大）格拉斯科委员会 94

Globalization，全球化 1，13，136（n15）

Glynn，J. A.，J. A. 格林 43

Goetz，K. H.，K. H. 戈茨 116

Golembiewski，Robert，戈雷别维斯基，罗伯特 50

Goodin，R. E.，R. E. 古丁 26

Goodman，J. B.，J. B. 古德曼 44

Goodnow，F. J.，F. J. 古德诺 5

Goodsell，C. T.，C. T. 古德塞尔 22，52，53，93，121

Gore，Al，阿尔·戈尔 141（n1）

Gore Commission（National Performance Review），戈尔委员会（国家绩效评估）28，51，81，129，129

Gore Report，戈尔报告 28，51，129

Gormley，W. T.，W. T. 戈姆利 104，105

Governance，治理 1，12，15，18

elections，选举 59

government，政府 37

Government Performance and Results Act（1992），政府绩效成果法 99

Grace Commission，格雷斯委员会 33，34

Gramm-Rudman-Hollings Act，格拉姆-拉德曼-霍林斯法案 103

Gray，A. G.，A. G. 格雷 37，43，99，115

Great Depression，大萧条 85

Greenwood，R.，R. 格林伍德 125

Greer，P.，P. 格里尔 113，32

Grindle，M. S.，M. S. 格林德尔 17

Gruber，J.，J. 格鲁伯 105

Gulick，L.，L. 古利克 5

Gustafsson，B.，B. 古斯特塔夫逊 3

Habermas，Jurgen，尤尔根·哈贝马斯 55

Haldane Report，霍尔丹报告 5

Halley，A. A.，A. A. 哈利 93

Halligan，J.，J. 哈利根 36

Hancock，M. D.，M. D. 汉考克 49

Handler，J.，J. 汉德勒 55，56

Hanf，K.，K. 汉夫 81

Hanuschek，E. A.，E. A. 汉纳斯切克 103

Hardin，R.，R. 哈丁 139（n21）

Harmon，M.，M. 哈蒙 4

Harrigan，P.，P. 哈里根 55

Harrison，S.，S. 哈里森 37

Harter，P.，P. 哈特 58

Hawthorne experiment，霍桑试验 50

Hayek，F. A. von，F. A. 冯·海克 3

Hayes，M.，M. 海斯 73，86，94

Heclo，H.，H. 赫克洛 98

Henkel，M.，M. 亨克尔 43

Hennessy，P.，P. 亨尼西 22

Hesse，J.J.，J.J. 赫西 6，17

Hierarchy，科层制 7～8，47～49，98

Hinings，C.R.，C.R. 欣林斯 125

Hirst，P.，P. 赫斯特 54

Hobson，D.，D. 霍布森 25

Hoffman，J.J.，J.J. 霍夫曼 31

Hogwood，B.W.，B.W. 霍格伍德 8，31，73，74，76，77，80，87

Holmes，M.，M. 霍默斯 37，39

Home Office，内政部 120

Hood，C.，C. 胡德 7，8，23，28，34，80，101，125

Horner，C.，C. 霍纳 91

Housing policy，住宅政策 70

Howard，P.K.，P.K. 霍华德 92

Hula，R.C.，R.C. 休拉 23

Hult，K.M.，K.M. 赫尔特 74

Ibbs Report，伊伯斯报告 32

Ideal speech community，理想对话共同体 55

ideas，理念，思想，观点 2～3，130～131

Ideologies，意识形态，观念形态 47～48

Incentives，in organizations，组织内的诱因 71，83

Incrementalism，渐进主义 73～74，86～87

Inglehart，R.，R. 英格利哈特 15，42

Ingraham，P.W.，P.W. 英格拉哈姆 5，16，24，35，51

Ingram，H.，H. 英格拉姆 97

Inspectors General，总监察长 105

Institutionalization，制度化 10，81，85～86

Interest groups，利益团体 15，40，57

Intergovernmental relations，政府间关系 95～96

Internal markets，内部市场 37～38

International Monetary Fund，国际货币基金 136（n2）

International organizations，国际组织 1，136（n2）

Interorganizational politics，组织间的政治 66，82

Issue networks，主题网络 56

Italy，意大利 135（n9）

Jabes，J.，J. 杰贝斯 83

Jacques，E.，E. 雅克 32

Japan，日本 2，13，137（n25），139（n1）

Jenkins，S.，S. 詹金斯 37，43，59，99，115

Jennings，E.T.，E.T. 詹宁斯 25

Jerome-Forget，M.，M. 杰罗姆－福格特 37

Johnson，R.N.，R.N. 约翰逊 5

Jordan，A.G.，A.G. 乔丹 39，41，57

Kato，J.，J. 卡托 5，29

Katz，E.，E. 卡茨 53

Katz，J.，J. 卡茨 85

Kaufman，H.，H. 考夫曼 4，8，9，10，17，72，106，113

Kavanagh，D.，D. 卡瓦纳 3

Kazin，M.，M. 卡津 59

Kearns，K.，K. 卡恩斯 59

Keating，M.，M. 基廷 37，39

Kelman，S.，S. 卡尔曼 34，94

Kemp，Jack，杰克·肯普，138（n4）

Kemp，E，E. 肯普 101

Kenis，P.，P. 凯尼斯 8

Kernaghan，K.，K. 克拉克汉 48，59，114

Kerry/Danforth Commission. 克里/丹福思委员会 14

Kerwin，C.M.，C.M. 克尔温 6

Kettl，D.F.，D.F. 凯特尔 51，80，103

Keynesianism，凯恩斯主义 13

Kickert，W.J.M.，W.J.M. 基克尔特 31，32，116

Kiel，L.D.，L.D. 基尔 78

Kimm，V.I.，V.I. 基姆 99

King，D.S.，D.S. 金 22，73

Klein，R.，R. 克莱因 6，35.43，104，112

Kobach，K.W.，K.W. 科巴奇 54

Koehn，P.H.，P.H. 科恩 5

Kogan，M.，M. 科根 112

Konig，K.，K. 科尼克 131

Kooiman，J.，J. 库伊曼 8，15，55

Korean War，朝鲜战争 140（n19）

Korsgaard，M.A.，M.A. 科斯盖德 83

Koven，S.G.，S.G. 科文 56，58

Krane，E. T.，E. T. 克兰 25

Krauss，E.，E. 克劳斯 2，13

Labour government，工党政府 135（n8）

Labour party (United Kingdom)，（英国）工党 101

Laegreid，P.，P. 莱格雷德 116

Lamont，B. T.，B. T. 拉蒙特 31

Lampe. D.，D. 兰普 85

Lan. Z.，Z. 兰 7

Landau，M.，M. 兰多 25

Langton，S.，S. 兰顿 112

LaNoue，G. R.，G. R. 拉诺尤 108

Larkey，P. D.，P. D. 拉基 13

Larsson，T.，T. 拉森 80

Lasswell，H. D.，H. D. 拉斯韦尔 5，53

Laux，J. A.，J. A. 劳克斯 32

Legislative veto，立法否决 27

Legislatares，议会 25

LeGrand，J.，J. 勒格兰德 22，23

Leichter，H.，H. 雷克特 85

LeLoup，L. T.，L. T. 利劳普 38

Lemco，J.，J. 莱梅科 59

Levine，C. H.，C. H. 莱文 33

Lewis，N.，N. 刘易斯 42，43，63

Liebcap，G. D.，G. D. 利伯卡普 5

Light，P. C.，P. C. 莱特 95，105

Likert，R.，R. 利克特 50

Lindblom，C.，C. 林德布鲁姆 86

Linden，R. M.，R. M. 林登 28

Linder，S. H.，S. H. 林德 23，97，121

Lindquist，E.，E. 林奎斯特 47

Lipsky，M.，M. 利普斯基 5，52

Llewellyn，S.，S. 卢埃林 44

Local government，地方政府 95～96

Logue，J.，J. 洛格 49

Loughlin，J.，J. 洛克林 93，96

Lovell，R.，R. 洛佛尔 42

Loveman，G. W.，G. W. 洛夫曼 44

Lowi，T. J.，T. J. 洛维 82

Luhmann，N.，N. 鲁曼 55

Lundell，B.，B. 伦德尔 14

McGarrity，T.，T. 麦克加里提 27

McGuire，T.，T. 麦圭尔 21

McKeown，M.，M. 麦基翁 62

McLean，I.，I. 麦克莱恩 23

Maidment，R.，R. 梅德蒙特 117

Main alternative (Sweden)，主要替代方案 103

Majone，G.，G. 马琼 55，84

Major，John，约翰·梅杰，138（n1），142（n10）

Malot，M. A.，M. A. 马洛特 32

management，管理 33～40

Management by Objectives (MBO)，目标管理 29

Mandates，intergovernmental，政府间的委托 95

Manring，N. J.，N. J. 曼林 62

Mansbridge，J.，J. 曼斯布拉奇 75

March，J. G.，J. G. 马奇 16，75，81，109

Marini，F.，F. 马里尼 50

market，市场 11，13，21～46

Market model of reform，改革的市场模式 116～117，120～121，123，125～126，138（n6）

Market testing，市场检验 38～40

Marriott，N.，N. 马里奥特 38

Marsh，D.，D. 马什 42，56

Marshall，G.，G. 马歇尔 97，106

Masa，F.，F. 玛莎 80

Massey，A.，A. 马西 28

Mastracco，A.，A. 马斯特洛克 25

Mayne，J.，J. 梅恩 99

Mayntz，R.，R. 梅恩兹 15

Mazey，S.，S. 梅齐 96

Meier，H.，H. 迈耶 57

Mellett，H.，H. 梅利特 38

Merit pay，按成绩付酬 24，34～36，116

merit system，功绩制 5，135（n5）

Meyer，F.，F. 迈耶 41

Micheletti. M.，M. 米什莱特 57

Mimomanagement (by legislature)，微观管理 93

Miller，G. J.，G. J. 米勒 25，27，28，48

Miller，T.，T. 米勒 122

Millett，R. A.，R. A. 米利特 53

Milligan-Byrne，G.，米利根－伯恩 62

Mills，N.，N. 米尔斯 108

Milward，H. B.，H. B. 米尔沃德 12

Minnowbrook Conference，明诺布鲁克会议 50

Minority rights，少数族裔权利 42

Mintzburg，H.，H. 明兹伯格 32

Mishan，E. J.，E. J. 米珊 3

Modeen，T.，T. 莫丁 117

Model Cities Program，模范城市计划 53，112

Moe，R.，R. 莫 22

Moe，T. M.，T. M. 莫 23，25，29，44

Mommsen，W. J.，W. J. 莫门森 10

Morgan，G.，G. 摩根 130

Morris，P.，P. 莫里斯 3

Mosher，F.，F. 莫舍 38

Moynihan，D. P.，D. P. 莫伊尼汉 53，112

Mulford，C. L.，C. L. 马尔福德 53

Mulhall，S.，S. 马尔霍尔 59

Muller，P.，P. 马勒 48

Muller，W. C.，W. C. 马勒 97

Mulroney，Brian，布赖恩．穆罗尼，131

Mulroney government，穆罗尼政府，22，40

Muramatsu，M.，M. 穆拉马舒 2，133

Napoleonic，拿破仑 93

National Audit Office，国家审计局 37，101，120

National Health Service，国家卫生局 37，101，120

National Performance Review，国家绩效评估 51，81

Negotiated rulemaking，协议式规则制定 57～58

Netherlands，荷兰 31，32，103，116

Network，网络 56，81～82

Neutral competence，权限中立 4

neutrality，中立 4～6，41

New Deal，新政 112，136（n9）

New England town meeting，新英格兰镇会议 58

New Public Administration，新公共行政 50

New Public Management（NPM），新公共管理 28～29，92，99，101～102，137（n12）

New State Ice Co. v. Lieebmann，140（n18）

New York City，纽约市 56

New Zealand，新西兰 31，32，37，39，74，94

Nielsen Commission，尼尔森委员会 33

Next Steps（United Kingdom），（英国）下一步 31，32，39，74，101，104

Niskanen，W.，W. 尼斯卡宁 21，22，23，27，30，32，74，139（n5）

Niskanen model，尼斯卡宁模式 26

Nixon，Richard，理查德·尼克松，3，13，135（n3）

Nixon，S. J.，S. J. 尼克松 85

Noll，R. G.，R. G. 诺尔 139

Norman，P.，P. 诺曼 98

North，R.，R. 诺思 21

North America，北美 15，62

Northcote Trevelyan Report，诺斯科特—屈维廉报告 5

Norway，挪威 14，15，26，116

Novick，D.，D. 诺维克 3

NPM（New Public Management），新公共管理 28，29

Oates，W. E.，W. E. 奥茨 23

Observer，观察家 55

OECD（Organization for Economic Cooperation and Development），经济合作与发展组织 36，54，78，94

Office of Management and Budget，管理和预算局 39，103

Office of Personnel Management（OPM），人事管理局 94，107

Office of the Prime Minister and Cabinet，首相内阁办公室 80，118

Olsen，J. P.，J. P. 奥尔森 16，45，75，81，94

Olson，M.，M. 奥尔森 119

O'Neill，J.，J. 奥尼尔 108

Opheim，C.，C. 奥普赫姆 86

Oppenheimer，J. A.，J. A. 奥本海默 119

Organizational humanism，组织人本主义 50

Organizations 组织

Orlans，H.，H. 奥伦斯 108

Osborne，D.，D. 奥斯本 11，18，95

Ostrom，E.，E. 奥斯特罗姆 23

Oughton，J.，J. 奥顿 38

Oversight，监督 25，27

Painter，J.，J. 佩因特 39

Painter，M.，M. 佩因特 80

Pallot，J.，J. 帕洛特 37

Parris，H.，H. 帕里斯 5

participatory，参与 12，47～71

Participatory management，参与管理 49～52

Participatory reform，参与式改革 92，117～118，
　　121，123，126

Passport Agency，护照管理局 120，142（n7）

Patch，A.，A. 帕奇 44

Pateman，C.，C. 佩特曼 49

Peacock，A. T.，A. T. 皮科克 3，21

Pear. R.，R. 皮尔 95

Pennock，J. R.，J. R. 彭诺克 49

Performance contracts，绩效契约 35

permanent，永久性

Perrow，C.，C. 佩罗 26

Perry，J.，J. 佩里 7，50，94

Personnel management，人事管理 10，11，18，
　　34，36

Peters，B. G.，B. G. 彼得斯 2，4，5，6，7，8，
　　10，16，17，23，26，29，34，52，57，73，
　　75，76，77，81，83，87，93，97，102，
　　113，114，121，122

Peters，T. J.，T. J. 彼得斯 130

Petersen，J. E.，J. E. 彼得森 14

Petersson，O.，O. 彼得森 26，32

Pierce，N. R.，N. R. 皮尔斯 57

Pierre，J.，J. 皮埃尔 42，60，116，122

Pitsvada，B. T.，B. T. 皮兹瓦达 86

Piven，F. F.，F. F. 皮文 14

Planning，Programming　Budgeting　Systems
　　（PPBS），计划预算 86，102，140（n12）

Pliatzky，L.，L. 普列茨基 36

Plowden，W.，W. 普洛登 5，29

policy，政策

Policy advice，政策咨询 6，40

policy advisers，政策顾问 6

Policy analysis，政策分析 99

Policy community，政策共同体 56

Policy evaluation，政策评估 88，141（n5）

Policy formulation，政策形成 6，119

Policy gambling，政策博弈 85

Policy instruments，政策工具 23

Policymaking，政策制定 40～43

Policy problems，政策问题 2，15

Policy process，政策过程 19

Political right，政治权利 14

politicization，政治化 6

Pollitt，C.，C. 波利特 28，101，120，125

Ponting affair，庞廷事件 136（n10）

Populism，平民主义 14，59

Posner，C. H.，C. H. 波斯纳 33

Post-materialism，后唯物主义 15，42

Poverty，贫穷 14

Powell，W. W.，W. W. 鲍威尔 81

Power，M.，M. 鲍尔 105

prime ministers，首相 47

Principal-agent model，代理人模式 2 9

Prismatic administration，棱柱行政 8

Pritzker，D.，D. 普里茨克 58

Privatization，民营化 31，44

Professionals in government，政府中的专业人员
　　75

Program budgeting，计划预算 41

Programme Analysis and Review（PAR），方案分
　　析和检查 86

Projektgruppen，77，136（n11）

Projets de mission，方案式组织 77

Pross，A. P.，A. P. 普罗斯 15

Prottas，J. M.，J. M. 普罗塔斯 52

PS 2000，公共服务 2000，42，52

Public administration，traditional，传统公共行政
　　3～4，13～16，28，36，107～108，131～
　　133

Public choice economics，公共选择经济学 60

Public Expenditure Survey（PESC），公共支出调查
　　86，103

Public Finance Act，公共财政法 3

Public goods，公共财物 23

Public interest，公共利益 8，43～46，67～70，
　　87～90，104～108

Public Money and Management，8，96

Public sector pay，公共部门待遇 34～36，137
　　（n16）

Purchaser-provider split，购买者—提供者二分法
　　37

Purchasing，采购 94，108，141（n1）

Putnam，K.，K. 帕特南 120

Putnam，R.D.，R.D. 帕特南 4，139（n1）

Quality movement，质量运动 50～52，67

Ouangos，特殊法人政府 59，80

Racine，D.P.，D.P. 拉欣 58

Rainey，H.G.，H.G. 雷尼 7

Ranade，W.，W. 拉纳达 37

Ranney，A.，A. 兰尼 54

Ranson，S.，S. 兰森 28，82，125，128

Rationality，in organizations，组织中的理性 3，
　　114～115

Rationalization des Choixs Budgetaires（RCB），
　　86，102

Rawls，J.，J. 罗尔斯 140（n21）

Rayner，Lord，洛德·雷纳，115，142（n6）

Reagan，Ronald，罗纳德·里根，131，136（n3）

Reaganism，里根主义 142（n5）

Reconsideration，重新考虑 103

Red Cross，红十字会 126

Redistribution，重新分配 23

Redundancy，of organizations，组织重叠 25，42

Reform，改革

Regulation，管制 27，55，57

Regulatory capture，管制性战利品 71

Reich，C.，C. 赖克 127

Reich，Robert，罗伯特·赖克，85

Reichard，C.，C. 赖卡德 93

Rein，M.，M. 赖因 2，130

Reinventing Government，政府再造 18，141（n1）

Remiss（Sweden），（瑞典）62

Renegotiation Board，重议委员会 140（n19）

Republican Contract with America，共和党与美国
　　人民有约 88，95，135（n7）

Resource accounting，资源会计 38

Rhodes. R. A. W.，R. A. W. 罗兹 12，56，96

Rhodes，T.，T. 罗兹 42

Richards，D.，D. 理查兹 42

Richards，S.，S. 理查兹 17，39

Richardson，J.J.，J.J. 理查森 26

Riessman，F.，F. 理斯曼 59

Riggs，Fred W.，弗雷德·里格斯，8

Rights of citizens，公民权 62

Riksrelrisionsverket，审计长 105

Rist，R.C.，R.C. 里斯特 99

Roberts，J.，J. 罗伯兹 55

Rochefort，D. A.，D. A. 罗切福特 73，76

Rockman，B. A.，B. A. 罗克曼 4，6，73，99，
　　139（n1）

Rodrigues，J.，J. 罗德里格斯 39

Roethlisberger，F.J.，F.J. 罗特利斯伯格 50

Rogers，D.L.，D. L. 罗杰斯 53

Rogers，J.，J. 罗杰斯 15

Romzek，B.S.，B. S. 罗米泽克 32，50

Roosevelt，Franklin，富兰克林·罗斯福，85，
　　136（n9）

Rosas，A.，A. 罗莎斯 117

Rose，R.，R. 罗斯 3，29，55，81，114，120，
　　125

Rosenbloom，D.H.，D. H. 罗森布鲁姆 7

Rossi，P.H.，P. H. 罗西 88

Rouban，L.，4，53，L. 罗班 116

Rubin，I.，I. 鲁宾 86

rules and laws，规则与法律 11

Sabatier，P. A.，P. A. 萨巴蒂尔 57

Salamon，L. M.，L. M. 萨拉蒙 88

Sapienza，H. J.，H. J. 萨平扎 83

Savoie，D. J.，D. J. 萨瓦 2，7，13，16，22，26，
　　27，34，40，52，78，81，86，89，96，98，
　　102，103，119

Sawer，M.，M. 索威尔 3

Scandinavia，北欧 4～5，31，45，49，57，94，
　　95，116，138（n15）

Scharpf，F.W.，F. W. 沙尔夫 7，81

Schick，A.，A. 西克 26，74，94

Schiller，B.，B. 希勒 49

Schluter government (Denmark), （丹麦）施吕特政府 142 (n10)

Schmitter, P. C., P. C. 施米特尔 15, 57

Schneider, A., A. 施奈德 97

Schneider, B., B. 施奈德 52

Schneider, V., V. 施奈德 8

Schoenbrod, D., D. 舍恩布罗德 27

Schon, D., D. 舍恩, 2, 130

Schorr, P., P. 肖尔 35

Schultze, C. L., C. L. 舒尔茨 23

Schuppert, G. F., G. F. 舒普尔特 80

Schweiger, D. M., D. M. 施韦格尔 83

Scott-Clark, C., C. 斯科特－克拉克 46

Sears, D. O., D. O. 西尔斯 14

Secondary legislation, 代理立法 6, 27, 57

Segsworth, B., B. 塞格斯沃斯 99

Seibel, H. K., H. K. 塞贝尔 59

Seldon, A., A. 塞尔顿 89

Self, P., P. 塞尔夫 7, 22, 114, 125

Senior Executive Service (SES), 高级行政官员服务处 35, 84

separation of politics and administration, 政治行政两分法 5

Sharp, E. B., E. B. 夏普 76

Shepsle, K., K. 谢普斯勒 22, 29

Shields, C., C. 希尔兹 86

Simmons, R. H., R. H. 西蒙斯 50

Simon, H., H. 西蒙 2, 17, 109, 112

Sjolund, M., M. 肖伦德 35, 116

Skogstad, G., G. 斯科格斯塔德 73

Skowronek, S., S. 斯科罗里克 5

"Sleeper effects," in evaluation, 评估中的睡眠效应 88

Small, N., N. 斯莫尔 37

Smart, H., H. 斯马特 11, 14

Smith, M. J., M. J. 史密斯 42

Smith, R., R. 史密斯 112

Social market economy, 社会市场经济 3

Soderlind, D., D. 索德林德 26, 32

Soviet bloc, 苏联阵营 114

Soviet Union, 苏联 7

Special Operating Agencies, 特别执行机构 32

Spicer, M. W., M. W. 斯派塞 14

spoils system, 分赃制 5

Spragens, T. A., T. A. 斯普拉根斯 58

Spulbar, N., N. 斯普尔巴 3

Squires, P., P. 斯夸尔斯 14

Stahlberg, K., K. 斯塔尔伯格 5

State Services Commission (New Zealand), （新西兰）国家服务委员会 31

Stein, E. W., E. W. 斯坦 75

Stein, J., J. 斯坦 92

Stewart, J., J. 斯图尔特 28, 48, 82, 128

Stiglitz, J. E., J. E. 斯蒂格里兹 23

Stillman, R. J., R. J. 斯蒂尔曼 50

Stockman, D., D. 斯托克曼 136 (n3)

strategies, 策略 129～131

Street-level bureaucracy, 低级官员 5, 52～54, 61, 65, 138 (n12)

Stromberg, L., L. 斯特龙伯格 95

"Strong democracy", 强势民主 54

Sunset laws, 落日法 86, 140 (n11)

Sutherland, S. L., S. L. 萨瑟兰 97

Sweden, 瑞典 14, 26, 94, 103, 116

Social democratic government, 社会民主政府 135 (n8)

Swift, A., A. 斯威夫特 59

Swiss, J., J. 斯威思 51

Switzerland, 瑞士 54, 58

Szablowski, G., G. 萨伯罗斯基 17, 98

Szanton, P., P. 斯占顿 129

Taggart, P. A., P. A. 塔格特 59

Tarschys, D., D. 塔斯切斯 38

Taylor, P. T., P. T. 泰勒 38

Taylor, S., S. 泰勒 28

Taylor-Gooby, P., P. 泰勒－古比 74

Team-based management, 以团队为基础的管理 36, 83

Tellier, P. M., P. M. 特里尔 2, 52

temporary, 临时性 78～79

Temporary employment, 临时雇用 79～80

Tenant self-management (public housing), 住户自我管理 70, 138 (n4)

Terry, L. D. , L. D. 特里 5

Thain, C. , C. 塞恩 86，103

Thatcher, Margaret, 玛格丽特·撒切尔 22，131

Thatcher government, 撒切尔政府 40，142（n5）

Thatcherism, 撒切尔主义 84，142（n5）

Theakston, K. , K. 西克斯通 75

Third sector, 第三部门 18，59

Third World, 第三世界 9，17，21

Thoenig, J. C. , J. C. 托里格 52，93

Thomas, J. C. , J. C. 托马斯 7，18

Thompson, G. , G. 汤普森 117

Thompson, V. A. , V. A. 汤普森 11

Tiebout, C. M. , C. M. 蒂伯特 136（n13）

Timsit, G. , G. 蒂姆斯特 77

Tonn, B. E. , B. E. 汤 48

Tories, 托里斯 142（n10）

Total Quality Management（TQM）, 全面质量管理 29，51，115，138（n6）

Transaction-cost economics, 交易成本经济学 29

Tansitional regimes, 过渡政权 8

Treasury（United Kingdom）, （英国）财政部 9，31，95，98，99，103，137（n21）

Treasury Board（Canada）, （加拿大）财政委员会 103

Tritter, J. , J. 特里特尔 62

Tsebelis, G. , G. 楚伯里斯 28

Tulllock, G. , G. 塔洛克 23

Tullly, S. , S. 塔利 16

t'Veld, R. , R. 特维尔德 78

Tweedie, J. , J. 特威迪 44

United Kingdom, 英国 9，31，32，37，38，39，55，62，80，86，95，96，101，103，104，115，128，135（nn4，8，9）

United States, 美国 18，25，26.27，38，44，50，51，54，55～57，58，59，78，80，85，86，93，95，102，108，112，115，116，135（n4），136（n10），37（nn10，14，20，21），138（nn4，9，13），139（nn18，2），140（n11），141（nn1，2）

Urban government finance, 地方政府财政 56

values, 价值 102，106，113

Van Gaalen, R. , R. 范加林 28

Van Nispen, 范尼斯彭 103

Veterans, preferential treatment for（United States）, （美国）退伍军人优惠措施 93

Virtual organizations, 虚拟组织 9，81，118

Vouchers, 代用券 19，44

Waldo, D. , D. 沃尔多 3

Walsh, K. , K. 沃尔什 23，52

Walsh, P. , P. 沃尔什 45

Walters, J. , J. 沃尔特斯 10，51，72，115

Washington, D. C. , 华盛顿 56，96，108

Waterman, R. H. , R. H. 沃特曼 113，130

Weber, Max, 马克斯·韦伯 10

Weberian bureaucracy, 韦伯官僚体制 7，8，11，17，111，112

Wehrle-Einhorn, R. J. , R. J. 韦尔利－艾因霍恩 106

Weingast, B. R. , B. R. 温加斯特 24

Weir, S. , S. 韦尔 30

Welfare state, 福利国家 14，37，59，74

Werth, W. , W. 沃思 49

West, W. , W. 韦斯 57

Western Europe, 西欧 15，21，26，31，50，54～55，59，62，115，116，136（n15），138（n13）

Westminster political systems, 威斯敏斯特式政治体制 8，97，136（n10）

Wex, S. , S. 韦克斯 32

White, J. , J. 怀特 37

White, O. F. , O. F. 怀特 115

White, S. K. , S. K. 怀特 55

Whyman, P. , P. 怀曼 37

Wiener, J. M. , J. M. 威纳 37

Wildavsky, A. , A. 怀尔达夫斯基 26，41，87，98

Willetts, D. , D. 威利茨 59

Willgerodt, H. , H. 威尔吉诺特 3

Williams, R. J. , R. J. 威廉斯 31

Williamson, O. E. , O. E. 威廉森 26，29，41

Willman, J. , J. 威尔曼 31

Wilson，D.，D. 威尔逊 80

Wilson，G.，G. 威尔逊 8

Wilson，J. O.，J. O. 威尔逊 11，91，92，93，125，132

Wilson，L. A.，L. A. 威尔逊 51

Wilson，S.，S. 威尔逊 34

Wilson，W.，W. 威尔逊 5

Wilton Park Conference Center，威尔顿公园会议中心 32

Wiltshire，K.，K. 威尔特希尔 26

Winter Commission，温特委员会 95

Wolf，J. F.，J. F. 沃尔夫 115

Wolff，C.，C. 沃尔夫 21

Workplace democracy，工作场所民主 49

World Bank，世界银行 136（n2）

World War II，第二次世界大战 15

Wright，M.，M. 赖特 86

Wright，V.，V. 赖特 4，7，31，97，102，103

Young，O. R.，O. R. 扬 119

Zeitgeist，时代思潮 21，45，53，77，114，115

Zero Base Budgeting（ZBB），零基预算 74，86

Zifcak，S.，S. 齐夫克 2，130

Zussman，D.，D. 祖斯曼 83

人大版公共管理类翻译（影印）图书

公共行政与公共管理经典译丛

书名	著译者	定价
公共管理名著精华："公共行政与公共管理经典译丛"导读	吴爱明　刘晶　主编	49.80 元
公共管理导论（第四版）	〔澳〕欧文·E. 休斯　著 张成福　马子博　等　译	48.00 元
政治学（第三版）	〔英〕安德鲁·海伍德　著 张立鹏　译	49.80 元
公共政策分析导论（第四版）	〔美〕威廉·N. 邓恩　著 谢明　等　译	49.00 元
公共政策制定（第五版）	〔美〕詹姆斯·E. 安德森　著 谢明　等　译	46.00 元
公共行政学：管理、政治和法律的途径（第五版）	〔美〕戴维·H. 罗森布鲁姆　等　著 张成福　等　译校	58.00 元
比较公共行政（第六版）	〔美〕费勒尔·海迪　著 刘俊生　译校	49.80 元
公共部门人力资源管理：系统与战略（第六版）	〔美〕唐纳德·E. 克林纳　等　著 孙柏瑛　等　译	58.00 元
公共部门人力资源管理（第二版）	〔美〕埃文·M. 伯曼　等　著 萧鸣政　等　译	49.00 元
行政伦理学：实现行政责任的途径（第五版）	〔美〕特里·L. 库珀　著 张秀琴　译　音正权　校	35.00 元
民治政府：美国政府与政治（第 23 版·中国版）	〔美〕戴维·B 马格莱比　等　著 吴爱明　等　编译	58.00 元
比较政府与政治导论（第五版）	〔英〕罗德·黑格　马丁·哈罗普　著 张小劲　等　译	48.00 元
公共组织理论（第五版）	〔美〕罗伯特·B. 登哈特　著 扶松茂　丁力　译　竺乾威　校	32.00 元
公共组织行为学	〔美〕罗伯特·B. 登哈特　等　著 赵丽江　译	49.80 元
组织领导学（第七版）	〔美〕加里·尤克尔　著 丰俊功　译	78.00 元
公共关系：职业与实践（第四版）	〔美〕奥蒂斯·巴斯金　等　著 孔祥军　等　译　郭惠民　审校	68.00 元
公用事业管理：面对 21 世纪的挑战	〔美〕戴维·E. 麦克纳博　著 常健　等　译	39.00 元
公共预算中的政治：收入与支出，借贷与平衡（第四版）	〔美〕爱伦·鲁宾　著 叶娟丽　马骏　等　译	39.00 元
公共行政学新论：行政过程的政治（第二版）	〔美〕詹姆斯·W. 费斯勒　等　著 陈振明　等　译校	58.00 元
公共部门战略管理	〔美〕保罗·C. 纳特　等　著 陈振明　等　译校	49.00 元
公共行政与公共事务（第十版·中文修订版）	〔美〕尼古拉斯·亨利　著 孙迎春　译	68.00 元
案例教学指南	〔美〕小劳伦斯·E. 林恩　著 郅少健　等　译　张成福　等　校	39.00 元
公共管理中的应用统计学（第五版）	〔美〕肯尼思·J. 迈耶　等　著 李静萍　等　译	49.00 元
现代城市规划（第五版）	〔美〕约翰·M. 利维　著 张景秋　等　译	39.00 元
非营利组织管理	〔美〕詹姆斯·P. 盖拉特　著 邓国胜　等　译	38.00 元

书名	著译者	定价
公共财政管理：分析与应用（第九版）	［美］约翰·L. 米克塞尔 著 苟燕楠 马蔡琛 译	138.00 元
公共行政学：概念与案例（第七版）	［美］理查德·J. 斯蒂尔曼二世 编著 竺乾威 等 译	75.00 元
公共管理研究方法（第五版）	［美］伊丽莎白森·奥沙利文 等 著 王国勤 等 译	79.00 元
公共管理中的量化方法：技术与应用（第三版）	［美］苏珊·韦尔奇 等 著 郝大海 等 译	39.00 元
公共部门绩效评估	［美］西奥多·H. 波伊斯特 著 肖鸣政 等 译	45.00 元
公共管理的技巧（第九版）	［美］乔治·伯克利 等 著 丁煌 主译	59.00 元
领导学：理论与实践（第五版）	［美］彼得·G. 诺斯豪斯 著 吴爱明 陈爱明 陈晓明 译	48.00 元
领导学（亚洲版）	［新加坡］林志颂 等 著 顾朋兰 等 译 丁进锋 校译	59.80 元
领导学：个人发展与职场成功（第二版）	［美］克利夫·里科特斯 著 戴卫东 等 译 姜雪 校译	69.00 元
二十一世纪的公共行政：挑战与改革	［美］菲利普·J. 库珀 等 著 王巧玲 李文钊 译 毛寿龙 校	45.00 元
行政学（新版）	［日］西尾胜 著 毛桂荣 等 译	35.00 元
比较公共行政导论：官僚政治视角（第六版）	［美］B. 盖伊·彼得斯 著 聂露 李姿姿 译	49.80 元
理解公共政策（第十二版）	［美］托马斯·R. 戴伊 著 谢明 译	45.00 元
公共政策导论（第三版）	［美］小约瑟夫·斯图尔特 等 著 韩红 译	35.00 元
公共政策分析：理论与实践（第四版）	［美］戴维·L. 韦默 等 著 刘伟 译校	68.00 元
公共政策分析案例（第二版）	［美］乔治·M. 格斯 保罗·G. 法纳姆 著 王军霞 贾洪波 译 王军霞 校	59.00 元
公共危机与应急管理概论	［美］迈克尔·K. 林德尔 等 著 王宏伟 译	59.00 元
公共行政导论（第六版）	［美］杰伊·M. 沙夫里茨 等 著 刘俊生 等 译	65.00 元
城市管理学：美国视角（第六版·中文修订版）	［美］戴维·R. 摩根 等 著 杨宏山 陈建国 译 杨宏山 校	56.00 元
公共经济学：政府在国家经济中的作用	［美］林德尔·G. 霍尔库姆 著 顾建光 译	69.80 元
公共部门管理（第八版）	［美］格罗弗·斯塔林 著 常健 等 译 常健 校	75.00 元
公共行政学经典（第七版·中国版）	［美］杰伊·M. 沙夫里茨 等 主编 刘俊生 译校	148.00 元
理解治理：政策网络、治理、反思与问责	［英］R. A. W. 罗兹 著 丁煌 丁方达 译 丁煌 校	待出
政治、经济与福利	［美］罗伯特·A. 达尔 等 著 蓝志勇 等 译	待出
新公共服务：服务，而不是掌舵（第三版）	［美］珍妮特·V. 登哈特 罗伯特·B. 登哈特 著 丁煌 译 方兴 丁煌 校	39.00 元
议程、备选方案与公共政策（第二版·中文修订版）	［美］约翰·W. 金登 著 丁煌 方兴 译 丁煌 校	49.00 元

书名	著译者	定价
政策分析八步法（第三版）	[美] 尤金·巴达克 著 谢明 等 译 谢明 等 校	48.00 元
新公共行政	[美] H. 乔治·弗雷德里克森 丁煌 方兴 译 丁煌 校	23.00 元
公共行政的精神（中文修订版）	[美] H. 乔治·弗雷德里克森 著 张成福 等 译 张成福 校	48.00 元
官僚制内幕（中文修订版）	[美] 安东尼·唐斯 著 郭小聪 等 译	49.80 元
民营化与公私部门的伙伴关系（中文修订版）	[美] E. S. 萨瓦斯	59.00 元
行政伦理学手册（第二版）	[美] 特里·L. 库珀 主编 熊节春 译	待出
政府绩效管理：创建政府改革的持续动力机制	[美] 唐纳德·P. 莫伊尼汗 著 尚虎平 杨娟 孟陶 译 孟陶 校	69.00 元
后现代公共行政：话语指向（中文修订版）	[美] 查尔斯·J. 福克斯 等 著 楚艳红 等 译 吴琼 校	38.00 元
公共行政的合法性：一种话语分析（中文修订版）	[美] O. C. 麦克斯怀特 著 吴琼 译	45.00 元
公共行政的语言：官僚制、现代性和后现代性（中文修订版）	[美] 戴维·约翰·法默尔 著 吴琼 译	56.00 元
领导学	[美] 詹姆斯·麦格雷戈·伯恩斯 著 常健 孙海云 等 译 常健 校	69.00 元
官僚经验：后现代主义的挑战（第五版）	[美] 拉尔夫·P. 赫梅尔 著 韩红 译	39.00 元
制度分析：理论与争议（第二版）	[韩] 河连燮 著 李秀峰 柴宝勇 译	48.00 元
公共服务中的情绪劳动	[美] 玛丽·E. 盖伊 等 著 周文霞 等 译	38.00 元
预算过程中的新政治（第五版）	[美] 阿伦·威尔达夫斯基 等 著 苟燕楠 译	58.00 元
公共行政中的价值观与美德：比较研究视角	[荷] 米歇尔·S. 德·弗里斯 等 主编 熊缨 耿小平 等 译	58.00 元
公共决策中的公民参与	[美] 约翰·克莱顿·托马斯 著 孙柏瑛 等 译	28.00 元
再造政府	[美] 戴维·奥斯本 等 著 谭功荣 等 译	45.00 元
构建虚拟政府：信息技术与制度创新	[美] 简·E. 芳汀 著 邵国松 译	32.00 元
突破官僚制：政府管理的新愿景	[美] 麦克尔·巴泽雷 著 孔宪遂 等 译	25.00 元
政府未来的治理模式（中文修订版）	[美] B. 盖伊·彼得斯 著 吴爱明 等 译 张成福 校	38.00 元
无缝隙政府：公共部门再造指南（中文修订版）	[美] 拉塞尔·M. 林登 著 汪大海 等 译	48.00 元
公民治理：引领 21 世纪的美国社区（中文修订版）	[美] 理查德·C. 博克斯 著 孙柏瑛 等 译	38.00 元
持续创新：打造自发创新的政府和非营利组织	[美] 保罗·C. 莱特 著 张秀琴 译 音正权 校	28.00 元
政府改革手册：战略与工具	[美] 戴维·奥斯本 等 著 谭功荣 等 译	59.00 元

书名	著译者	定价
公共部门的社会问责：理念探讨及模式分析	世界银行专家组 著 宋涛 译校	28.00 元
公私合作伙伴关系：基础设施供给和项目融资的全球革命	[英] 达霖·格里姆赛 等 著 济邦咨询公司 译	29.80 元
非政府组织问责：政治、原则与创新	[美] 丽莎·乔丹 等 主编 康晓光 等 译 冯利 校	32.00 元
市场与国家之间的发展政策：公民社会组织的可能性与界限	[德] 康保锐 著 隋学礼 译校	49.80 元
建设更好的政府：建立监控与评估系统	[澳] 凯思·麦基 著 丁煌 译 方兴 校	30.00 元
新有效公共管理者：在变革的政府中追求成功（第二版）	[美] 史蒂文·科恩 等 著 王巧玲 等 译 张成福 校	28.00 元
驾御变革的浪潮：开发动荡时代的管理潜能	[加] 加里斯·摩根 著 孙晓莉 译 刘霞 校	22.00 元
自上而下的政策制定	[美] 托马斯·R. 戴伊 著 鞠方安 等 译	23.00 元
政府全面质量管理：实践指南	[美] 史蒂文·科恩 等 著 孔宪遂 等 译	25.00 元
公共部门标杆管理：突破政府绩效的瓶颈	[美] 帕特里夏·基利 等 著 张定淮 译校	28.00 元
创建高绩效政府组织：公共管理实用指南	[美] 马克·G. 波波维奇 主编 孔宪遂 等 译 耿洪敏 校	23.00 元
职业优势：公共服务中的技能三角	[美] 詹姆斯·S. 鲍曼 等 著 张秀琴 译 音正权 校	19.00 元
全球筹款手册：NGO 及社区组织资源动员指南（第二版）	[美] 米歇尔·诺顿 著 张秀琴 等 译 音正权 校	39.80 元

公共政策经典译丛

书名	著译者	定价
公共政策评估	[美] 弗兰克·费希尔 著 吴爱明 等 译	38.00 元
公共政策工具——对公共管理工具的评价	[美] B. 盖伊·彼得斯 等 编 顾建光 译	29.80 元
第四代评估	[美] 埃贡·G. 古贝 等 著 秦霖 等 译 杨爱华 校	39.00 元
政策规划与评估方法	[加] 梁鹤年 著 丁进锋 译	39.80 元

当代西方公共行政学思想经典译丛

书名	编译者	定价
公共行政学中的批判理论	戴黍 牛美丽 等 编译	29.00 元
公民参与	王巍 牛美丽 编译	45.00 元
公共行政学百年争论	颜昌武 马骏 编译	49.80 元
公共行政学中的伦理话语	罗蔚 周霞 编译	45.00 元

公共管理英文版著作

书名	作者	定价
公共管理导论（第四版）	〔澳〕Owen E. Hughes（欧文·E. 休斯）著	45.00 元
理解公共政策（第十二版）	〔美〕Thomas R. Dye（托马斯·R. 戴伊）著	34.00 元
公共行政学经典（第五版）	〔美〕Jay M. Shafritz（杰伊·M. 莎夫里茨）等 编	59.80 元
组织理论经典（第五版）	〔美〕Jay M. Shafritz（杰伊·M. 莎夫里茨）等 编	46.00 元
公共政策导论（第三版）	〔美〕Joseph Stewart，Jr.（小约瑟夫·斯图尔特）等 著	35.00 元
公共部门管理（第九版·中国学生版）	〔美〕Grover Starling（格罗弗·斯塔林）著	59.80 元
政治学（第三版）	〔英〕Andrew Heywood（安德鲁·海伍德）著	35.00 元
公共行政导论（第五版）	〔美〕Jay M. Shafritz（杰伊·M. 莎夫里茨）等 著	58.00 元
公共组织理论（第五版）	〔美〕Robert B. Denhardt（罗伯特·B. 登哈特）著	32.00 元
公共政策分析导论（第四版）	〔美〕William N. Dunn（威廉·N. 邓恩）著	45.00 元
公共部门人力资源管理：系统与战略（第六版）	〔美〕Donald E. Klingner（唐纳德·E. 克林纳）等 著	48.00 元
公共行政与公共事务（第十版）	〔美〕Nicholas Henry（尼古拉斯·亨利）著	39.00 元
公共行政学：管理、政治和法律的途径（第七版）	〔美〕David H. Rosenbloom（戴维·H. 罗森布鲁姆）等 著	68.00 元
公共经济学：政府在国家经济中的作用	〔美〕Randall G. Holcombe（林德尔·G. 霍尔库姆）著	62.00 元
领导学：理论与实践（第六版）	〔美〕Peter G. Northouse（彼得·G. 诺斯豪斯）著	45.00 元

更多图书信息，请登录 www.crup.com.cn 查询，或联系中国人民大学出版社政治与公共管理出版分社获取
地址：北京市海淀区中关村大街甲 59 号文化大厦 1202 室　　邮编：100872
电话：010－82502724　　　　　　　　　　　　　　传真：010－62514775
E-mail：ggglcbfs@vip.163.com　　　　　　　　　　网站：http://www.crup.com.cn

图书在版编目（CIP）数据

政府未来的治理模式/（美）彼得斯著；吴爱明，夏宏图译；张成福校. —2 版（修订本）. —北京：中国人民大学出版社，2012.12

（"十二五"国家重点图书出版规划项目　公共行政与公共管理经典译丛. 政府治理与改革系列）

ISBN 978-7-300-16821-0

Ⅰ.①政… Ⅱ.①彼…②吴…③夏…④张成福… Ⅲ.①行政管理-研究 Ⅳ.①D035

中国版本图书馆 CIP 数据核字（2012）第 304032 号

公共行政与公共管理经典译丛

政府治理与改革系列

"十二五"国家重点图书出版规划项目

政府未来的治理模式（中文修订版）

［美］B. 盖伊·彼得斯（B. Guy Peters）　著

吴爱明　夏宏图　译

张成福　校

Zhengfu Weilai de Zhili Moshi

出版发行	中国人民大学出版社			
社　　址	北京中关村大街 31 号	**邮政编码**	100080	
电　　话	010 - 62511242（总编室）	010 - 62511770（质管部）		
	010 - 82501766（邮购部）	010 - 62514148（门市部）		
	010 - 62515195（发行公司）	010 - 62515275（盗版举报）		
网　　址	http://www.crup.com.cn			
经　　销	新华书店			
印　　刷	天津鑫丰华印务有限公司	**版　次**	2001 年 11 月第 1 版	
规　　格	185 mm×260 mm　16 开本		2013 年 1 月第 2 版	
印　　张	11.25 插页 2	**印　次**	2022 年 6 月第 5 次印刷	
字　　数	237 000	**定　价**	58.00 元	